HEURES DE TRAVAIL.

SAINT-DENIS. — TYPOGRAPHIE DE DROUARD.

HEURES DE TRAVAIL

PAR

EUGÈNE PELLETAN

Nulla dies sine lineâ.

TOME PREMIER

PARIS

PAGNERRE, LIBRAIRE-ÉDITEUR

RUE DE SEINE, 18

—

1854

L'auteur et l'éditeur se réservent le droit de traduction.

HEURES DE TRAVAIL.

Nous avons intitulé ce livre ainsi, parce que, dans notre pensée, le monde est un immense atelier, et le rapport de l'homme avec l'homme, à travers l'espace, un perpétuel échange de travail.

Voyez plutôt : un écrivain est assis à sa table pour faire acte public de science et de littérature ; eh bien ! dans cette rapide minute où il jette au dehors sa pensée au courant de la plume, il a autour de lui, sur toute la planète, cent mille ouvriers inconnus enrôlés à son service.

Et d'abord, avant qu'une parole puisse voler dans le vent, sur le papier, il a fallu qu'un premier travailleur apportât à l'écrivain la page blanche à remplir, et cette page blanche, un autre travailleur a dû la créer, et pour la créer, semer le chanvre dans le sillon, le broyer, le filer, le tisser, le recueillir ensuite parmi les chiffons, le piler, le pétrir, le verser sur le tamis, l'enlever, le sécher, le coller, le plier, l'emballer, le transporter, le détailler, jusqu'à ce qu'enfin, de manipulation en manipulation et de métamorphose en métamorphose, le chanvre soit devenu le papier.

Mais la parole que l'écrivain vient de tracer dans sa solitude n'est, en quelque sorte, qu'une confidence intime de son intelligence à son regard. Pour rayonner au dehors, pour aller frapper à distance les esprits, elle a besoin d'un autre travail, elle demande un autre collaborateur, qui la sème par grains de fonte sur un châssis, la place sous le balancier de la vapeur, l'imprime à des milliers d'exemplaires, l'arrache humide encore à la machine, la plie, l'expédie, la mette sous bande, la lance sur les chemins de toute la vitesse de la vapeur, jusqu'à ce qu'enfin, de main-d'œuvre en main-d'œuvre et d'opération en opération, le simple manuscrit soit devenu un livre ou un journal.

Mais l'écrivain n'est pas une abstraction uniquement destinée à produire des paroles; il est un être vivant, et comme tout être vivant, il a ses conditions matérielles d'existence. Pendant que, la tête penchée sur son travail, il dort au monde extérieur, dans le magnétisme de son inspiration, le travailleur des mains doit encore le vêtir, et, pour le vêtir, paître le mouton dans la vallée, en couper la laine au printemps, la laver, la peser, la carder, la tisser, la fouler, la teindre, la porter au marchand, du marchand au tailleur, du tailleur à l'établi, de l'établi à la couture, jusqu'à ce qu'enfin, d'atelier en atelier et de transformation en transformation, le ballot de laine soit devenu un habit.

Mais le travail manuel ne doit pas seulement vêtir la pensée, il doit encore la loger, et, pour la loger, arracher la pierre des entrailles du sol, l'élever, assise par assise, en muraille; percer cette muraille de fenêtres, la recouvrir de charpentes; la diviser par étages, par compartiments; la repasser du maçon au plâtrier, du plâtrier au menuisier, du menuisier au serrurier, du serrurier au fumiste du fumiste au tapissier, jusqu'à ce qu'enfin ce carré de maçonnerie, fermé, chauffé, éclairé, décoré, meublé, soit devenu en quelque sorte le second habit de la pensée.

Mais le travail manuel ne doit pas seulement loger la pensée, il doit encore la chauffer, et, pour la chauffer, il doit, dans la prévision des heures d'hiver, pendant l'abdication du soleil, descendre dans les galeries plutoniennes des houillères, en extraire par parcelles les siècles en charbons, les monter, les entasser en collines, les mesurer, les charrier, les charger, les acheminer à travers les écluses des canaux, les jeter dans la circulation des villes, jusqu'à ce qu'enfin, de l'abîme à la surface, et de cette vallée à cette autre vallée, le tison rallumé d'un cataclysme soit devenu le soleil cellulaire de l'intelligence.

Mais le travail manuel ne doit pas seulement chauffer la pensée, il doit encore la nourrir, de pain sans doute, ce qui suppose un champ labouré, ensemencé, sarclé, moissonné; une moisson battue sur l'aire, vannée, vendue au marché, portée au moulin, pétrie et jetée à la fournée. Oui, la nourrir de pain, mais de vin aussi; ce qui suppose encore un sol défoncé, remué, bêché ; une vigne plantée, échalassée, émondée, effeuillée, vendangée; une vendange portée au pressoir, foulée, versée, abandonnée au courant des rivières, jusqu'à ce qu'enfin, de culture en culture et de laboratoire en laboratoire, ce pain et ce vin, ces deux substances sacrées de la vie humaine, soient devenus la chair et le sang de la pensée.

Mais ni la mouture du froment, ni la grappe pressée ne suffisent aux besoins de l'intelligence. Dans cette mystérieuse alchimie de la nourriture destinée à perfectionner sans cesse nos facultés, Dieu a voulu pétrir avec du sang notre esprit. Il lui a donné la chair à dévorer, à convertir en méditation. Il a dit à celui-ci : tu iras chercher pour celui-là le troupeau de la prairie, tu l'amèneras par longues caravanes à la porte de nos cités, tu attacheras le bœuf de labour à l'anneau de fer scellé dans la dalle, tu frapperas au front ce compagnon de ton travail, tu l'égorgeras, tu l'ouvriras, les bras plongés jusqu'aux coudes dans ses entrailles, tu le dépèceras en morceaux, tu le suspendras au gibet des marchés, car la pensée humaine, pour conserver toute l'élasticité de son ressort, a besoin d'avoir autour d'elle des hécatombes palpitantes dans le sang des abattoirs.

Mais la pensée ne se repaît pas seulement de la chair et de la graisse des holocaustes ; elle ne se contente pas de capitaliser les existences, par tombereaux, dans l'insatiable trésor de son existence ; elle demande encore aux larmes de la rosée, distillées par le soleil des Antilles, des filtres nouveaux qui remplacent les vapeurs de la sibylle. Et pour lui apporter ces songes d'Orient couvés dans l'écorce, ces épices destinées à parfumer le charnier des festins, le travail manuel doit sans cesse aller, venir, marcher pieds nus sur un sol ardent, dans la perpétuelle étuve de l'atmosphère, pour planter, bêcher, émonder, greffer, cueillir, écorcer, bluter le café, le poivre, le gingembre, la cannelle, la vanille, jusqu'à ce que cet arôme sympathique à l'inspiration et chargé de fluides soit devenu la fibre humaine plus électrique et plus frémissante, qui reçoit et répercute avec plus d'intensité la vibration de la pensée.

Mais pour verser à flots l'électricité dans la coupe de l'intelligence, le travail manuel ne doit pas seulement cueillir la séve de feu qui bouillonne dans le creuset des tropiques, il doit encore aller la chercher, à des milliers et à des milliers de lieues, derrière nos couchers de soleil ; et, pour l'aller chercher, il doit abattre la futaie, la scier, l'équarrir, la raboter, la courber en forme de navire d'après les savantes combinaisons de la géométrie, et, le navire achevé, le recouvrir, le calfeutrer, le mâter, le couronner de voilures, le lancer dans les solitudes infinies de l'Océan, à travers les maladies, les bourrasques, les naufrages, les épidémies, chemin mobile, flottant, couvert de voyageurs alertes, actifs, toujours suspendus sur la mort, trempés dans l'écume, bercés sur la hune dans la tempête, jusqu'à ce qu'enfin, de vague en vague et d'étoile en étoile, le vaisseau ait rapporté dans le creux de son sillage le dictame qui doit donner une pulsation de plus à l'intelligence.

Ainsi, pendant que ce brahmane de la plume, isolé entre les quatre murs de son cabinet, médite peut-être la rédemption du travailleur, il fait à son insu une épouvantable consommation de travail. Il est logé, vêtu, nourri, pétri, jusque dans la fibre la plus intime, de toutes les souffrances du manœuvre. Il n'y a pas une bouchée de ses repas qui n'ait été une corvée. Il n'y a pas une goutte de ses veines qui n'ait été la contribution de plusieurs continents. Il n'y a pas une molécule arrachée vivante de la place où elle vivait pour être engloutie dans le gouffre de son existence, pas une poussière nutritive en lui, autour de lui, sur sa table, qui ne crie à chaque instant : Je suis le travail de la servitude manuelle, et quiconque me porte dans sa chair porte une voix de la servitude pour crier dans sa conscience.

Cependant la pensée n'a-t-elle prélevé que cette incalculable redevance de labeurs sur cette domesticité universelle qui travaille à son service dans toutes les contrées? Non. Dieu a voulu mettre l'intelligence à de plus hautes enchères. Il a voulu que pour communiquer à un enfant le loisir somptuaire de la méditation, une généalogie d'ancêtres née de la glèbe du sillon, travaillât pendant des âges d'histoire, brisât la terre, remuât la neige, défiât la canicule, versât des fleuves de vie sur l'éternel champ de bataille de la nature, mît chaque jour une parcelle impondérable de côté, comptât les miettes à sa faim, accumulât lentement dans les larmes l'opulence cachée de ses économies ; qu'elle monnayât ses privations, pour former ainsi, globule par globule, à des périodes de distance, sous ses pieds, là-bas, bien loin, dans la nuit future de la postérité, la rançon intellectuelle d'un arrière-neveu.

Trente générations d'hommes ont ainsi été englouties, ensevelies dans les fondements d'une seule destinée ; et maintenant, quand nous passerons devant le front sanctifié par la réflexion, saluons avec respect les âges passés, car il y a sur ce front deux mille ans de sacrifices. Et la pensée n'a pas seulement exigé la coopération échelonnée, constante, patiente, résignée, de tous les aïeux qui l'ont libérée de la servitude par le capital, qui n'est que le rachat du travail présent par le travail antérieur, et qu'un échange de services à travers les temps, comme le commerce n'est qu'un échange de services à travers les espaces ; elle exige encore le concours de tous les siècles pensants ; car, pour être, pour agir, pour nommer, pour formuler la moindre vérité, il a fallu qu'une innombrable dynastie de penseurs invente tour à tour, développe, perfectionne, combine la langue, l'alphabet, le signe, la grammaire, la philosophie, la mathématique, la logique, l'astronomie, la dynamique ; et amoncelle enfin des moissons de découvertes que nous consommons, que nous nous assimilons, que nous convertissons en notre propre substance ; si bien que l'humanité pensante, superposée en nous par couches de connaissances, revit tout entière, palpite et respire dans chacune de nos idées.

Voilà le tarif de la pensée. Pour la créer, pour l'asseoir sur le trépied, il a fallu le travail successif des ancêtres qui, par la réversibilité de l'épargne sur une tête bénie, lui ont conquis la sublime oisiveté de la méditation. Il a fallu le génie collectif de l'humanité, qui a donné à son âme de nouveaux organes pour pénétrer les mystères de la création ; et enfin le martyrologe de ces innombrables recrues d'esclaves, condamnées à n'être que des mouvements, des instincts, des rêves d'hommes, uniquement pour préparer cette somptueuse hospitalité à la Providence cachée dans notre raison.

Cette pensée toutefois, ainsi libérée de l'étreinte des besoins, assistée, servie, protégée par le travail manuel des générations, n'a-t-elle souscrit aucun marché avec le travail? Ces multitudes ténébreuses, qui ont vécu, qui ont souffert, qui ont passé, ne lui ont-elles apporté le loisir au prix de tant de misères, que pour le loisir ; et la possession des secrets de Dieu, que pour la béatitude de cette possession?

Nous repoussons une pareille injure à cette invincible législation de mutualité qui relie à travers les siècles et à travers les lieux, les hommes aux hommes et les morts aux vivants. La pensée ne s'appartient pas à elle-même, elle appartient au monde entier. Elle a tout reçu de lui; elle lui doit, sous une autre forme, ce qu'elle a reçu ; et, si elle oublie un jour ce contrat tacite qu'elle a signé d'avance avec ses millions de créanciers anciens ou actuels, connus ou disparus, qui depuis l'origine des choses l'ont nourrie, vêtue, chauffée, instruite, elle prévarique à sa destinée : elle est la banqueroute de l'esprit.

Quiconque a tiré un numéro passable à la loterie des existences, et trouvé dans son berceau un talisman contre la misère, doit se dire, au contraire : Par cette faveur qui m'a été faite, par ce sourire de Dieu tombé sur mon intelligence, je promets de me mêler, dans la mesure de mes forces, à la parole de vie, de marcher courageusement derrière les éclaireurs de l'humanité, me corrigeant sans cesse par l'étude, m'élevant sans cesse par l'aspiration, sentant tout ce qu'il est en moi de sentir, donnant tout ce qu'il est en moi de donner, pour qu'au jour où je serai congédié du banquet de cette terre vers d'autres convives, je puisse murmurer jusque sous les plis du linceul : Je n'ai pas volé ma part du festin.

Nous venons, quant à nous, remplir cette promesse. Car nous sentons que nous avons, nous aussi, notre dette à payer. Ce n'est pas de l'orgueil, cela : car nous savons trop bien qu'à notre époque, surtout, la parole n'est que le suffrage universel de la pensée, et que dans cet incommensurable scrutin de la publicité, chaque bulletin n'a de valeur que par la série des autres bulletins.

La pensée n'est qu'une immense gravitation où nous pesons tous, celui-ci du poids d'un grain de sable, celui-là du poids d'une montagne. Nous avons tous notre part de travail dans cette collaboration universelle de l'esprit. Nous agissons tous les uns sur les autres, par la prédication ou par l'exemple : un jour apôtres, un autre jour disciples. Il n'est pas un de nous qui n'ait son auditoire, ne fût-ce que d'un enfant ; pas un de nous qui n'ait le droit de s'écrier comme ce grand génie de l'Allemagne :

Nous sommes tous unis dans les liens d'une invincible réciprocité. Qui que tu sois, toi qui portes sur ta figure l'effigie effacée ou rayonnante de la raison, qui vis dans le fond des espaces ou qui ne vis pas encore, je ne te connais pas, tu ne me connais pas, et cependant la complication infinie de la vie, — après des siècles, s'il le faut, qu'importent les siècles ? — nous jettera un jour sur le chemin l'un de l'autre ; tu me parleras, je te parlerai, nous échangerons ensemble nos croyances, et aussi sûrement que nous sommes destinés à être bons et à devenir meilleurs, je t'entraînerai dans la sphère de mes idées, tu me ramèneras à ton tour dans ton courant de sympathies. Je serai ton bienfaiteur, payé avec d'autres bienfaits, jusqu'au jour où, de proche en proche, tout homme ayant fraternisé avec tout homme, l'humanité aura enfin réalisé son harmonie.

C'est donc pour acquitter dans notre mesure tous les travaux faits pour nous de toutes parts que nous publions *les Heures de travail*. Pendant plusieurs années nous avons tenu, d'abord dans un journal et ensuite dans un autre, l'état civil de la littérature en France et de la philosophie, et l'oreille inclinée au vent, nous avons soigneusement enregistré jour par jour tout ce que Paris, génie vivant de l'Europe, a dit ou pensé. On a reproché souvent à notre critique de n'être pas une critique, c'est-à-dire une analyse plus ou moins exacte d'un ouvrage, et une appréciation plus ou moins raisonnée de son mérite. Nous avouons franchement notre tort à cet égard. Serviteur avant tout de l'idée de démocratie, nous ne voyons dans un livre, quel qu'il soit, qu'une nouvelle occasion de justifier cette idée et de traiter à notre tour, au point de vue de notre croyance, la question que l'auteur avait traitée. Nous avons cru mieux servir par là la cause sacrée du progrès. Avons-nous bien ou mal fait en faisant ainsi ? Nous aurions mauvaise grâce à vouloir juger nous-même notre procès. Ce livre nous jugera.

I.

TOCQUEVILLE.

LA DÉMOCRATIE EN AMÉRIQUE.

Napoléon venait de vendre la Louisiane aux États-Unis. Cette vente jeta la colonie dans un accès de terreur.

Eh quoi! disait-elle, Napoléon abandonne à elle-même ma population et la condamne, contre sa propre nature, au régime du peuple américain, elle sera libre demain au même titre et de la même liberté. Comment libre? Bien plus encore, souveraine dans toute la plénitude de l'expression! Plus de métropole, plus de police, plus de censure, plus de force armée. Si elle veut un gouvernement, elle le fera; une police, elle la choisira; une justice, elle la nommera; une milice, elle prendra le fusil. Mais c'est l'anarchie cela, c'est la licence, c'est le pillage à un jour donné, c'est le communisme. Qui pourra vendre ou acheter quand le gouvernement sera dans la rue, au caprice de la multitude?

Le gouvernement, ce sera moi, ce sera toi, ou plutôt ce ne sera ni toi ni moi, ce sera le souffle du moment, ce sera le hasard. Et comme il n'y aura aucune providence sous forme de baïonnette pour forcer l'un à reconnaître ce que l'autre aura voté, j'égorgerai mon voisin ou mon voisin m'égorgera. Il est vrai que l'Américain pratique en toute sérénité le *self-government* et le suffrage universel, mais l'Américain est Anglais d'origine, et je suis Français. Or quand Dieu créa l'homme, il prit sans doute, dans un moment d'inadvertance, deux espèces de limon. Du premier limon il fit l'Anglais pour être libre, et du second le Français pour être sujet. Il dit à celui-là : tu seras le blanc, à celui-ci : tu seras le nègre en fait de liberté, et si je n'écris pas à l'encre sur ton visage ton infériorité de nature, je l'écrirai en idée au fond de ton esprit, de sorte que sur le témoignage de ta conscience, tu seras toujours tenté de crier le premier ta propre indignité.

Voilà ce que disait la Louisiane le jour même où la fortune lui remettait dans la main la direction de sa destinée.

Elle recula de frayeur devant son indépendance. Elle était entrée cependant dans la république, et forcée d'être libre pour la minute. Elle essaya un premier pas dans le sens de la démocratie. Elle comptait que la terre allait crouler. Le sol ne croula pas pour cette première fois. Elle avança encore en tremblant d'une semelle. Le sol la portait toujours comme par miracle. Elle croyait rêver, et pourtant elle marchait. Elle vit qu'elle marchait, elle marcha encore pour en avoir la certitude. Elle alla timidement d'abord, mieux ensuite, sans trébucher un instant dans l'anarchie ni dans la licence. A mesure qu'elle allait, le spectre du premier moment tombait de son regard. Elle administrait à frais communs son héritage, et à force de l'administrer, elle apprit à mieux le connaître; elle grandit en prospérant; elle prit confiance en elle-même par le spectacle de ses progrès; elle répara le temps perdu ; elle paya de rapidité ; elle finit par rallier les autres États partis une heure plus tôt au cadran de la Providence.

Il y a cinquante ans de cela, et déjà, par la seule puissance du *self-government*, la population de la Nouvelle-Orléans a monté du chiffre de six mille âmes au chiffre de cent cinquante mille âmes. La Nouvelle-Orléans était une bourgade : elle est aujourd'hui une capitale. Elle faisait à peine un million d'affaires, elle exporte en ce moment pour cinq cents millions de denrées. Dites maintenant que pour porter dignement le régime américain, il faut être né d'un autre père que d'un père français.

Qui a fait ce miracle? la liberté, car la liberté est la force productive, non-seulement de toute vertu, mais encore de toute richesse. Elle est une âme de plus dans l'humanité ; elle lui verse une énergie de plus pour le travail. Elle provoque la volonté, et par la volonté l'action. L'homme libre est l'homme multiplié autant de fois qu'il a d'œuvres ouvertes à son regard. Il peut tout ce qu'il peut, et partout, et sans cesse, par son propre pouvoir ; sa valeur personnelle est toujours la mesure invariable de sa destinée. Il relève uniquement de Dieu et de son droit dans sa magnifique royauté. Il est roi aussi, car un roi, à tout prendre, est l'homme libre dans toute la plénitude de la liberté.

Tour à tour travailleur, citoyen, agriculteur, actionnaire, électeur, élu, gouvernant, gouverné, juge, justiciable, prêtre et fidèle, l'Américain vit de plusieurs vies étagées à l'infini, qui toutes agissent et réagissent les unes sur les autres comme des assises de métal dans la pile de Volta. Par la même raison que la vitesse engendre la vitesse, l'activité engendre l'activité. Le peuple le plus libre, par cela seul qu'il est le plus libre, est en même temps le peuple le plus vivant, et le plus vivant le plus riche, et le plus riche le plus intelligent, puisque la richesse est la vie traduite en production, et la vie traduite en production la vie dispensée de produire une seconde fois, par conséquent réservée par le loisir à l'intelligence. La philosophie peut donc affirmer hardiment cette loi de nature : l'aisance d'un peuple est en raison directe de sa liberté, et sa pensée en raison directe de son aisance.

Il n'y a pas eu encore à la lumière du soleil un exemple, un seul, entendez-vous bien, d'un peuple riche sous la main du despotisme. Toutes les fois que le voyageur rencontre quelque part une campagne aride couverte de jachères, une ville ruinée déjà morte aux extrémités, il n'a pas besoin de demander au passant le nom du gouvernement. Il traverse à coup sûr en ce moment ou la campagne romaine, ou l'Espagne, ou l'Autriche, ou la Turquie. La race des écus demande aujourd'hui, comme la Louisiane autrefois, le retour du despotisme. Je voudrais le lui donner un instant s'il ne fallait pas affamer tout un peuple pour la punir de son impiété. Elle retournerait bientôt, dans l'intervalle tout au plus d'une génération, à l'ancienne misère de la monarchie. Car la servitude, on ne saurait trop le redire, est une mutilation partielle de l'homme dans telle ou dans telle autre faculté. Elle est par conséquent pour toute la classe correspondante à cette faculté une suppression de la force productive du travail. Dispensée du droit de vouloir, elle repasse au gouvernement sa volonté. Le gouvernement veut pour elle désormais, à sa place, dans son esprit. Il la prend à forfait pour l'indemniser de l'expropriation forcée de son activité. Il crée en sa faveur la sinécure plus ou moins déguisée sous le nom poli de fonction. Il met une partie de la nation au régime indulgent de la sportule. Il multiplie indéfiniment la place pour multiplier l'aumône. Il crée la mendicité particulière du mandarinat sur une immense échelle. Il appelle chaque jour une population vagabonde à venir tendre la main à la porte de son antichambre. Il fait de ce fonctionnarisme à outrance un atelier national destiné à nourrir l'oisiveté de la classe lettrée. De conséquence en conséquence, il arrive à transformer, comme en Russie, le peuple tout entier en un vaste fonctionnaire à quatorze degrés. Mais le fonctionnaire consomme sans produire et appauvrit d'autant la reproduction d'un pays. Ici encore la philosophie peut donc hardiment affirmer cette autre loi de nature : la misère d'une société est en raison directe de sa servitude, et le chiffre de la population nourrie par l'État est en raison directe de sa misère.

Voilà la conclusion que nous trouvons écrite à chaque page du livre de M. de Tocqueville.

L'Américain est grand au jour de Dieu, parce qu'il est libre. Il ne demande pas à un autre homme sa destinée. Il la fait lui-même de son travail. Il prépare un monde nouveau. Il porte noblement sa mission. *It secum*, pour parler la langue de Tacite. Il marche dans son indépendance. Si le moi absolu est quelque part, il est dans sa pensée. Il vient d'atteindre l'âge de raison; il jette un regard vers l'ouest; il attelle sa voiture, il suspend la hache à son côté; il embrasse sa famille, il fouette son cheval ; il marche ainsi des journées entières, cherchant à travers les défilés un campement convenable pour son existence. Lorsqu'il a trouvé l'Éden de son ambition, il met la hache au pied des arbres de la forêt, il déblaie le terrain, il sème un champ de maïs, il construit une cabane, il attend l'heure de sa récolte, il la moissonne rapidement, il ferme la porte sur sa provision, il attelle de nouveau son cheval et retourne dans la société.

Il a un domaine maintenant. Il veut le compléter par un ménage. Un mariage est vite conclu en Amérique. On ne demande pas comment vivront les enfants. Comment ils vivront sous ce ciel de bénédiction ! Ils émigreront aussi à l'époque de leur majorité. Il épouse une compagne au premier village venu. Il reprend avec elle le chemin de sa cabane. Mais cette fois-ci il emmène un mobilier complet et un troupeau. Quelques années plus tard, le prédicant méthodiste passe à cheval devant cette ferme improvisée, et il voit à la porte des enfants jouer sous l'arche embaumée d'un rosier. Une famille est déjà née là où était encore hier la solitude. Le soleil levant sourit à travers les arbres du verger. L'abeille bourdonne dans le premier rayon du matin, et là-bas, plus loin, la vache paît tranquillement l'herbe miraculeuse sans cesse broutée et sans cesse renaissante sous la dent du bétail.

On a voulu voir dans Robinson Crusoé l'homme replongé à l'état de nature, et condamné à recréer pièce à pièce toutes les industries de l'humanité. Il n'en est rien. Robinson a précisément sauvé du naufrage les premières armes de la civilisation, la hache, la scie, la vrille et même la poudre à canon. Le roman de Daniel de Foe est tout simplement le poëme épique de la colonisation. Robinson est l'idéal du pionnier, d'abord cultivateur, ensuite propriétaire, et enfin, avec le temps, souverain et législateur du territoire qu'il a repris à la nature et rattaché à sa patrie. De là l'immense popularité de ce roman en Angleterre au xviie siècle, à l'instant même où le calvinisme persécuté allait chercher, une Bible à la main, une nouvelle terre de Chanaan de l'autre côté de l'Atlantique.

Aussitôt que la marée montante de l'émigration a répandu dans le désert un certain nombre de colons, alors le forgeron, le charpentier, le tailleur, le marchand, le médecin, l'instituteur, l'avocat, viennent chercher cette clientèle éparse et lui constituer un centre commun. La maison monte à côté de la maison, car l'industrie est sympathique par nature à l'industrie. Une ville de plus germe lentement au soleil. Elle croît dans l'espace par une mystérieuse chimie. C'est d'abord un groupe de maisons, puis un village, puis un bourg, puis une cité. Une circonstance du sol détermine ordinairement cette agglomération : tantôt un lac, tantôt une vallée, tantôt une route, tantôt une rivière. Ce qui se passait en France à l'époque de la féodalité se renouvelle à mille ans de distance sur la lisière de l'Amérique. Seulement, ce n'est plus à l'ombre du donjon que la ville naissante vient élever ses murailles.

Le donjon était un protecteur armé, qui forçait le plus souvent la population de camper en tumulte sur le rocher. L'Amérique remplace aujourd'hui cette tutelle crénelée de la barbarie par une police spontanée nommée au scrutin. Le village choisit son terrain dans la condition la plus favorable pour le transport et pour le commerce. Une nouvelle recrue de travail accourt sans cesse à ce nouveau rendez-vous d'activité. Le toit afflue derrière le toit, la rue prolonge la rue au regard. La végétation de la ville, aussi rapide que la végétation de l'arbre, étend ses rameaux de tous côtés. Une école est bâtie : c'est toujours la première dépense de l'association. La prière habite d'abord la même salle que l'école. Mais bientôt elle prend son essor. Elle revêt une autre architecture. Elle plane au sommet d'un campanile, et la cloche célèbre enfin dans le vent du ciel l'inauguration de la nouvelle commune.

La république américaine opère donc un double mouvement de dispersion et de concentration : de dispersion pour défricher, de concentration pour coloniser. C'est ainsi qu'elle va sans cesse abattant devant elle l'immense rempart murmurant des forêts, déployant sans cesse à sa ceinture une nouvelle ligne de population, ajoutant sans cesse un État au contingent de ses États, remontant sans cesse le cours de ses dix-huit fleuves navigables, jetant sans cesse de nouveaux steamers autour de ses nombreuses méditerranées, échelonnant sans cesse de nouvelles cités dans la vallée du Mississipi, refoulant sans cesse la sauvagerie, gagnant sans cesse du terrain sur la solitude, plongeant sans cesse dans l'inconnu, incorporant sans cesse la terre à l'humanité, et reculant indéfiniment sa frontière. Hier, sa capitale était au centre, maintenant elle est à l'extrémité du territoire. Hier, la république était une colonie, elle est aujourd'hui une nation.

Elle envoie continuellement à l'ouest des villages d'avance, bâtis en planches qui tombent en poussière et ressuscitant en pierres de taille au bout de quelques années. Elle marche au pas de course, elle accumule les travaux dans des minutes, et gagne le temps de vitesse. La vapeur siffle partout. La surface du sol n'est qu'une vaste machine haletante, incessamment occupée à scier, à tisser, à broyer, à laminer, dont l'ébranlement, dont le mouvement frémit et rayonne en longues ondulations à toutes les parties de la circonférence. Elle sait qu'elle est la civilisation. Elle doit toujours porter la vie dans l'espace. Elle prend le pas de Dieu pour cela. Elle contrefait le miracle. Elle recouvre l'abîme d'une claire-voie, et sur cette chaussée à jour elle traîne aux flancs d'une locomotive des rues entières de wagons, pour jeter d'un seul coup une population au désert.

A voir le peuple américain partout impatient de la distance et partout présent, on dirait un immense Briarée penché, les bras ouverts, de l'océan Atlantique à l'océan Pacifique, pour embrasser le continent tout entier.

La gloire désormais a changé de nature. L'homme de guerre n'est plus le héros. Le héros maintenant est l'homme de la colonisation. Voyez le soldat russe campé au pied du Caucase. Cela vit passif, inerte, rangé, aligné, taillé sur le même patron, couvert du même uniforme. Cela remue cependant, mais comme pressé par un ressort, sur un signe, sur un ordre, sur un geste, sur un coup de baguette. Cela va machinalement chaque jour de la caserne à la parade, et retourne en cadence de la parade à la caserne. Cela sait tuer, cela sait mourir, voilà tout, parce que cela a une baïonnette au bout d'un fusil, et qu'une baïonnette en Russie doit servir à quelque chose. Je conçois que ce soldat-là soit pressé de courir au combat, car au feu seulement, il commence à soupçonner en lui, sous son épaulette, un être vivant. La mort est pour lui une distraction. Il meurt joyeusement, pour rompre la monotonie de l'existence. Mais en définitive que reste-t-il de son passage sur la terre après cette pluie de plomb que l'histoire appelle une bataille? Une odeur de cartouche brûlée et une poignée d'engrais pour une motte de sillon. Tout au plus, la famille du moissonneur, en voyant le blé plus épais à la place où il est tombé, saura peut-être encore l'année suivante qu'il a vécu. Mais quel service a-t-il rendu à la civilisation? quelle richesse a-t-il créée à l'humanité? quelle œuvre a-t-il emportée avec lui dans une autre planète? quelle herbe plantée de sa main a-t-il laissée derrière lui sur le dernier sentier, pour rendre témoignage de son utilité au dernier enfant? Il a fourbi trois cent soixante fois par an la boucle de son ceinturon, et, en fin de compte, il a servi à conquérir un bout de rocher à l'empereur de Russie. Le lion blessé regagne à pas lents son buisson pour mourir. Il a été courageux, lui aussi, à un moment donné. Du moment que ce genre de courage est un mérite, je réclame pour lui la priorité.

Si l'héroïsme est encore quelque part dans le monde, il est sous la veste du hardi pionnier américain, qui attaque corps à corps la nature géante du premier jour de la création, qui traverse, la hache à la main, un chaos de verdure, qui met le sol couvert de ténèbres en communication avec le ciel, qui déblaie infatigablement la place d'une nouvelle humanité, qui sème la vie où était le néant, qui dépose la pensée où était le silence, qui plante la rose où était le poison, qui répand la semence où était la vipère, qui appelle l'homme de toutes les contrées au bénéfice de son travail, qui accueille à son foyer le proscrit de toutes les patries, qui enrichit le monde en s'enrichissant le premier, qui multiplie le commerce de toute la part d'échange qu'il porte au marché, qui décuple le chiffre de sa population dans le rapide intervalle d'un berceau à un tombeau, qui travaille du lever au coucher du jour, sans jamais laisser à la sueur de son front le temps de sécher, qui développe en lui par le travail une nature au delà de l'humanité, qui prouve pas son exemple cette loi du Dieu vivant que le progrès est un accroissement de vie, que l'accroissement de vie est un infatigable avénement à l'espace par le mouvement, à la durée par la rapidité d'évolution, et en même temps par la même raison à toutes les formes, à toutes les forces, à toutes les occasions de volupté ou d'idée, de sensation ou d'action éparses, flottantes dans la durée ou dans l'immensité. Un économiste a dit un jour que le pionnier de l'Ouest gagnait à chaque génération un pouce de hauteur.

Je le croirai volontiers. Il est le Titan d'une autre Genèse. Il porte en lui un homme nouveau.

L'antiquité admirait le peuple grec pour avoir été dans son temps le faiseur de grandes choses. Que dirait-elle aujourd'hui du peuple américain ? Mais ce peuple élu, chargé du message de l'avenir, accomplit en ce moment une œuvre plus grande encore que la conquête d'un continent par la charrue et par l'industrie. Il résout pour le monde entier, par sa propre expérience, le problème tant de fois repris, tant de fois ajourné de la démocratie. Il donne à tout homme né de la commune patrie un droit égal à l'instruction, égal à la souveraineté. Il dit à chacun : Tu penseras ce que tu voudras et tu le diras en toute sécurité au passant, pour le convertir si tu dis une vérité, pour en être converti si tu dis une erreur. Tu croiras ce que tu voudras, car Dieu a créé la conscience dans l'homme pour être son tabernacle vivant, et aucune main du dehors ne doit ouvrir ou fermer sans ton consentement la porte de ce tabernacle. Tu choisiras dans la foule qui tu voudras pour mettre en commun avec lui ton activité ou ta pensée, et obéir à cet inévitable besoin de sympathie que Dieu a déposé dans notre nature. Tu auras enfin toute liberté d'aller, de venir, d'adorer, de parler, de convoquer ton voisin ou d'assister à sa convocation.

Autrefois la beauté de la femme était un délit contre la société. La loi humaine condamnait alors la femme à sortir voilée. La liberté porte encore sur son front le même anathème. Otons-lui son voile pour la montrer dans toute sa splendeur. Le peuple américain a dit cela au temps de Washington, et depuis lors il est le plus heureux du globe et le plus convaincu de son bonheur. Il y a en Amérique sans doute, comme ailleurs, l'impatience et la timidité ; mais dans ce flux et ce reflux d'opinions vaincues ou contraires, il n'y a pas un parti, pas un homme qui ne bénisse sa constitution, qui ne la proclame avec orgueil la providence écrite de son pays. Pourrait-on citer dans l'histoire une autre forme de gouvernement qui ait partout recueilli l'unanimité et partout éteint la pensée d'une révolution? La démocratie est donc la paix, la liberté est donc la solution. L'ordre est là, vous le voyez ; pourquoi donc s'évertuerait-on à le chercher ailleurs?

M. de Tocqueville a eu la main assez heureuse pour écrire le premier la gloire de l'Amérique. La France l'a récompensé de cette bonne fortune par treize éditions. Je n'ajouterai pas un éloge de plus à cet éloge universel du succès. Seulement je recommanderai à mon pays de relire encore treize fois ce bréviaire de la liberté.

II.

JULES JANIN.

LES GAIETÉS CHAMPÊTRES.

M Janin est l'homme le plus spirituel de notre temps, sans vouloir offenser personne ; et par cette raison il a voulu raconter, sous forme de roman, l'histoire du siècle qui a eu aussi, dans son temps, le plus d'esprit. C'est du même au même, comme vous voyez, ou, si vous aimez mieux, un rendu pour un prêté.

Le roman est encore la meilleure manière d'écrire l'histoire, surtout lorsque c'est l'histoire d'un monde amoureux s'il en fut jamais, qui a uniquement vécu d'amour, et qui ne cessait d'aimer un instant, que pour aimer ailleurs.

Au XVIIIe siècle, en effet, l'histoire, avec la meilleure volonté du monde, ne rencontre sur son chemin qu'un personnage : l'amour ; qu'un héros : l'amour ; qu'un événement : l'amour ; qu'un intérêt : l'amour. Le roi, c'était l'amour ; le ministre de même, le philosophe encore plus, et je n'ose continuer l'énumération, de peur de rencontrer le prélat.

Ce siècle-là, — que voulez-vous ? — avait comploté d'aimer, et il avait mis la maison tout entière, du premier au dernier meuble, dans le complot. Le fauteuil était largement hospitalier ; il fallait être deux au moins pour le remplir. La pendule était surmontée d'une voluptueuse scène de bergerie. L'heure y sonnait peut-être encore, mais sans le savoir : le temps avait trop le respect de son monde pour oser fuir sous les pieds du berger qui embrassait à perpétuité sa bergère.

Tout se passait alors, dans la vie, de berger à bergère, à moins que ce ne fût de bergère à berger. Sur ce panneau, le berger poursuivait la bergère ; sur cet autre, la bergère attendait le berger. Sur ce lambris, le ramier appelait sa bergère, sur cet autre la colombe rappelait son berger. Sur la porte enfin, sur la cheminée, sur la porcelaine, sur l'éventail, dans l'alcôve, au plafond, derrière l'écran, c'était toujours la même églogue en action, toujours, pour éternelle variante, le même berger avec la même bergère.

M. Janin a donc choisi un berger et une bergère pour nous raconter du haut en bas le XVIIIe siècle. Le berger se nomme Eugène ; la bergère se nomme Louison. Ils ont à peine à eux deux trente ans passés, et, sans trop savoir pourquoi, ils veulent mettre ces trente ans en commun.

Ils partent un matin de Paris, sur la foi du soleil, pour aller au bois de Vincennes. Aller au bois ! ne sera-ce pas toujours la meilleure manière d'aimer pour la jeunesse encore inexpérimentée à l'amour ?

Aller au bois ! mais c'est laisser à l'oiseau qui chante sur la branche, à la fleur qui pleure sur la mousse, à la voix qui passe dans le vent, à l'étincelle qui vole dans le rayon, le soin de dire tout bas ce que la lèvre ne sait pas dire encore; mais c'est mettre la nature tout entière dans la confidence, c'est l'appeler en témoignage, c'est l'intéresser à notre amour, c'est la forcer à lui donner, comme une bonne mère, sa bénédiction.

Ils vont donc au bois, et comme à cet âge la route n'est jamais assez longue, pour peu qu'on soit deux à la faire, ils marchent toujours, et à force de marcher ainsi, ils arrivent, de fil en aiguille, au fond de la Brie, dans le château de Fontenay.

Mais, avant d'arriver là, ils ont eu à traverser un défilé dangereux pour leur jeunesse, ils ont passé devant le château et sous le regard du financier Ribouté, — ôtez votre chapeau, — seigneur, de Chenevières, par la grâce de ses écus. Le seigneur Ribouté est pour le moins vingt fois millionnaire, et par conséquent un rude oiseleur pour toute alouette envolée sur son domaine.

Mais ils ont échappé au danger. Ils continuent leur chemin. Ils respirent maintenant l'air à pleine poitrine. Ils touchent au terme de leur pèlerinage. Et comme il faut que toute chose ici-bas ait sa conclusion, même une promenade au bois de Vincennes poussée jusqu'au fond de la Brie, de confidence en confidence, ces deux amoureux errants à la recherche de leur amour, concluent enfin, à quoi? Vous êtes bien curieux. Lisez, si vous voulez le savoir, le roman de M. Janin. Un roman de M. Janin, je suis fâché de vous le dire, n'est pas un ouvrage à lire par procuration.

Mais au milieu de cette capricieuse idylle murmurée à deux voix, au bord du flot rêveur, dans la chaude effluve du printemps, M. Janin nous montre tout à coup à l'horizon le spectre de je ne sais quel roi honteux, quel Tibère en perruque, qui va mystérieusement, d'un air lugubre et d'un pas muet, son chapeau sur les yeux et son cordon dans la poche, à son île de Caprée, là-bas dans l'ombre d'une ruelle, derrière Versailles.

Ce spectre est l'amant de la Dubarry, le roi de France, l'homme du droit divin et du Parc-aux-Cerfs, sacré, un des derniers, des dernières gouttes de la sainte-ampoule, un jour, à Reims, par un archevêque duc et pair, entre ces deux abominables parrains, le régent et le cardinal Dubois.

M. Janin a versé le trésor de sa colère sur cette royauté décrépite qui allait chaque soir, à la brune, traîner ses cheveux blancs au fond d'un bouge anonyme, en compagnie du hasard en cornettes, racolé, Dieu sait où, pour son plaisir. Louis XV a payé ici pour tous les autres rois, pour tous les autres princes, ses frères ou ses cousins. Car la monarchie était partout alors en Europe une simple partie de débauche. L'histoire serait embarrassée de nommer le plus cynique de ces divers porteurs de couronnes qui cherchaient, jusque dans la dernière lie, la consolation du pouvoir.

Était-ce le roi de Pologne? C'était, du consentement de la chronique, le plus intrépide buveur de la chrétienté. Il mourut le verre à la main, dans une partie de diplomatie, en voulant griser l'ambassadeur Grumkow, pour lui arracher son secret. Grumkow mourut aussi des suites de ce duel à table, mais plus tard seulement; et en vérité je me demande aujourd'hui comment il a pu tenir tête, ce soir-là, au roi de Pologne.

Maintenant, voulez-vous savoir comment ce roi ivrogne traitait les dames?. lisez encore ceci, car enfin le moment est venu de régler notre compte entre nous, monarchie et démocratie. Secouons nos défroques en l'air, puisque le temps le veut, et voyons qui de nous, en définitive, a les meilleures guenilles.

« Les Polonais, dit Lemontey, ont reproché au roi de

» Pologne d'avoir corrompu les mœurs et arraché des
» femmes à la retraite. Au temps dont je parle, ses gardes
» amenaient de force, aux bals de la cour, les personnes
» des deux sexes qui se récréaient dans les cercles de la
» ville, et le lendemain, des carrosses les reportaient chez
» elles, accablées de la fatigue des plaisirs et des vapeurs
» de l'ivresse. »

Savez-vous combien ce Salomon, toujours pris de vin de Hongrie, laissa, sur ses vieux jours, d'enfants issus de ses orgies ?

Cent, peut-être, et c'est beaucoup ?

Vous vous trompez. Le nombre n'est pas exact. Il en laissa trois cent cinquante-quatre, ni plus ni moins, s'il faut en croire la princesse Wilhelmine de Prusse, qui les a tous comptés sur ses doigts, dans ses Mémoires. Mais, en revanche, le roi de Pologne était dévot, et cela excuse plus d'un péché.

« La dévotion même de ce joyeux tyran avait quelque
» chose de gigantesque et de dissolu, reprend Lemontey.
» Il dépensa des sommes énormes à la construction d'un
» calvaire, où l'on arrivait de nuit, par une avenue de plu-
» sieurs lieues, que formaient, en pleine campagne, des
» colonnes surmontées de lanternes. »

Mais voici le bouquet.

Non-seulement ce roi dévot était le mari de toutes les femmes de son royaume, mais encore il faisait servir l'amour, comme le vin, à l'usage de la diplomatie. Le jeune Frédéric, qui fut, depuis, le grand Frédéric, alla un jour lui rendre visite en Pologne. Le roi voulut enlacer d'avance l'héritier de la Prusse à sa politique, et pour le captiver il procéda ainsi, au dire de l'histoire :

« Auguste parvint à entraîner l'innocent prince, dit

» M. Paganel. Celui-ci était devenu éperdument amoureux
» de la belle comtesse Orzelska, à la fois fille naturelle du
» roi de Pologne et sa maîtresse. Auguste, qui aimait trop
» la comtesse pour s'en séparer, et qui avait déjà pour
» rival le comte Rodowski, son propre fils, frère même de
» la comtesse, céda en échange à Frédéric une très-belle
» fille qui le suivit à Berlin à l'insu de son père. Ce fut son
» premier amour. »

Si quelqu'un a mieux porté son nom que Louis XV parmi les rois du xviiie siècle, ce n'est assurément pas cette majesté bachique du Nord, incestueuse par-dessus la tête au premier et au second degré. Serait-ce, par hasard, le roi d'Angleterre?

Mais qui oserait glorifier aujourd'hui Georges de Hanovre, prince régnant par une apostasie? C'était un mari intraitable, qui jetait sa femme au cachot, comme si la Providence n'avait pas établi de tout temps une loi de réciprocité qui accorde un amant à la reine quand le roi a une maîtresse. Je recommande expressément ce Georges-là au meilleur fouet de M. Janin quand il en trouvera l'occasion.

« Ce prince, dit Duclos, soupçonnant un commerce
» criminel entre sa femme et le comte de Kœnigsmark,
» avait fait jeter celui-ci dans un four chaud et avait tenu
» longtemps l'électrice enfermée dans un château. La nais-
» sance du prince de Galles fut toujours suspecte au roi
» Georges, qui ne put jamais le souffrir. »

Serait-ce le roi de Danemark qui aurait été plus recommandable que le roi de France par sa vertu? Mais songez au sang de Struenzée, qui crie encore vengeance sur ce sol maudit que le glorieux ministre avait émancipé du servage.

Serait-ce l'empereur de Russie? Eh bien! voulez-vous juger d'un trait ce pâle avorton du trône, conçu par la peur dans une nuit de défaillance? Lorsqu'il était assiégé dans son propre palais par sa propre femme, et à moitié détrôné par l'insurrection, savez-vous ce qu'il demandait en ce moment à Dieu et aux hommes? Une épée, sans doute, un fusil, une balle, la mort, comme Néron, de la main d'un ami? — Non. Il demandait, pour prix de son abdication, son nègre, son chien, son violon, et peut-être même, mais tout bas à l'oreille, la comtesse de Woronzoff.

Catherine agréa sans difficulté la demande de son mari, et le lendemain elle lui envoya Orloff avec une bouteille d'eau-de-vie de sa façon. Orloff verse un premier verre à cet empereur tombé du métier d'autocrate à l'état de violoniste. Le malheureux boit et roule à terre en hurlant et en criant au secours. Comme le poison n'agissait pas sans doute assez vite, Orloff lui met le genou sur la poitrine et l'étrangle, sans plus de cérémonie, avec une serviette. Cela se passe ainsi en Russie.

Était-ce le roi de Portugal qui pouvait montrer à Louis XV la manière de régner dignement, saintement, comme un envoyé de Dieu, convaincu de sa mission? Mais Jean de Portugal est un Louis XV bigot, plus débauché encore si cela est possible et plus effrayé, dont le Parc-aux-Cerfs était pieusement caché, devinez où? — Dans un couvent.

« Un couvent d'Odivelas, peuplé de trois cents reli-
» gieuses, était le théâtre de ses plaisirs. Le moine fray
» Gaspard, son favori, élevait les enfants qui naissaient dans
» ce harem catholique. Trois d'entre eux, reconnus par
» leur père, ont, sous le règne suivant, rempli de leurs
» intrigues la cour de Portugal. Plus ses désordres étaient
» grands, plus le superstitieux monarque y mêlait de
» pieuses compensations. Tremblant également pour son
» corps et pour son âme, il se rendait au couvent d'Odi-

» velas, toujours accompagné de son médecin et de son
» confesseur. »

Était-ce enfin le roi d'Espagne? Philippe, j'en conviens, était simplement fou et triste à mourir. Il passait des semaines entières au lit, enterré sous un monceau de linge ou plutôt de fumier. Il laissait croître-là ses cheveux et ses ongles à outrance, tout en égrainant son chapelet et en chuchotant une prière. Quand ses griffes avaient suffisamment poussé, il s'en servait pour se déchirer lui-même jusqu'au sang, et criait ensuite que son corps était couvert de scorpions.

La reine, condamnée par état à dormir chaque nuit à côté d'un pareil monomane, prenait le parti de le jeter à bas du lit d'un coup de pied et de l'envoyer dans l'antichambre. Ce coup de pied n'était pas perdu. Pour rétablir l'égalité, sans doute, entre les deux sexes, le czaréwitz tuait sa femme, à Pétersbourg, d'un coup de pied dans le ventre en pleine grossesse. Cela se passe ainsi en Russie.

Ainsi donc Louis XV planait encore de toute la tête sur ses collègues en droit divin. Le malheureux régnait depuis l'âge de cinq ans, et il était, je le conçois, ennuyé de régner. Il cherchait éperdument où il pouvait, et comme il pouvait, une diversion à sa tristesse. Avez-vous jamais pesé dans votre pensée l'effroyable supplice de cette prison cellulaire, de cette mort perpétuelle savamment organisée, minute par minute, que l'ancienne cour appelait l'étiquette?

Voyez-vous d'ici ce roi qui a cessé d'être homme pour être plus qu'un homme, suspendu dans le vide, déclassé dans la vie, sans rapport avec tout ce qui est vivant, car la communion sacrée de l'homme à l'homme n'est possible, par une loi de la Providence, que dans l'égalité; sans affection, car le souverain, emprisonné dans sa toute-puissance, ne peut avoir qu'un flatteur ; sans liberté, car son temps royal est divisé comme le cadran d'une horloge ; sans spontanéité, car il faut marchander sa pensée à ses ministres ; sans repos, car il faut régner en définitive ; sans mystère, car il faut toujours poser, nuit et jour, devant le regard des courtisans ; sans mouvement, car il faut laisser le soin de la moindre action au gentilhomme de service?

Et, après une vie ainsi contestée, funèbre, murée, découpée en lambeaux, refoulée sur elle-même ou évanouie dans les autres, complétement détournée de l'humanité, déshéritée de son atmosphère, comprenez-vous maintenant que ce roi, qui est homme après tout, qui sent la voix impérieuse de l'homme crier dans chacune de ses fibres, veuille protester contre ce magnifique suicide, et que, pour rétablir en lui l'équilibre ou changer du moins de néant, il tombe, il roule, eh! mon Dieu, soyons indulgents pour la monarchie, dans la volupté, et de la volupté, pour suivre la progression, dans la débauche?

Louis XV avait connu cette douleur dès le berceau. Il en porta au front pour le reste de ses jours une implacable pâleur. Son rire, lorsque par mégarde il riait une fois en quinze ou vingt ans, il l'a dit lui-même, le faisait souffrir. Il vécut morne et accablé au milieu de l'amour, appelant et redoutant à la fois le tombeau.

Lorsque, dans sa promenade, il apercevait la croix de fer d'un cimetière, il arrêtait sa voiture et il envoyait son écuyer savoir s'il y avait dans ce champ de la mort une tombe fraîchement creusée.

— Cela fait venir l'eau à la bouche, lui dit un jour sa maîtresse.

Mais le roi ne répondait pas ; il rêvait, il écoutait mélancoliquement, la tête penchée sur sa poitrine, la vie et la mort s'arracher l'une l'autre sa pensée.

Il mourut, cependant; lorsque le moment fut venu, il voulut retenir à toute force la vie qui fuyait, hélas! sans retour. Il jeta un regard désespéré en arrière. Il sentait qu'il n'avait pas vécu.

Il appela toute la faculté de Paris pour retarder d'un jour, d'une heure encore, le fatal coup de ciseau que la Parque allait lui donner.

Malgré cette procession de médecins autour de sa dernière heure, il expira cependant, et entraîna avec lui la monarchie dans le tombeau.

Or, pendant que la royauté courait la pretantaine et mourait à son corps défendant, le berger de Louison trouvait un père, un évêque, le ciel me pardonne, — où diable la paternité va-t-elle se nicher? — pour le marier avec sa bergère, et le roman finit là-dessus faute de combattants.

La trame est légère, à la vérité, mais sur cette trame ondoyante comme l'écharpe de Vénus, emportée au souffle du printemps, le poëte, et jamais M. Janin n'a été plus éperdument poëte, a semé en jouant toutes les broderies de son imagination.

Au premier mot de son œuvre, il a dit : Voilà un siècle leste et pimpant qui porte le nez au vent et le bouquet sur l'oreille. Il a sans cesse sur la lèvre un couplet, un sourire, quelquefois pis encore, toujours prêt à partir, quand ce n'est pas déjà parti.

Il est spirituel d'un bout à l'autre, malgré lui, à son insu, par épidémie. La contagion, à ce qu'il paraît, s'était mise dans toutes les têtes, jeunes ou vieilles, dans les jeunes plus que dans les vieilles cependant.

Et comme le siècle est spirituel, il prend le monde pour

ce qu'il est, pour un grain de poussière, et afin de figurer ce monde changeant, au moins une fois dans l'histoire, il a mis la poussière partout.

Il l'a mise dans une boîte d'écaille et il a inventé le tabac, et la sympathique tabatière passe à la ronde comme la coupe antique du festin.

Il l'a mise dans les cheveux et il a créé la poudre, et la poudre répand un nuage odorant autour de la tête des jeunes filles comme autour de la tête des déesses.

Il l'a mise sur la toile et il a deviné le pastel, et la beauté a désormais le visage étincelant comme une aile de papillon.

Et après avoir dit cela, M. Janin a sans doute ajouté : Le siècle est déluré ; eh bien ! ma foi tant pis, l'exemple est tentant ! A déluré, déluré et demi.

Ce siècle est prompt au sourire ; et bien ! je serai plus prompt à la repartie.

Ce siècle est humaniste, érudit. Il a traduit et illustré mainte et mainte fois *Daphnis et Chloé*; eh bien ! je verserai sur ma prose la plus riche fleur de latinité, cueillie en passant au jardin d'Horace et au parterre de Tibulle.

Ce siècle est puissant de style et de talent; eh bien ! je lutterai avec lui corps à corps, ou plutôt poésie contre poésie, et si je ne le terrasse pas, du moins je ne serai pas terrassé, et à la fin du combat, j'interpellerai l'ombre de Diderot, et je lui dirai : Maître, es-tu content, as-tu reconnu, à la trempe du style, ton dernier disciple?

Et M. Janin a tenu la parole qu'il s'était donnée, et à moins que Diderot ait beaucoup perdu au paradis, il a dû être content.

Car jamais style plus étincelant, plus vif, plus imprévu, plus prodigue de tours et de retours heureux n'a jailli nulle part du doigt d'un homme vivant, au courant de la plume et au bonheur de l'improvisation. Va comme je te dis, et je dis toujours bien, sur la page indéfiniment capricieuse de ce roman où chaque fée connue et inconnue de l'esprit et du cœur; la fée Morgane, la fée Ondine semblent s'être donné rendez-vous de tous les vents de l'horizon pour célébrer en commun la grâce, la jeunesse, l'insouciance, la jalousie, la coquetterie, la bouderie, la réconciliation, cet infini enfin, infiniment multiple, qu'on appelle l'amour.

M. Janin est un écrivain, et c'est là pour moi le plus grand éloge; car combien pourrait-on, en conscience, nommer d'écrivains à notre époque? Cinq, six, peut-être; mettons-en dix pour faire bonne mesure, et après cela il faut tirer l'échelle.

J'entends dire souvent : Cet homme a du style, mais il n'a que cela. Cherchez-lui une idée, bonsoir! Comme si le style n'était pas lui-même une idée! Comme si on pouvait trouver une beauté de style par une autre recette que par une idée! Mais pour préférer ce mot à un autre mot, malheureux que vous êtes! il a fallu une idée; car qu'est-ce donc qu'une préférence, si ce n'est une idée? Allez, mes amis, il y a plus d'idées dans la moindre bluette proprement écrite que dans toute la collection, je suis forcé de le dire, du *Journal des Savants*.

Sauvons le style des mains des barbares, et jetons-nous au feu, s'il le faut, pour cela, car le style sauvé, tout est sauvé. On a toujours la pensée, mais on n'a pas toujours le style pour l'exprimer. Or, qu'est-ce qu'une œuvre sans style? Une jeune fille sans dot, qui danse tout l'hiver sans trouver un mari. Il y a dans ce monde assez de jeunes filles à marier, il n'y a que la dot qui a toujours manqué.

M. Janin aura été parmi nous, peut-être, le plus pieux, le plus infatigable servant de la forme élégante, au pli harmonieux et à la marche rhythmée. A chaque minute, en le lisant, je crois entendre le bruit du pas de la muse attique, qui fuit au bord de l'Ilyssus, derrière un rideau de lauriers.

III.

LE MISSIONNAIRE RÉPUBLICAIN

EN RUSSIE.

Il était allé convertir les Russes à la liberté, et voici ce qu'il trouva dès son entrée en matière :

D'abord un territoire particulièrement disgracié de la nature, qui commence dans la tristesse pour finir plus tristement encore. Ici c'est la mer Baltique, ici c'est la mer Noire, deux mers également intraitables une partie de l'année ; ici c'est le steppe, c'est-à-dire l'évanouissement de la terre, le bout du monde, le vide, le néant ; ici c'est le marais, ici c'est la bruyère, ici c'est le pin, et quand ce n'est pas le pin, c'est le bouleau, et quand ce n'est pas le bouleau, c'est le sapin, et quand ce n'est ni l'un ni l'autre, c'est le tout ensemble ; ici c'est un village ou plutôt un groupe de cahutes construites en rondins où le paysan vit pêle-mêle avec le bétail ; ici c'est la ville, pourvu qu'on puisse appeler ainsi le village à l'état d'amplification, toujours bâti en bois, et entrecoupé çà et là d'un palais pour la variété ; ici enfin c'est un je ne sais quoi prolongé à l'infini entre deux fossés, qui serait une route si une voiture pouvait y passer, et qui, en attendant, est tout simplement une fondrière.

Il trouva ensuite un climat à l'avenant. Le climat là-bas marche, comme le despotisme, par soubresauts. Le soleil paresseux, sinon malveillant pour la Russie, paraît à peine au commencement de l'été et débute par la canicule. Il balaie en une séance la neige encore attardée sur le sol, et brusque la végétation pour réparer le temps perdu. Il la fait précipitamment germer, verdir, fleurir et mûrir coup sur coup, avec une impatience fébrile qui ressemble à la colère. A peine a-t-il achevé son œuvre, que le vent souffle de la Sibérie et fond sur la Russie en ligne droite, sans trouver nulle part une montagne pour l'arrêter en chemin. L'hiver arrive sur ce vent du pôle, comme un boulet de canon. La neige reprend dans une nuit possession de son domaine. Et le matin le Russe apprend en ouvrant sa fenêtre qu'il a changé de saison. Il s'était couché en plein été sur la foi du calendrier, il se réveille à je ne sais combien de degrés au-dessous de zéro.

Il trouva enfin un peuple admirablement approprié à ce climat brutal, tout l'un ou tout l'autre, qui a retranché par esprit d'absolutisme le printemps et l'automne de la ronde harmonieuse de l'année. Qu'est-ce que le peuple russe en effet ? Cela est-il barbare ? cela est-il civilisé ? Qui le sait le dira. Cela flotte, à vrai dire, entre chien et loup, comme le crépuscule. Ce n'est pas précisément la nuit, ce n'est pas le jour non plus. Le jour viendra peut-être, mais il n'est pas encore venu. Le Russe est un échantillon complet de tous les états successifs que l'humanité a successivement traversés dans sa perpétuelle évolution depuis la sortie de l'Éden. On y trouve encore, côte à côte, en exercice, l'état pastoral, l'état agricole, le servage, le mandarinat. L'esprit cherche là quelque chose qui ressemble à une société, et il trouve tout au plus un musée vivant de toutes les sociétés, un pêle-mêle de tous les progrès de l'histoire : on dirait une pendule déréglée qui sonne dans son délire toutes les heures à le fois.

Voilà ce que trouva le missionnaire républicain lorsque, dans sa candeur, il alla prêcher la liberté en Russie. Ce début promet, et la suite, comme nous allons voir, fera honneur au début.

La législation russe est un véritable chaos. Pour mettre là-dedans un semblant d'unité, le gouvernement a ordonné la confection d'un code dans le plus bref délai. Il a même nommé une commission à cet effet, et la commission a régulièrement fonctionné, depuis lors, chaque jour de la semaine. Il y a quarante ans passés de cela, et, Dieu nous pardonne, elle fonctionne encore. Elle a eu le temps, chemin faisant, de renouveler deux ou trois fois son personnel, et de renouvellement en renouvellement, le code impérial attend toujours son premier paragraphe. Il paraît qu'en Chine la même famille conspire souvent contre le même empereur, pendant trois cents ans, dans le plus formidable secret. L'empereur est mort depuis des siècles, n'importe, la conspiration marche toujours. Le code russe pourrait bien être, à première vue, un complot chinois. Dites après cela que l'absolutisme est plus expéditif qu'une assemblée !

La justice est à la hauteur de la législation. Savez-vous combien il y a de degrés de juridiction en Russie ? Onze degrés. Et pour combien de justiciables ? Pour sept cent mille seulement ; car sur une population de soixante millions d'âmes, — on appelle cela des âmes, — la Russie compte à peine sept cent mille élus en possession de droits civils. Et cependant, le procès jugé à l'infini en premier, en second, en troisième, en quatrième appel, n'est pas encore définitivement jugé. Le pouvoir impérial peut toujours, de sa pleine autorité, réviser le jugement. L'empereur est donc à proprement parler l'unique juge de la Russie. Ces onze degrés de juridiction sont autant de gradins somptueux, réglés par l'étiquette, pour monter jusqu'à sa personne.

La loi russe aime, comme la modestie, le mystère et le silence, et par cette raison elle repousse péremptoirement toute publicité et toute plaidoierie. Chaque partie plaide sur papier. L'avocat est complétement inconnu en Russie; mais il y a toujours par ci par là quelque entremetteur officieux pour en remplir au besoin les fonctions et en toucher les honoraires. Il suffit d'avoir l'oreille du juge pour cela. La chronique pourrait citer telle ou telle dame, parfaitement titrée d'ailleurs, qui plaide ainsi à bureau ouvert, et gagne, cela va sans dire, tous ses procès. Souvent même le juge épargne au plaideur les frais d'un intermédiaire, et il lui dit charitablement sous le manteau de la cheminée : Ton affaire est bonne, mais avec un millier de roupies elle sera encore meilleure. Et le plaideur donne le millier de roupies pour mettre la loi de son côté. L'empereur veut nous forcer à traiter avec le serf de nos domaines, disait dernièrement un boyard, mais que deviendra le malheureux en cas de procès sur l'exécution du contrat? Là où il donne un œuf, nous donnons une roupie.

Telle justice civile, telle justice criminelle. Que voulez-vous? l'unité le veut ainsi. La peine de mort est abolie en Russie pour tous les crimes, excepté pour les crimes politiques. De sorte qu'un simple cri poussé contre la famille impériale, en état d'ivresse, — l'ivresse est là-bas une circonstance aggravante, — est plus sévèrement puni, sous prétexte de lèse-majesté, que le parricide, par exemple, ce crime des crimes dans toutes les langues de la civilisation. Le code russe continue donc à tuer politiquement, sans affectionner, du reste, tel genre plutôt que tel autre genre de supplice ; car pour avoir conspiré contre le souverain, on peut être indifféremment écartelé, pendu, ou enterré vivant, au choix du tribunal. Le tribunal peut ainsi aggraver la peine à l'application. Car, mourir pour mourir, le condamné aimerait encore mieux, j'en suis convaincu, être précipité, une fois pour toutes, du haut de la potence que tiré à quatre quartiers.

Mais passons. Quant aux crimes qui entraînaient autrefois la peine capitale, le knout fait maintenant justice du coupable. Mais le knout est encore un châtiment arbitraire, prodigieusement susceptible de plus ou de moins dans la pratique. Car entre un coup appliqué de cette façon-ci et un coup appliqué de cette façon-là, il y a une marge immense pour le bourreau. Le bourreau a la main plus ou moins lourde, selon l'occasion ; cela dépend uniquement du pour-boire. Une pièce glissée à propos adoucit singulièrement la colère du fouet. Grâce à cette précaution, le condamné peut ainsi garder une portion de sa peau sur son épaule. Le bourreau est donc en réalité un juge suprême en dernier ressort, qui augmente ou diminue à son gré le supplice. Il a même en certaine circonstance le droit de tuer le patient si cela lui convient. La loi russe a pour le gentilhomme une peine particulière qu'elle nomme la dégradation. La dégradation consiste à briser l'épée du coupable sur sa tête sans autre formule. Or, le bourreau peut interprêter à volonté cette formule de deux façons : ou bien il brise au-dessus de la tête du dégradé, ou bien il lui enfonce le crâne d'un coup de pommeau.

Mais le crime le plus sévèrement poursuivi en Russie est un crime inconnu ou du moins à peu près inconnu partout ailleurs ; ce crime est le douck. Connaissez-vous le douck par hasard ? Le douck est quelque chose comme l'esprit libéral. Quiconque est accusé de douck, n'importe comment, n'importe sur quel indice, est jugé en secret, condamné en secret, sans qu'il puisse savoir pendant toute l'élaboration de cette procédure occulte et anonyme à quelle heure et de quelle manière, hélas, il a été libéral. Il apprend son crime par sa condamnation, et lorsqu'il avise un moyen de défense, il est déjà parti pour la Sibérie. Il contera cela en route au gendarme, s'il a encore envie de parler. Le censeur qui laisse passer par mégarde un article coupable de douck dans un journal est complice du délit et passible du châtiment que voici : la police l'invite à venir au bureau, et quand le malheureux arrive, elle le saisit, elle l'étend poliment à plat ventre sur un banc de sapin, et d'une main maternelle elle lui administre ce que le poëte Pouschkine, qui avait deux fois passé par cette épreuve, appelait la lettre de franchise de la noblesse moscovite. Le censeur est ordinairement un professeur d'université ; or, un professeur, si je ne me trompe, a rang de colonel dans la hiérarchie. Mais si le censeur reçoit sa lettre de franchise, l'auteur de l'article la reçoit aussi par la même occasion. La Russie pratique admirablement l'égalité devant le fouet. C'est là l'unique démocratie à portée de son intelligence.

Par la justice d'un pays on peut juger d'avance son administration. L'administration russe est, à proprement parler, l'organisation du pillage à quatorze degrés. Comme, en supprimant la liberté d'opinion, le gouvernement a supprimé du même coup l'esprit public ; comme ce que nous appelons considération est chose parfaitement inconnue sur les bords de la Néva, le mandarin de Russie a, du premier au dernier jour de sa carrière, un seul mobile : le gain ; un seul but : l'avancement. Gagner et avancer le plus possible ; par conséquent, flatter sans cesse l'homme ou le préjugé qui peut lui ménager à l'occasion un grade ou un bénéfice, voilà, de la tête à la cheville, le fonctionnaire tout entier. Que lui importe le bien de l'État, le bien du service ? Il est endormi à toute autre chose qu'à son intérêt. Pour le réveiller de sa torpeur, le gouvernement lui prodigue à chaque minute un encouragement. Or, voyez où il en est arrivé déjà de prodigalité en prodigalité : à créer une légère nomenclature de soixante-dix récompenses à l'usage des fonctionnaires publics. Le chiffre est exact. En voici le détail :

Il y a d'abord douze degrés de hiérarchie ; il y a ensuite dix titres honoraires, depuis le titre de Monsieur jusqu'à celui d'Altesse ; ensuite quatre titres de cour, tant civils que militaires ; ensuite trente espèces de décorations, depuis les croix jusqu'aux médailles ; deux espèces de gratifications ou augmentations de traitement ; cinq espèces de pensions ou rentes pour des époques déterminées ; deux espèces de dotations ou de majorats ; deux espèces enfin de tabatières, car les tabatières elles-mêmes sont, en Russie, des moyens de gouvernement. Total : soixante-dix récompenses. Il faut être soixante-dix fois stupide pour n'être pas récompensé au moins une fois dans sa carrière.

Eh bien ! malgré ce déluge de primes, de gratifications, de décorations pour les filles, de décorations pour les garçons, le gouvernement russe est le plus mal servi de l'Europe. Il est volé. Cela est proverbial. Il en prend volontiers son parti. Mais grâce à l'incurie de l'administration, le pays est ruiné. Et ceci mérite attention ; car plus d'industrie, plus de budget. La Crimée faisait autrefois un commerce considérable de maroquin ; mais avant de passer à l'état de cuirs de Russie, les troupeaux de chèvres dévoraient impitoyablement les pousses des forêts. Or, pour préserver les taillis, l'administration ordonna une extermination générale des troupeaux, et voilà le commerce des cuirs anéanti pour toujours.

Jusque-là l'histoire n'a rien à redire. Les boucs sont morts ; c'est un malheur, paix à leur mémoire. Les arbres sont debout, c'est une compensation. L'administration peut être à toute force excusée. Vous le croyez ? Attendez un instant. Le même jour que l'administration ordonnait le massacre des troupeaux, elle autorisait le déboisement des forêts, de sorte qu'après avoir tué les chèvres pour sauver les arbres, elle sacrifiait les arbres pour venger sans doute les chèvres de leur immolation. Lorsqu'elle met la main quelque part, elle tarit invariablement une richesse. Qu'il soit Russe ou qu'il soit Turc, un pacha en définitive est toujours un pacha.

Et maintenant, voyez là-bas, au dernier horizon de l'Europe, cet homme plus qu'un homme, empereur et juge à la fois, planer, la tête ceinte d'une double couronne, dans sa majesté césarienne, comme dans une aurore boréale, sur un vide magnifique, au milieu d'un océan de baïonnettes. Il est tout, il est partout, du geste ou du regard ; il peut assurément, quand la colère lui monte au visage, juger, condamner, proscrire, exiler, emprisonner, tuer, saccager, brûler, semer la cendre, passer la charrue sur la ville prise d'assaut, promener d'une frontière à l'autre la flamme errante de son artillerie, faucher la jeunesse d'un pays comme l'herbe du sillon ; il peut, en un mot, répandre sur son passage toutes les douleurs que l'homme peut infliger à l'homme en un jour de malédiction ; il peut tout cela, il peut tout, à l'exception toutefois de créer, sur le sol qu'il a sous les pieds, l'activité, la vie, la richesse, la pensée. Il est plus moral, dit-on, que son propre peuple, ce qui lui donne encore droit à beaucoup de modestie en fait de moralité ; plus juste, ou, si vous aimez mieux, plus affamé de justice, et cependant cet homme, chargé, écrasé de tous les pouvoirs du ciel et de la terre accumulés sur sa tête comme à plaisir, suspendu dans un nuage, perdu dans son apothéose, immense enfin pour le mal, est impuissant pour le bien par la nature même de cette autorité exceptionnelle, incommensurable, qui le sépare, qui l'isole du reste de l'humanité. Il peut vouloir une mesure de justice, mais il n'a que le pouvoir de la volonté. Lorsqu'il parle de justice, il parle au vent. Sa parole tombe morte à ses pieds, sans trouver une main pour la relever. Entre lui et son peuple, le despotisme a mis la muraille vivante du fonctionnaire, conjuration tacite qui intercepte sa pensée et la frappe de stérilité. Que voit-il ? Que sait-il ? Tout au plus ce que la cour impériale, toujours groupée et toujours bourdonnante autour de lui, veut bien lui laisser voir et lui laisser entendre. Il est, à coup sûr, l'homme le plus ignorant et le plus trompé de la Russie, le sujet de ses sujets, *servus servorum*. Il a essayé de briser l'humanité en lui, et l'humanité a pris sa revanche.

La preuve de cette vérité jaillit à chaque page de l'histoire administrative de la Russie. Je ne sais plus quelle ville désirait un pont sur le Dniéper. Elle adresse à ce sujet une pétition à l'empereur. L'empereur approuve pleinement la pétition. Il demande un devis au corps des ponts et chaussées. L'administration présente modestement un devis de six millions. L'empereur recule au premier mot devant cette dépense. Un seigneur riverain, moins timide probablement que l'empereur, entreprend de construire à ses frais le pont trop coûteux pour la bourse de Sa Majesté. Il appelle à son secours la science d'un ingénieur italien. L'ingénieur demande une somme de cent mille francs pour l'opération. Voilà sans doute un pont bâti. Nullement. Le corps des ponts et chaussées y oppose son véto. Le pont au rabais resta sur le papier, et le Dniéper coule encore à l'heure qu'il est comme par le passé. A chaque instant le même fait reparaît sous une forme ou sous une autre. L'empereur, par exemple, veut avoir une flotte construite en bois de chêne pour plus de solidité, et il a une flotte de pacotille en bois de sapin. Il veut envoyer des médicaments de bonne qualité à ses hôpitaux de Crimée, et toujours les remèdes fondent en route, on ne sait comment.

L'expérience sans cesse renouvelée aboutit sans cesse au même résultat. Ah! Dieu est juste. Il a refusé à l'absolutisme même le droit d'accomplir le bien, de peur que, tenté par ce bien, l'esprit de l'homme ne trébuchât dans la servitude. L'absolutisme est comme le mancenillier, rien ne vient à son ombre.

A distance et dans la brume du pôle, le peuple russe paraît un fantôme; approchez du géant, vous trouvez un peuple informe, composé de dix peuples divers, Juifs, Allemands, Tartares, Cosaques, Grecs, Bulgares, Polonais, et que sais-je encore? enregimentés de vive force, disciplinés à coups de plat de sabre et toujours réfractaires, toujours frémissants sous la discipline. Je vois bien là une armée, mais je ne vois pas là une nation. Car, au point de vue de la pensée moderne, qu'est-ce qu'une nation? sinon une admirable organisation naturelle, vivante et compacte, créée et développée par l'histoire, d'idées, de sentiments, de sciences, d'industries, de routes, de ponts, de canaux, de villes, de communes, de banques, d'usines, de grandes, de petites, de moyennes fortunes, de moyennes surtout, car le chiffre de la bourgeoisie dans un État est toujours le critérium de sa prospérité, que dis-je ! de sa prospérité, bien plus encore de sa liberté; car la liberté est bourgeoise d'origine. L'Angleterre est cela, la France est cela. Mais la Russie, qu'est-elle en réalité ? Un cadre flottant, du vide, de l'espace, une population éparse, une civilisation poreuse, une nationalité ébauchée, un million d'hommes affranchis, le reste serf, sans commerce, sans classe par conséquent née du travail, émancipée par le travail, la seule émancipation approuvée de l'histoire, sans liberté enfin, et, ce qui est plus triste encore, sans possibilité, pour le moment, de liberté, car la liberté, comme toute chose au monde, a ses précédents et ses conditions d'existence. Le mot peut-être est parvenu en Russie, mais l'idée y est encore ignorée.

Ainsi le missionnaire républicain va prêchant partout la liberté dans le désert, et recueille partout le sourire pour prix de son dévouement. La Russie a du haut en bas une ambition plus sérieuse que la dignité de l'homme élevé à sa plus haute expression. Le noble songe à mettre une croix de plus sur sa poitrine. Le paysan aspire à un verre d'eau-de-vie de plus pour le dimanche. Chacun d'eux a une destinée complète au soleil et poursuit infatigablement son chemin sans détourner un instant la tête pour écouter cet étranger venu de la terre des rêves assurément, car il parle de démocratie; et de déception en déception, le malheureux missionnaire en arrive à douter de l'abolition du servage. Il sait bien sans doute que pour donner la liberté à tout le bétail humain parqué sur les terres de l'aristocratie, un mot de l'empereur suffirait à la rigueur. Mais on ne brise pas et on ne renoue pas d'un jour à l'autre avec un oukase le pacte séculaire de l'homme et du sillon. Le serf est affranchi. Un cri de joie sans doute retentit dans le ciel, car un grand progrès est accompli. Et après? Cet homme libre de la veille, habitué à l'incurie et à la sécurité de l'esclavage sans épargne, sans spontanéité, trouvera-t-il sur son passage, en secouant la poussière de la glèbe, un autre instrument, un autre atelier de travail? Voilà le problème terrible que le missionnaire républicain interroge avec tristesse, et après avoir vainement cherché une réponse, il reprend son bâton et retourne à Paris.

L'histoire de cette mission manquée est certainement l'œuvre d'un homme de cœur et de talent. La pensée y est souvent profonde, souvent aussi effleurée, je dois le dire en passant. On y sent à chaque page un esprit honnête, lié de connaissance avec toutes les idées de notre génération. Il a voulu garder l'anonyme; je lui envoie à tout hasard, dans l'espace, ce témoignage de sympathie comme à un ami inconnu caché à l'horizon. Je recommande particulièrement la lecture de son livre aux hérétiques de la liberté. Ils verront là, pour l'édification de leur âme, le despotisme surpris en flagrant délit. Un professeur disait dernièrement, après l'avoir lu, que la cause du despotisme était à peu près gagnée en Europe. Il avait donc lu à rebours? et ce professeur pourtant est le parvenu d'une révolution. Je serais vraiment tenté de lui souhaiter une place de censeur en Russie. Quand il aurait reçu, lui aussi, sa lettre de franchise, il relirait peut-être plus attentivement l'œuvre du missionnaire républicain.

IV.

CHARLES LOUANDRE.

LA SORCELLERIE.

Nous avons dans le temps fréquenté, en tout bien tout honneur, la compagnie des sorciers, et puisque M. Louandre vient d'écrire leur histoire pour la bibliothèque des chemins de fer, ces autres sorciers, par parenthèse, nous profiterons de l'occasion pour faire encore avec lui, s'il veut bien le permettre, un tour de promenade au sabbat. La promenade est agréable, vraiment.

Et d'abord, qu'est-ce qu'un sorcier? Le sorcier est un homme endiablé, c'est-à-dire homme et diable à la fois. Mais, Dieu merci, on ne peut pas plus naître sorcier dans ce monde qu'on ne peut naître poëte. On le devient par acte authentique dûment enregistré. Voici comment.

Le diable est l'affreux parodiste du Sauveur, à ce que dit l'Écriture. Ne pouvant posséder l'âme de l'homme, il en fait la contrebande. Par cette raison, il est grand racoleur. Il passe sa vie à recruter de droite et de gauche pour le compte de l'enfer.

Lorsque, par hasard, il a trouvé une jeune fille à sa convenance, il quitte sa peau de bouc, qui pourrait bien sentir un peu trop le roussi, il endosse traîtreusement le manteau de don Juan, et met une plume de coq sur l'oreille. Or, une fille d'Eve, depuis le mauvais exemple de sa mère, résiste difficilement à la plume de coq et au manteau de velours. La connaissance est donc bientôt faite, et de la connaissance à la reconnaissance, il n'y a que l'épaisseur de cela.

La femme, d'ailleurs, est d'aussi bonne composition que le diable est fin diplomate. Le jésuite Paul Leyman en donne quelque part la raison dans son *Marteau du sortilége*. Femme, dit-il, vient de *mulier*; *mulier* vient de *mollis*, tendre; *mollis*, avec le temps, a engendré *malleabilis*, malléable : donc, en sa qualité de chose malléable par dérivé, la femme est une pâte facile à pétrir. Aussi le démon a toujours la main fourrée dans le pétrin.

Lorsque, d'un autre côté, le diable a jeté l'œil sur quelque honnête garçon du voisinage, il va le visiter de bonne amitié sous la resplendissante figure d'un financier, la poche pleine, en veux-tu? en voici, en voilà! Viens avec moi, je te promets bonne chère, bonne bière, bon lit et tout à l'avenant. Sur une pareille base, l'accord est bientôt fait et le marché conclu de la main à la main, sous le manteau de la cheminée.

La convention une fois arrêtée, le diable extrait une cédule de son portefeuille et la présente à signer au récipiendaire. Le récipiendaire signe, et, au cas où il ne saurait pas écrire, il figure un crochet au bas de la minute, un crochet et non pas une croix, selon l'habitude reçue; car à la vue de la croix, le diable ferait la pirouette, et après cela, bonsoir! le sous-seing privé disparaîtrait en fumée.

Voilà le traité signé. En foi de quoi le diable met sa griffe sur l'épaule du signataire, et à la place où il a ainsi posé son cachet, l'épiderme durcit comme une écorce. On peut essayer d'y enfoncer la pointe d'une épée. L'épée résonnera là-dessus comme sur une peau de tambour. Elle ne pourra pas même y faire une piqûre. Après cette dernière formalité, le postulant est définitivement sorcier. Le diable lui donne un onguent de sa façon pour graisser le manche de balai qui doit le porter au prochain rendez-vous.

Ce rendez-vous est le sabbat. Quand vient le jour, ou plutôt la nuit du sabbat, un bruit de trompette passe dans l'air d'un pôle à l'autre de la planète. Le diable sonne en ce moment le boute-selle de son armée. Mais n'entend pas qui veut cette fanfare. Pour l'entendre, il faut être affilié de l'enfer. A ce signal, sorciers et sorcières sentent un vent froid les soulever par le sommet de la tête, et tous ensemble, de tous les points de l'horizon, enfourchant leur manche de balai, jambe de ci, jambe de là, prennent leur volée dans l'espace, qui par la fenêtre, qui par le tuyau de la cheminée.

Souvent, au beau temps de la crédulité, vers l'heure de minuit, le berger couché dans son manteau à la belle étoile, entendit japper son chien et passer au-dessus de sa tête comme le long gémissement de la rafale dans la feuille sèche de la futaie. C'était la cavalcade du sabbat qui galopait en ce moment à toute bride sur le brouillard de la vallée. De temps à autre, pour éperonner sa monture, le sorcier murmurait à voix basse : *Bâton noir, bâton blanc,* et à ce mot, le manche de balai, piqué d'honneur, doublait de vitesse.

Il arrivait parfois qu'une pluie battante surprenait la

caravane en chemin. Mais le mieux avisé de la bande prononçait l'irrésistible formule : *Haut le coude, quillet*, et aussitôt l'averse, prise de respect, allait tomber d'un autre côté. Le convoi passait sec comme amadou. Quand par hasard un malheureux traînard ralentissait le pas, une nuée de diables arrivait par derrière qui le fouettait à grands coups de queue et le forçait à rejoindre la colonne. Car le diable a une queue à l'exemple du singe, et une queue à toute fin, comme on peut le voir par l'histoire suivante digne de Roméo et de Juliette.

Un clerc du temps de saint Louis, où tout homme était vertueux, et par conséquent toute femme vertueuse, demeurait dans un grenier, et pour faire la symétrie une jeune fille demeurait vis-à-vis, précisément au même étage. Le jeune homme aimait à ouvrir sa fenêtre, sa voisine aima bientôt à ouvrir la sienne par esprit d'imitation, si bien qu'à la longue la fenêtre finit de part et d'autre par rester toujours ouverte.

Mais bientôt le regard eut dit de ce côté-ci tout ce que le regard peut dire, et répondu de ce côté-là tout ce qu'on peut répondre de la prunelle. Pour continuer la conversation, il fallait de toute nécessité passer d'un grenier à l'autre sur un précipice qui avait modestement soixante pieds de hauteur et pour le moins autant de largeur. Le clerc sonda d'un coup d'œil la distance, et faillit de désespoir refermer sa fenêtre.

Heureusement, ou plutôt malheureusement, le diable faisait le guet sur la gouttière. Il avait vu l'embarras du jeune homme, et il vint charitablement à son secours. — Tu veux passer de l'autre côté, mon ami? eh bien! pas de façon : voilà. En disant cela, le diable s'assit sur le rebord de la fenêtre, le dos tourné en dehors, et dans cette posture il étendit sa queue sur la rue comme une main pour bénir le passant, puis il l'allongea encore jusqu'à ce qu'elle eût saisi la fenêtre virginale, et fait un nœud autour d'un balustre.

Le clerc était amoureux, la nuit était sombre. A la guerre comme à la guerre, dit-il, et il passa d'un pied ferme sur la corde tendue. La conversation ensuite dura longtemps. Mais nul, pas même le diable, ne pouvait l'entendre. La fenêtre était refermée. Le démon, toujours à son poste, attendit patiemment la fin de l'entrevue. Quand il fait tant que d'être patient, il ne l'est jamais à moitié.

Cependant l'heure où Roméo reparaît au balcon était revenue : le jeune homme devait retourner à sa cellule par le même chemin; mais cette fois-ci, sans doute, il était moins amoureux, et dès le premier pas il sentit son pied broncher. Le jour naissant lui montrait l'abîme béant prêt à dévorer sa victime à la moindre faute d'équilibre; une sueur froide coula sur son visage. Le diable, pendant ce temps-là, faisait toujours le gros dos et tenait la passerelle vigoureusement tendue.

Dans cette extrémité, le clerc fit le signe de croix pour conjurer le péril. Un jet de fumée, suivi d'une odeur de soufre, passa comme une fusée par-dessus le toit de la maison. On entendit un cri horrible, et un bruit sec retentit au fond de l'abîme. Le signe de croix avait mis le diable en fuite, et le malheureux clerc était tombé la tête la première sur le pavé. Voici l'origine authentique du *pas de clerc*, passé depuis en proverbe. A dater de ce jour, Juliette, inconsolable de la perte de Roméo, a fait monter les autres clercs par l'escalier.

Revenons au sabbat : Satan est magnifiquement assis sur son trône, la barbe en fourche, la corne haute, et son royal manteau de peau de bouc négligemment jeté sur l'épaule. A sa droite est la reine du sabbat, majesté non moins velue et non moins barbue que l'altesse son époux. La légion des sorciers arrive comme une nuée d'albatros de toute la circonférence de l'horizon, et chacun prend son rang par ordre de mérite pour défiler processionnellement en grande pompe sous le regard de Satan.

Nous disons par ordre de mérite, car l'enfer a aussi sa hiérarchie sociale composée de trois degrés. La première classe comprend le *masc*, au féminin la *masque*. Cela est le menu peuple de l'endroit, uniquement destiné à faire la grosse besogne. La seconde comprend le *sorcier* proprement dit et la *sorcière*, c'est-à-dire l'honnête bourgeoisie du sabbat. La troisième enfin comprend le *magicien* et la *magicienne*, c'est-à-dire l'aristocratie de haute étoffe qui porte en croupe pour son usage personnel un chambrier ou une chambrière.

Quand la foule est convenablement alignée en rang d'oignons, un sergent à longue queue fait l'appel. Le nom des absents est inscrit sur un registre. Mais le simple retardataire a le droit de rétablir son nom sur la feuille de présence. Il y a même au sabbat un notaire spécialement chargé de lever le défaut du malheureux sorcier qui avait oublié en partant de graisser suffisamment son manche de balai.

Après quoi la séance est ouverte. Satan fait un signe de la patte, et chaque sorcier vient lui faire la révérence. Satan, comme on sait, représente la nature à l'envers. Il a donc la figure sens dessus dessous, placée à la partie du corps qui peut le plus convenablement représenter l'enfer. Que voulez-vous? Être sorcier, c'est jouer à pile ou face, et pile tombe toujours.

Lors donc que chaque assistant a fait la révérence et déposé un baiser en passant sur la joue rétrospective de Sa Majesté, il va prendre place à un immense gala préparé d'avance : plats de crapauds, plats de vipères, plats d'enfants à la sauce piquante, entrecôtes de cheval à la mandragore ; le menu est complet ; le tout arrosé d'une pétillante boisson appelée la malvoisie, d'une insigne perfidie pour exciter la chair à la luxure.

Mais à ce banquet on a beau mettre sous la dent vipère ou crapaud, on ne mange que du vent en réalité. Le diable nourrit son monde de viande creuse, ce qui paraîtrait partout ailleurs remplir un peu légèrement le devoir de l'hospitalité. A ce propos, un grave magistrat du XVIIe siècle a fait cette remarque : *d'où se voit*, dit-il, *que Satan est toujours trompeur, puisqu'il repaît les siens de vent comme s'ils étaient chaméléons.*

Quand l'assistance est pleine de vent jusque-là, elle a le jarret dispos. Le diable tire de sa poche un flageolet et entame galamment un *branle de tireliron*, et alors mascs et masques, magiciens et magiciennes sautent en place et valsent dos à dos, les boiteux et les bancals, plus acharnés que les autres comme de raison, et plus savants aussi sur le chapitre du tireliron. Quand la danse roule à toute volée, un petit diablotin souffle adroitement la chandelle, et la malvoisie produit son effet.

Après cet intermède, le diable parodie monstrueusement la messe le dos tourné à l'autel, car il est écrit qu'il doit tout faire dans l'autre sens pour sa punition. Il porte une chape sans croix par un excellent motif. Pendant la cérémonie, un de ses acolytes distribue un cierge allumé à l'assemblée. Mais au simple toucher, le cierge fond dans la main du sorcier et fuit à l'horizon comme un météore. Enfin, à l'heure du sacrifice, Satan monte sur l'autel, et là, pour clore la séance, il s'allume au regard et se consume de lui-même, tout entier. Il n'en reste bientôt plus qu'un peu de cendre et de charbon. L'assemblée met cette étrange relique en petits paquets pour en faire tel usage que de raison. Le coq chante, et tout est dit. La bande enfourche de nouveau son manche de balai et regagne à vol d'oiseau son domicile.

Si le sorcier ne tirait de son état d'autre avantage que d'aller au sabbat à califourchon, pour faire ce que nous venons de dire, le profit serait maigre en bonne conscience, et il aurait passé un mauvais marché. Mais à l'agrément d'aller au sabbat il ajoute une foule de petits talents dont le diable lui a communiqué la recette.

Il fait d'un mot la pluie et le beau temps, la grêle et la sécheresse ; il fabrique à volonté l'orage et le dirige du bout de sa baguette sur n'importe quelle contrée ; il brouille la serrure de manière à ce qu'aucune clef de la terre ne puisse l'ouvrir ; il transporte un champ de blé d'un côté à l'autre de la rivière ; il écoule le lait de la vache dans le pis de la vache voisine ; il soutire le blé à l'aide d'un chalumeau ; il met le feu avec un pot cassé ; il noue l'aiguillette ; il pond une douzaine d'œufs à la dérobée, et de sa ponte il compose une drogue à ensorceler tout le village. Enfin il prend la peau du loup, et sous le nom de *loup-garou*, il court la forêt ; voyez plutôt.

Un gentilhomme allait un jour à la chasse son arquebuse sur l'épaule, et comme il passait devant la poterne d'un château, il aperçut le châtelain son ami à la fenêtre.

— Ami, lui cria-t-il, fais feu qui dure ; je vais tuer un lièvre, et si tu veux le permettre, je le mangerai avec toi à souper.

— La broche t'attendra, répondit le châtelain, et tu peux compter sur bonne mine d'hôte par-dessus le marché.

Le chasseur continua son chemin. Il battit la garenne toute la journée sans trouver l'occasion de brûler une amorce. Il revenait le soir à la brune, le carnier vide et l'oreille basse, en longeant l'étroit sentier d'un taillis, lorsque tout à coup il vit sortir du fond du hallier un loup qui fonçait sur lui à fond de train et pliait les baliveaux sur son passage avec l'aisance d'un sanglier.

Le cas était grave. Le chasseur ajuste son arquebuse et fait feu. La balle frappe le loup en pleine tête, sonne comme sur une plaque de fer, et tombe morte à terre aussi plate qu'une pièce de monnaie. Le loup secoue l'oreille comme si le vent de la balle l'avait seulement effleuré, et, poursuivant sa course avec la même vitesse, il saute d'un bond à la poitrine du chasseur.

Le cas était encore plus grave, mais le chasseur était homme de sang-froid : il prit le loup à la gorge, et, tirant son couteau de chasse, il lui coupa une patte de devant. En sentant couler son sang, la bête poussa un hurlement de rage, et tournant tête sur queue, elle battit en retraite avec autant de légèreté que si elle avait eu encore ses quatre jarrets.

Le vainqueur mit la patte coupée dans son carnier, et retourna au château de son ami.

— Eh bien ! dit le châtelain, la broche attend.

— Elle attendra longtemps, répondit le chasseur, car le vent a soufflé du mauvais côté. Je n'ai que cette patte à vous offrir.

En disant cela il chercha au fond de son carnier, et il en tira une main de femme ornée d'une bague, avec un chiffre entrelacé sur le chaton.

Le chatelain pâlit ; il venait de reconnaître dans cette main presque sa propre main, et dans cette bague, la bague qu'il avait achetée le jour de son mariage. Un soupçon traversa son esprit, et pour éclaircir ce mystère, il passa à la cuisine. Sa femme, transie de froid et enveloppée d'une cape, chauffait ses pieds couvert de rosée à la flamme d'un feu de sarments.

Il souleva légèrement la cape et la laissa aussitôt retomber avec une effroyable imprécation. La malheureuse avait le poignet coupé. Il avait épousé une sorcière.

Le présidial de Riom instruisit l'affaire, car ceci, hélas ! n'est pas une fable inventée à plaisir, et condamna la malheureuse châtelaine à être brûlée vive, en place publique, pour avoir couru le bois sous la forme d'un loup garou.

Nous venons de raconter en bloc l'histoire de la sorcellerie. M. Louandre la raconte plus en détail ; il l'entreprend dès l'origine et la poursuit de métamorphose en métamorphose, depuis Protée jusqu'à Mesmer. Son œuvre sur papier rose glacé, comme pour donner par sa couleur un démenti à l'enfer, est instructive et savante, trop savante peut-être, car elle discute sérieusement, Dieu nous pardonne ! l'existence non-seulement du diable, mais de la famille des sorciers.

Mais le temps du sorcier est passé. La table tournante elle-même n'est pas une sorcière. Le véritable sorcier aujourd'hui est le télégraphe électrique, est le ballon, est le gaz, est le daguerréotype, est le drainage, est la cloche à plongeur, est le paratonnerre, est la machine à hélice, est le chloroforme, est la vapeur enfin, bien que monseigneur de Besançon prétende que c'est une punition du Seigneur à l'intention spéciale des aubergistes.

Or, ce sorcier-là est autrement avisé que le sorcier du

moyen âge qui avait trouvé tout au plus le moyen de faire galoper un bâton. Que serait aujourd'hui un bâton qui marche et même un bâton qui vole : haut le coude, quillet ! Nous avons trouvé à l'heure qu'il est le secret de faire marcher le globe tout entier et même de le faire courir. Allons ! définitivement le sorcier est mort et avec lui le moyen âge, et s'il en reste encore çà et là un fumet dans l'air, il ne vaut pas la peine d'en parler, si ce n'est pour en rire à l'occasion ; et franchement M. Louandre n'a pas assez ri à notre avis. A qui craignait-il donc de manquer de respect ? Au diable ? Non. A qui a besoin du diable peut-être ? Alors il est vraiment trop poli.

V.

MONTALEMBERT.

SAINTE ÉLISABETH DE HONGRIE.

Le comte de Montalembert, qui est encore pair de France, en 1849, sur couverture, a publié l'année dernière la cinquième édition de *Sainte Élisabeth de Hongrie*. Nous sommes en retard de quatre éditions avec ce roman de piété. Nous allons essayer de réparer convenablement notre négligence.

Il y avait une fois, en Hongrie, un roi et une reine. Le roi se nommait André; la reine se nommait Gertrude. Or, la reine, qui n'avait rien à refuser à son roi, lui donna une fille qui reçut sur les fonts le nom d'*Élisabeth*. Or, comme on n'a une fille, dans ce bas monde, que pour la marier, le bonhomme André, crainte d'oubli, maria sa fille dès le berceau. A peine avait-elle fait ses premières dents, qu'il l'envoya en carriole à son voisin, le landgrave de Thuringe, par la raison que ce vénérable landgrave avait un enfant à la lisière qui pouvait à toute force servir de mari.

« On célébra solennellement, dit M. de Montalembert,

» les fiançailles de la princesse, âgée de quatre ans, avec
» le jeune duc Louis, qui en avait onze, et on les coucha
» l'un à côté de l'autre dans le même lit.

A peine fiancée, la petite Élisabeth montra de violentes dispositions à la sainteté.

« En jouant avec ses compagnes, dit le noble biographe,
» et par exemple, en sautant sur un pied, elle faisait en
» sorte que toutes fussent obligées de se diriger vers la
» chapelle, et, quand elle la trouvait fermée, elle en baisait
» avec ferveur la serrure. »

Elle ne se contentait pas d'aller à cloche-pied baiser la serrure de la chapelle, elle se livrait encore à d'autres exercices de sanctification.

« Souvent aussi elle conduisait ses amies au cimetière,
» et leur disait : Souvenez-vous que nous ne serons un
» jour que poussière. Puis, arrivant devant le charnier,
» elle disait : Voici les os des morts, etc. »

Et elle défilait couramment à ces petites pénitentes en bourrelet un monologue sur le néant de l'existence.

« C'étaient là, ajoute l'auteur, ses danses et ses jeux. »

Elle dansa et joua ainsi jusqu'à l'âge de treize ans. Alors le duc Louis compléta son mariage. Ce duc était un parfait chevalier et un meilleur chrétien ; vous allez en juger par le trait suivant :

« Par esprit de pénitence, jamais il ne mangeait de mets
» salés ou épicés, et, ce qui contrastait étrangement avec
» les usages des princes allemands de cette époque, il ne
» buvait jamais de bière. »

Ce duc Louis avait toutes les vertus. Lorsque dans ses voyages il lui arrivait de souper chez quelque châtelain de de ses amis, et de trouver après souper dans son lit quelque belle demoiselle glissée là par son hôte à méchante

— 61 —

intention, il savait galamment se tirer de l'embuscade.

« Après avoir heureusement franchi les Alpes, dit M. de
» Montalembert, le duc Louis vint prendre un gîte chez un
» prince qui était son proche parent. Il y fut reçu avec em-
» pressement et magnificence, et après un festin abondant,
» embelli par la musique et le chant, on le conduisit à sa
» chambre à coucher, où le prince, curieux d'éprouver la
» vertu de son hôte, avait fait placer dans son lit une jeune
» femme d'une grande beauté. Mais le jeune duc dit aus-
» sitôt à son fidèle échanson, le sire de Varila : éloigne
» tranquillement cette femme et donne lui un marc d'ar-
» gent. »

On comprend qu'un mari si dévot, qui ne mangeait jamais de salé et ne buvait jamais de bière, devait faire excellent ménage avec une petite demoiselle qui visitait sans
sourciller les charniers de cimetières, et baisait dévotement
les trous de serrure. Aussi leurs nuits conjugales étaient si
heureuses que M. de Montalembert a cru devoir nous en
donner les plus intimes détails. Voici comment les choses
se passaient : le mari couchait dans le lit, la femme couchait sous le lit, et tous deux faisaient ainsi à qui mieux
mieux leur salut, à trois épaisseurs de matelas.

« Toutes les nuits, dit le noble pair de France de 1849,
» la jeune épouse, profitant du sommeil de son mari ou se
» dérobant à ses caresses, sortait du lit conjugal et s'age-
» nouillait à côté, priait longuement en pensant à la sainte
» crèche, et remerciait Dieu de ce qu'il avait daigné naître
» à minuit.

» Mais souvent, malgré sa bonne volonté, Élisabeth, au
» milieu de ses prières, ne pouvait résister au sommeil et
» s'endormait sur le tapis. Ses femmes, en la trouvant
» ainsi étendue, lorsqu'elles entraient le matin, lui en fai-

» saient des reproches et lui demandaient si elle ne ferait
» pas tout aussi bien de dormir dans son lit. — — *Non,*
» dit-elle, *je veux que ma chair soit domptée.* »

Cependant, le mari, qui ne voulait pas voir sans doute au même degré la chair de sa femme domptée, parvenait parfois à la reintégrer sous la couverture, mais alors la duchesse n'oubliait jamais de prendre ses précautions contre les intempérances de sommeil.

» La duchesse, pour ne pas s'oublier dans ce sommeil,
» et en même temps pour ne pas troubler celui de son
» mari, avait chargé une de ses filles d'honneur de l'éveil-
» ler à une certaine heure, en la tirant par le pied. Il ar-
» riva une fois qu'*Ysentrude* se trompa, et tira le pied du
» duc qui se réveilla subitement. »

Mais le duc était bon prince. Il se rendormit sans jurer, et Ysentrude en fut quitte pour un pied tiré mal à propos.

Il paraît, cependant, que ni la nuit passée à bas du lit, ni le pied tiré en guise de réveille-matin, ne pouvaient éteindre suffisamment l'aiguillon de la chair, pour parler le langage de M. de Montalembert. A ces mesures préventives contre la concupiscence, toujours pour parler le langage de béatitude, elle ajouta une dernière précaution : elle se faisait flageller à la sourdine.

« Tous les vendredis, en mémoire de la passion dou-
» loureuse de Notre-Seigneur, et pendant le carême tous
» les jours, elle se faisait donner en secret la discipline
» avec sévérité, *afin,* dit un historien, *de rendre à Notre-*
» *Seigneur, qui fut flagellé aulcune recompensation.* »

Elle prenait des repas à l'avenant; elle mangeait des morceaux de pain noir qu'elle était obligée de faire ramollir dans l'eau chaude, pour en avoir raison. Mais, tout en rongeant sa croûte, elle faisait des miracles à l'usage particulier de son mari.

« Un jour, pendant l'absence de son mari, elle mangeait
» seule, chez elle, son pauvre repas composé de pain sec
» et d'eau. Le duc étant survenu à l'improviste, voulut, en
» signe d'amitié, boire dans son verre ; il y trouva, à sa
» grande surprise, une liqueur qui lui sembla le meilleur
» vin qu'on pût boire au monde. Il demanda aussitôt à
» l'échanson où il l'avait pris, et celui-ci répondit qu'on
» n'avait servi à la duchesse que de l'eau. Louis ne dit plus
» rien, mais, selon l'expression aussi pieuse que juste d'un
» narrateur, il eut *assez d'esprit* pour y voir une marque
» de la faveur divine. »

Nous espérons que nos lecteurs auront aussi assez d'esprit pour partager l'opinon du landgrave. Passons à un second miracle.

« Un jour qu'elle descendait accompagnée d'une de ses
» suivantes favorites, par un chemin très-rude que l'on
» montre encore, portant dans les pans de son manteau du
» pain, de la viande, des œufs et d'autres mets pour les
» distribuer aux pauvres, elle se trouva tout à coup en face
» de son mari, qui revenait de la chasse ; étonné de la voir
» ainsi ployant sous le poids de son fardeau, il lui dit :
» Voyons ce que vous portez, et en même temps il ouvrit,
» malgré elle, le manteau qu'elle serrait tout effrayée contre
» sa poitrine ; mais il n'y avait plus que des roses blanches
» et rouges, les plus belles qu'il eût vues de sa vie. Cela
» le surprit d'autant plus, que ce n'était pas la saison des
» fleurs. »

Le miracle est charmant assurément, surtout pour le duc Louis. Mais M. de Montalembert a oublié de nous dire comment les pauvres qui mouraient probablement de faim parvinrent dans la suite à faire leur dîner de ce bouquet. Sans doute aussi leur faim se changea en roses.

La duchesse ne mettait pas seulement ses délices à porter sur la montagne des œufs durs qui venaient à fleurir incognito à moitié chemin ; elle poussait encore plus loin l'art des surprises. Elle avait une passion particulière pour les lépreux.

« Un jour elle rassembla un grand nombre de lépreux,
» leur lava les pieds et les mains ; puis, se prosternant hum-
» blement devant eux, elle baisa humblement leurs plaies
» et leurs ulcères. »

Elle ne se borna pas à ces baisers. Elle voulut donner à la lèpre un plus touchant témoignage de tendresse.

« Son mari étant absent, elle prit un lépreux, le baigna
» elle-même, l'oignit d'un onguent salutaire, et puis le
» coucha dans le lit même qu'elle partageait avec son mari.
» Or, il arriva justement que le duc revint au château pen-
» dant qu'Élisabeth était ainsi occupée. Aussitôt la mère
» courut au-devant de lui, et comme il mettait pied à terre
» elle lui dit : — Mon fils, viens avec moi, je veux te mon-
» trer une belle merveille de ton Élisabeth.

» Puis, le prenant par la main, elle le conduisit à sa
» chambre et à son lit, et lui dit :

— » Maintenant, regarde, cher fils, ta femme met des
» lépreux dans ton propre lit, sans que je puisse l'en em-
» pêcher ; elle veut te donner la lèpre, tu le vois toi-même.

» En entendant ces paroles, le duc ne put se défendre
» d'une certaine irritation, et enleva brusquement la cou-
» verture de son lit. Mais, au même moment, selon la belle
» expression de l'historien, le Tout-Puissant, lui ouvrit les
» yeux de l'âme, et, au lieu du lépreux, il vit la figure de
» Jésus-Christ crucifié, étendu dans son lit. »

L'honnête mari en perdit naturellement la parole de stupéfaction ; mais, quand la parole lui revint, il dit à sa femme avec effusion :

« Élisabeth, ma bonne chère sœur, je te prie de donner
» bien souvent mon lit à de pareils hôtes. »

Cependant, malgré les nuits dans la ruelle, malgré les pieds tirés, malgré les coups de discipline, malgré les morceaux de pain noir, malgré les verres d'eau, malgré ses sympathies déclarées pour les lépreux, malgré ses mortifications de toute espèce, la duchesse Élisabeth eut encore quatre enfants avant la vingtaine, mais elle les eut, j'en suis persuadé, uniquement à l'intention de M. de Montalembert, pour lui donner, dans la suite des siècles, sa lignée de sanctification à épouser, comme il résulte du tableau généalogique annexé au volume.

Après ces quatre enfants, le duc Louis pensa qu'il pouvait, sans voler la postérité, partir pour la croisade. Il partit d'autant plus volontiers, qu'il ne restait en Europe, s'il faut en croire M. de Montalembert, qui le tient directement de Thibaut, que les *morveux* et les *cendreux*. Or, le duc Louis n'était ni morveux ni cendreux, comme on a pu s'en convaincre par ce récit. Il ne put cependant atteindre la Palestine, car, à peine embarqué, il mourut d'une fièvre particulière, que le romancier appelle la fièvre froide, et la duchesse Élisabeth entra dans sa période de veuvage.

Ici M. de Montalembert veut bien nous donner avis que nous allons voir disparaître le peu de *semblant romanesque*, ce sont ses propres expressions, que nous avons trouvé dans sa légende. Véritablement, l'auteur ne s'est pas rendu justice ; nous trouvons dans la seconde partie de son histoire autant de *semblant romanesque* que dans la première partie.

Le prince Louis, une fois mort, son frère cadet chasse impitoyablement la veuve, à la minute, avec ses enfants, en plein hiver, le jour même de ses relevailles, et cette malheureuse, accouchée de la veille, cette royale mendiante erre pendant toute une journée, son nouveau-né sur le sein, dans toute la ville d'Eisenach, par une rude gelée, sans trouver, à cette époque si morale, si pieuse, si catholique, une seule âme charitable qui daigne ouvrir sa porte à cette infortune, quatre fois sacrée, chargée du poids de ses quatre enfants. Elle obtient à grand'peine l'hospitalité dans une taverne.

« L'hôtelier lui assigna pour asile, pendant la nuit, à
» elle et aux siens, une masure où étaient logés ses pour-
» ceaux. Il les fit sortir pour donner place à la duchesse de
» Thuringe. »

Définitivement le moyen âge n'était pas toujours aimable pour les princesses.

La pieuse Élisabeth ne murmura pas de cette ingratitude. Elle tourna la tribulation de son veuvage en béatification. Elle profita de cette humiliation pour s'enfoncer encore plus avant dans l'humilité. Elle prit l'habit de franciscain.

« Elle portait une robe d'un gros drap non teint, dont
» les paysans et les pauvres seuls se servaient. Cette robe,
» toute déchirée, surtout aux manches, était rapiécée avec
» des morceaux de différentes couleurs, et serrée autour
» de sa taille par une grosse corde; son manteau, de la
» même étoffe que sa robe, étant devenu trop court, elle le
» rallongea avec une pièce d'une autre couleur, etc. »

Après avoir ainsi revêtu la livrée de la pénitence, elle s'abandonna en toute sécurité à ses inclinations pour les lépreux.

« Elle les caressait avec une douce familiarité, elle bai-
» sait leurs ulcères et leurs affreuses plaies... Un jour, elle
» rencontra un pauvre mendiant qu'elle ramena chez elle
» et dont elle voulut aussitôt laver les pieds et les mains.
» Cette fois, cependant, cette occupation lui inspira un tel
» dégoût, qu'elle en frissonna ; mais aussitôt, pour se
» dompter, elle se dit à elle-même : Ah! vilain sac, cela
» te dégoûte, sache que c'est une boisson très-sainte, et,
» en disant ces mots, elle but l'eau dont elle venait de se
» servir. »

Elle avait convenablement humilié son vilain sac en buvant l'eau des ulcères ; mais il y avait encore au fond du sac un dernier petit recoin où Satan pouvait nicher.

Il lui fallait encore se vaincre elle-même dans l'asile le
» plus inexpugnable de la faiblesse humaine, dans *sa vo-*
» *lonté.* Il fallait que cette volonté, quelque *pure*, quelque
» avide du ciel, quelque détachée qu'elle pût être des
» choses terrestres, ne s'élevât plus en rien par ses propres
» forces. »

Elle remit donc sa volonté aux mains de son confesseur Conrad, pour en faire ce que bon lui semblerait, et le confesseur, comme nous allons le voir, usa largement de la permission.

« Maître Conrad ayant résolu *d'anéantir*, dans l'âme
» d'Élisabeth, *le seul principe de complaisance humaine*
» qu'il pût y découvrir encore, commença par attaquer la
» *volonté* dans ce qu'elle avait à la fois de plus *légitime* et
» de plus *enraciné*, dans l'exercice des œuvres de miséri-
» corde. »

Il lui interdisait les aumônes, il la faisait aller, venir, tourner, pirouetter sans motif, capricieusement, pour la plier à la plus complète passivité. Il la soumettait aux plus perfides épreuves. Il la faisait appeler à la porte d'un cloître où elle ne pouvait entrer, et il lui disait :

« Qu'elle entre si elle veut. — Élisabeth prit ces paroles
» pour une autorisation, et entra dans l'enceinte. Conrad
» l'en fit bientôt sortir, et lui ayant montré le livre où était
» inscrit le serment qu'elle lui avait fait de lui obéir en
» tout, il ordonna à un moine qui l'accompagnait de lui
» infliger, en guise de pénitence, ainsi qu'à sa suivante
» Irmengarde, un certain nombre de coups avec un long
» bâton qui se trouvait là. Pendant cette exécution, Conrad
» chantait le *Miserere*. »

Élisabeth oublia un dimanche d'entendre un sermon de maître Conrad. L'oubli était pardonnable ; elle soignait des malades.

« Le sermon fini, dit M. de Montalembert, maître Con-
» rad la fit venir et lui demanda où elle avait été au lieu
» de venir l'écouter ; et, avant qu'elle eût le temps de ré-
» pondre, il la frappa avec violence en lui disant : Voilà
» pour vous apprendre à venir une autre fois. L'humble
» et patiente princesse ne fit que sourire de cette *rudesse*
» et voulut encore s'excuser, mais il la frappa de nouveau
» et la blessa jusqu'au sang.

» Ses femmes vinrent la consoler ; et, en voyant le sang
» couler à travers ses vêtements, elles lui demandèrent
» comment elle avait pu supporter tant de coups. Elle leur
» répondit en souriant : Pour les avoir endurés avec pa-
» tience, Dieu m'a permis de voir le Christ au milieu de ses
» anges ; car les coups du maître m'ont envoyée presque
» dans le troisième ciel. On rapporta cette parole à Conrad,
» qui s'écria : Je me repentirai toujours de ne l'avoir pas
» envoyée jusque dans le neuvième ciel. »

C'est-à-dire que le consciencieux confesseur se repentait

de n'avoir pas assommé sa pénitente. Il continua néanmoins de la dresser consciencieusement au Paradis, à coups de bâton. Après avoir pratiqué pendant quelque temps cette hygiène de dévotion, Élisabeth avait complétement perdu la volonté.

Enfin elle avait dompté le vilain sac, et le fond du sac, dans sa volonté. Maître Conrad n'était pas satisfait.

« Il s'appliquait encore plus à briser et à meurtrir son
» cœur et à en arracher jusqu'aux dernières racines de
» toute affection et de toute préoccupation humaine, afin
» que l'amour et la pensée de Dieu pût l'envahir et le rem-
» plir tout entier. »

Elle avait des amies d'enfance, compagnes inséparables de ses mauvais jours; elle les renvoya sur un geste de maître Conrad. Et ce n'est pas tout. Elle était plus qu'une femme, elle aussi : elle était une mère. Elle avait la faiblesse d'aimer ses enfants. Elle éloigna d'abord les trois premiers, pour ne pas encombrer son affection; mais elle ne pouvait se séparer du quatrième, qui était encore à la mamelle.

« Elle le faisait venir pour satisfaire, en le voyant et en
» le caressant, aux exigences de sa tendresse de mère;
» mais bientôt elle s'aperçut qu'il n'y avait plus de place
» dans son cœur pour deux amours, qu'elle ne pouvait
» impunément le partager entre Dieu et une *créature quel-*
» *conque*; elle vit que ces caresses et ces baisers trop pro-
» digués *au fruit de son sein* l'empêchaient de se livrer
» avec son assiduité habituelle à la prière; elle craignit de
» trop aimer un autre être que Dieu, et elle fit éloigner
» pour toujours ce dernier vestige de bonheur terrestre. »

Et M. de Montalembert, aujourd'hui travesti, pour les besoins du moment, en défenseur de la famille, recouvre amoureusement de toutes les afféteries de sa phrase dévote cet infanticide moral d'une mère enivrée d'ascétisme, qui sacrifie l'éducation de ses enfants à la commodité de son salut. Non-seulement ce tribun de sacristie applaudit à ce sacrifice contre nature, mais encore, dans son impiété, il ose mettre Dieu de moitié dans ce sacrifice.

« Aussi le Dieu, dit-il, qui s'est lui-même nommé le *Dieu*
» *jaloux*, ne pouvait souffrir que le cœur de sa fidèle
» servante fût envahi *même pour un moment* par une
» pensée ou par une *affection* purement humaine, quelque
» *legitime* qu'en pût être l'objet. »

Ainsi, Dieu *jaloux* défend aux mères de famille, uniquement par la jalousie, d'aimer leurs enfants. Voilà comment les théologiens gantés des clubs polonais interprètent le livre d'amour qui a dit aux hommes : *Aimez-vous les uns les autres*, et qui a pardonné à la femme tombée, uniquement parce qu'elle avait aimé.

Nous avons achevé l'analyse de ce roman. La princesse Élisabeth est trépassée. « A ses funérailles, dit M. de Mon-
» talembert, on se jeta sur sa bière; les uns arrachèrent
» des morceaux de sa robe, les autres lui coupèrent les
» cheveux et les ongles; quelques femmes allèrent même
» jusqu'à lui couper le bout des oreilles et des seins. »
Voyons maintenant la moralité de cette littérature mystagogique, inventée à l'usage des jeunes filles de couvent.

Ce roman, saupoudré de pieuses gravelures, a eu cinq éditions. Nous ne voulons pas littérairement le juger. Nous laissons de côté toutes ces momeries de style qui grimacent les formes du moyen âge, toutes ces oraisons jaculatoires, tous ces chapitres écrits en lettres gothiques, qui commencent invariablement ainsi : *Comment la chère sainte par ci, comment la chère sainte par là, comment la chère sainte prit naissance, comment les petits oiseaux célébraient les obsèques;* nous voulons simplement juger l'influence de cette littérature derrière certaines murailles.

A notre avis, ce roman est profondément immoral. Semé à profusion, à l'ombre des clôtures, il ne peut donner à des petites pensionnaires, à des marionnettes extatiques au sortir de leur première communion, que les plus fausses, que les plus monstrueuses idées sur leur vie future de mère de famille, sur leurs devoirs. Elles n'y trouveront qu'une grammaire de sorcellerie béate qui leur apprend à mépriser les vertus austères du foyer pour l'hystérie mystique des visions.

Ce siècle a fait une trop rude éducation à la jeunesse, pour que nous puissions nous payer de mots désormais. M. de Montalembert n'est pas pour nous un homme religieux. L'homme religieux est bon, sympathique, charitable, indulgent; il n'a jamais dans le cœur une haine et sur la lèvre une injure. M. de Montalembert ne voit au contraire, dans la religion, qu'une manière plus piquante d'assaisonner l'épigramme; quand j'écarte le patelinage officiel de dévotion, je ne trouve qu'un orateur bilieux qui vient négligemment jeter du haut de la tribune, avec une main couverte de bagues, de sinistres provocations à notre temps, couvées quinze jours à l'avance dans la volupté du cabinet.

VI.

HENRI CROS.

THÉORIE DE L'HOMME.

Nous avons lu ce livre et nous avons regardé la date ; il est bien d'hier, par un homme de ce temps, et mieux encore, par un homme de talent, habitué de longue date à manier avec une prodigieuse habileté la langue de la philosophie. Nous en sommes fâchés pour l'auteur, car s'il eût vécu au siècle dernier, comme c'était sa vocation, et s'il eût écrit pour des disciples en jabot, voire même en rabat, marquis ou abbés, il aurait été sûrement, avant ou après Condillac, le premier philosophe du moment.

Mais malheureusement il est venu après coup remettre en honneur la doctrine de la sensation ; et avec la meilleure volonté du monde, nous sommes obligés de lui dire pour l'acquit de notre conscience : Vous avez soupé ce soir chez Mme Geoffrin ; vous arrivez trop tard, l'heure a marché, et la philosophie aussi par la même occasion. Pressez le pas si vous tenez à la rejoindre, car du train dont elle va, elle a dû faire bien du chemin.

Néanmoins, ce livre a tout l'intérêt d'une dernière, et pourquoi ne dirions-nous pas d'une éclatante protestation en faveur d'une doctrine malheureuse trahie par le destin ? A ce titre, il mérite de notre part une minute d'attention. Il est le dernier coup de canon d'une bataille perdue : nous devons lui tirer notre chapeau. Nous allons donc essayer de lui rendre justice. Mais nous avons besoin d'appeler d'abord tout notre sang-froid à notre secours, car il n'y pas un chapitre de ce livre qui ne soit un défi à notre croyance.

Vous avez vu passer cet homme dans la rue ? — Oui. — Comment le trouvez-vous ? — Médiocrement avantagé de la nature. — Vous êtes indulgent ; nous ne pouvons, nous, le regarder sans frissonner. Nous croyons que sa mère l'a inventé tout exprès pour mettre notre patience à l'épreuve. Sa figure nous semble une injure personnelle, et nous sommes tentés de lui en demander raison. Certes, nous respectons la science de M. Cros, et surtout sa parfaite sincérité. Nous le tenons, sur la foi de son livre, pour un laborieux, pour un austère disciple de la pensée. Toutefois, nous regardons sa philosophie comme une provocation à notre adresse. On dirait qu'il l'a écrite à notre intention, tant elle nous frappe en pleine poitrine. Néanmoins, mettons la main sur la blessure et parlons-lui de bonne amitié. La critique doit cette politesse au mérite toutes les fois qu'elle le trouve sur son passage.

M. Cros a édité de nouveau sous sa responsabilité la doctrine que voici : L'idée est la même chose que la sensation : sentir, c'est penser. La raison est la même chose que la parole ; bien parler, c'est bien raisonner. La volonté est la même chose que le désir : vouloir, c'est obéir à une tentation. La morale est la même chose que l'intérêt de chacun : suivre son penchant, c'est pratiquer la vertu. La souveraineté est la même chose que la force : gouverner un pays, c'est lui tenir l'épée sur la poitrine. La loi enfin est la même chose que l'habitude convertie en décret et fixée, pour plus de mémoire, sur le marbre et sur l'airain, — et tout cela dit, écrit couramment, de bonne foi, en toute loyauté, sans hésitation, sans apparence d'hésitation, avec une élégance même et une puissance de style à faire la fortune d'un nom dans un autre ordre d'idées : voilà en bloc le système de M. Cros. Nous allons le reprendre en détail.

La sensation est la même chose que l'idée. Qu'est-ce à dire ? Que l'idée vient à l'homme du dehors au dedans, en ce sens qu'une idée flotte, par exemple, dans chaque rayon de soleil, et une fois entrée dans le regard, laisse là le rayon de soleil comme on laisse son manteau à la porte de la maison, pour pénétrer seule dans le labyrinthe du cerveau et en sortir aussitôt sous forme de parole. Ce n'est pas là de toute évidence la théorie de l'école de la sensation, car si nous étions plongés dans le monde comme dans un bain de pensée, si en ouvrant l'œil ou l'oreille, nous absorbions, bon gré, mal gré, la pensée, ou plutôt si l'électricité, la chaleur, la lumière, le son, étaient à tour de rôle une intelligence déguisée chargée de penser pour nous, à notre insu, en nous laissant l'honneur de croire que nous pensons de notre propre fonds, par notre seule vertu, il est claire alors que la mesure de notre œil et de notre oreille serait la mesure de notre intelligence et de notre science, et comme nous avons tous à peu près la même organisation, nous aurions tous à peu près le même génie. Nous attraperions les idées comme les mouches, rien qu'en nous couchant au soleil. Cela serait commode assurément, mais cette commodité, par malheur, nous a été refusée.

Pour que la sensation devienne une idée, il faut donc, de toute nécessité, qu'après avoir pénétré par le couloir de la vue ou de l'ouïe jusqu'à l'antichambre du cerveau, elle trouve là quelqu'un, un hôte, un inconnu, un portier, si vous voulez, pour la recevoir, la déshabiller de son fluide nerveux, la travailler à son creuset et la transformer en idée. Or, s'il y a sous la voûte du crâne humain un ouvrier anonyme capable de changer en idée une étincelle d'électricité ou de lumière, il est bien capable en conscience de créer directement l'idée. Du moment que la doctrine de la sensation admet à un degré quelconque l'intervention d'un tiers mystérieux qu'elle n'ose pas nommer et que nous nommons, nous, l'esprit, elle est perdue, le pied lui a glissé, elle tombe dans le spiritualisme, elle avoue que l'idée est une action de l'esprit. L'esprit existe donc, puisque là même où on essaie de le nier, on a besoin de son concours, et si on accorde qu'il agit en commun avec la sensation, qui sait? il pourra peut-être bien plus tard agir en particulier de sa propre initiative.

Maintenant est-il vrai de dire que parole et raison c'est tout un, pour le philosophe? Nous le croirions volontiers si nous pouvions croire à une langue révélée et à une grammaire naturelle flottante en quelque sorte sur la lèvre de chacun. Mais la parole, M. Cros l'admet le premier, est une création de l'esprit humain, et la preuve, c'est qu'elle est aussi diverse qu'il y a de peuples épars sur la mappemonde. Or, une création est un acte, et un acte incapable de se produire lui-même a toujours besoin d'une faculté pour le produire. La faculté préexiste donc à l'acte et lui survit pour le reprendre et le développer au besoin.

On ne peut donc pas plus confondre la parole et la raison qu'on ne peut confondre l'acte et la faculté. L'acte est instantané, la faculté est permanente; l'acte est fini, la faculté est indéfinie; l'acte est inerte, la faculté est active; l'acte reste toujours ce qu'il était en naissant, la faculté, au contraire, crée toujours et progresse en créant toujours, comme l'histoire le montre à chaque étape de l'humanité.

Si la parole n'est pas la raison, la volonté n'est pas davantage le désir. La volonté, à coup sûr, ne veut pas sans une raison de vouloir, et si M. Cros appelait désir toute raison de vouloir, il aurait dit une vérité, peut-être inutile, enfin une vérité. Seulement le mot aurait été mal choisi. Mais M. Cros entend par désir tout genre de séduction exercé sur notre cerveau, de sorte que la volonté serait une manière de détente lâchée de minute en minute par une sensation. Eh bien! il n'en est pas ainsi. L'homme veut souvent ce qu'il ne désire pas, la mort par exemple, dans certaine circonstance donnée. Il veut même sans désir, il veut contre son désir; il veut en faisant choix d'un désir particulier entre mille désirs, et lorsqu'il cède à une sollicitation, il veut y céder à son heure et dans sa force, tant il sent que la volonté est dans sa destinée une reine impérieuse qui doit toujours garder son droit de commandement. Aussi le jour où par malheur il obéit sans mesure et sans réserve à un penchant et à un appétit, ce jour-là il éprouve comme une douleur imprévue, comme la diminution de sa dignité. Il a manqué à la première vertu de l'homme, puisqu'elle est l'origine de toutes les autres vertus. Il a un remords.

Est-il vrai, après cela, que l'intérêt de chacun constitue sa morale? Si on veut simplement dire par ce vilain mot d'intérêt, fort peu intéressant à notre avis, que toutes les fois que l'homme agit, même pour le plus grand bien de l'humanité, il ne peut pas à toute force se désintéresser complétement de son action, nous comprendrions encore ce raisonnement, bien qu'il nous parût porter à faux sur une mauvaise expression. Mais de ce qu'un homme ne peut être absent de lui-même en faisant une action vertueuse, il ne s'ensuit pas qu'il doive uniquement songer à lui-même pour faire cette action. L'intérêt n'est nullement l'agent provocateur de la vertu. La vertu parle de plus haut, Dieu merci. Quel intérêt peut avoir un homme à mourir pour la justice? la gloire qu'il trouvera dans le martyre? Mais pour cela il faut croire à l'immortalité de l'âme et par conséquent à l'âme la première. Le nom qu'il léguera à ses enfants, comme dit M. Cros? Mais s'il n'a pas d'enfants, le sacrifice sera donc perdu? L'intérêt est si peu le régulateur de la morale que presque toujours une action désintéressée est une vertu. Qu'est-ce donc que le dévouement? le sacrifice d'un intérêt; l'héroïsme? encore le sacrifice d'un intérêt. Plus l'homme entasse à ses pieds d'intérêts immolés les uns sur les autres, comme autant de gradins sacrés pour monter dans le ciel de l'apothéose, plus il dresse sur un piédestal élevé l'image de sa renommée.

De là à dire que la souveraineté est la force organisée, il n'y avait qu'un pas, et M. Cros l'a franchi. Car sensation, intérêt, désir, force, tout cela se tient par le lien de fer d'une inflexible logique; tout cela au fond est plus ou moins la matière en fonction. Nous n'accuserons pas le dernier disciple de Condillac d'avoir pris sa métaphysique ou plutôt sa dynamique de la souveraineté dans la poche de la soutane de monseigneur Salinis. Il avait écrit son livre longtemps avant l'homélie de l'évêque d'Amiens. Mais pour avoir la priorité de la doctrine, il n'en a pas moins émis une doctrine, — comment dirons-nous pour rester poli? — légèrement suspecte de paradoxe. La force! encore la force! Entendrons-nous éternellement sonner à notre oreille cette expression de malheur? La force est pour nous comme une obsession, comme l'ombre acharnée aux pas d'Oreste : elle nous jette dans une sorte de fureur sacrée. N'approchez pas, vous qui parlez toujours de la force et jamais de la justice, ou nous allons chercher nos pistolets. Force contre force, mon ami, c'est le droit de nature.

La souveraineté est la force organisée! Si cette définition est vraie du gouvernement, quelle définition vous restera-t-il pour l'armée, à moins de déclarer par-dessus le marché que gouvernement et armée c'est un seul et même mot, et que gouverner c'est distribuer dans la société des coups de plat de sabre, et, pour varier, des coups de fusil? Mais qui dit force organisée dit organisation, qui dit organisation dit idée chargée de présider à l'organisation. Or, l'idée qui a organisé la force comme moyen a-t-elle pu l'organiser convenablement sans la proportionner à l'œuvre qu'elle doit remplir? L'idée a donc fait la part et la place de la force au soleil. Elle lui est donc supérieure, puisqu'elle lui fixe son but et sa limite. La souveraineté n'est donc pas la force, elle est l'idée. Mais force, idée, pourquoi séparer ces deux choses inséparables par nature? Est-ce qu'une force n'est pas une idée? Est-ce que la poudre n'est pas une idée? et la bombe aussi? et la fusée à la congrève aussi? et la statégie aussi? et la charge de cavalerie aussi? Idée, monsieur, que tout cela, idée, et quelque chose que vous fassiez pour vous passer de l'idée, vous la retrouverez toujours à votre droite pour réclamer la préséance.

A vrai dire, toute l'erreur de cette philosophie consiste dans une perpétuelle interversion. Nous avons connu un enfant qui, par une logique à l'envers, changeait invariablement tous les termes de rapport. Ainsi, il disait plus pour dire moins, haut pour dire bas, long pour dire court, devant pour dire derrière. M. Cros, avec tout le respect que nous devons à sa science, parle un peu comme cet enfant. Ainsi, l'acte pour lui est avant la faculté, l'effet avant la cause, le désir avant la volonté, la force avant l'idée. Il procède toujours du phénomène à l'esprit, du dehors au dedans. Il fait l'homme à coups de sensation comme le sculpteur fait la statue à coups de marteau. Il ne voit pas que l'homme existe au centre dans ce qu'il nomme son moi, et que son être tout entier est le rayonnement de ce moi dans l'espace. En un mot, sa doctrine est tout simplement une doctrine à l'envers, comme l'image réfléchie dans la prunelle. Retournez-la et vous avez la vérité.

La théorie de la sensation, après tout, est une philosophie honteuse qui reste à la porte par excès de timidité. Elle fera bien le tour de la maison pour en compter chaque fenêtre, mais elle n'osera jamais entrer. Entrez donc, par le sang du Christ! L'âme habite le dedans, et l'âme n'est pas chose assez horrible pour vous inspirer une pareille frayeur; d'autant plus que le monde lui-même va vous manquer et que vous n'avez pas d'autre abri. Car, chose étrange! après avoir déclaré que l'âme était la sensation perpétuelle, et le monde par conséquent chargé de lui fournir la sensation, le télégraphe naturel de la pensée, voici que tout à coup M. Cros nie l'existence du monde et brise ainsi le télégraphe. De sorte que la sensation, ou son homonyme, l'idée, n'est plus que l'ombre d'une ombre, une haleine mourante du néant. Au dernier moment, l'auteur se retourne contre son système, et s'évade avec lui dans l'idéalisme.

Et il ne nie pas seulement la réalité du monde, il nie encore la réalité du temps et de l'espace. Il emprunte même à Condillac une singulière comparaison pour prouver qu'en marchant sur le cadran, l'aiguille y marque une perpétuelle chimère, qu'il n'y a ici-bas ni avant ni après, qu'avant et après, tout cela n'est, en définitive, qu'un même moment. Supposons, dit Condillac, que la terre soit grosse comme une noisette et peuplée d'hommes à l'avenant. Il est évident que, pour ces fourmis humaines à l'état microscopique, l'heure sera microscopique aussi, et qu'une seconde, par exemple, sera un siècle de durée. Hé! qu'importe, répondrons-nous à M. Cros, que les instants soient plus précipités sur votre terre noisette! En seront-ils moins des instants, et pour être séparés par des intervalles plus ténus que sur la terre de notre connaissance, en seront-ils moins séparés par des intervalles, les uns avant, les autres après? M. Cros cherche encore à démontrer, par le même raisonnement, l'inanité de l'espace. Nous lui répondrons à notre tour par le même argument.

Et qu'on ne croie pas qu'une discussion sur l'étendue et sur la durée soit une puérilité d'esprit à propos d'une abstraction. Car la double idée de durée et d'étendue est indispensable à l'intelligence et à la conduite de notre destinée. Plus cette idée entre dans chaque préoccupation et dans chaque action de notre vie, plus notre vie est grande et sainte devant l'humanité. Qu'est-ce que la gloire en effet comparée à une simple démarche de notre existence? sinon une plus grande participation à l'immensité et à l'éternité. La gloire, comme la vertu d'ailleurs, cette autre gloire dans l'ordre moral, n'a-t-elle pas pour caractère essentiel de pouvoir rayonner indéfiniment dans le temps et dans l'espace? Elle est universelle ou elle n'est pas, elle est perpétuelle ou elle est moins encore. Une philosophie sans universalité et sans perpétuité retire à la gloire toute espèce de sanction. Nous la répudions au nom du génie. La philosophie comme nous la comprenons sera toujours la muse rêveuse couronnée d'étoiles et le regard plongé dans l'infini.

Nous avons réfuté le système de M. Cros sans fausse complaisance, parce qu'avant toute chose nous devons notre âme à la vérité. Loin de nous cependant la pensée de vouloir décourager une homme de talent. Nous voudrions l'encourager au contraire. M. Cros est un penseur, et, ce qui est non moins important, un écrivain. Son livre éclate à chaque instant, dans le détail, de vérités fortes, écrites de cette manière mâle dont notre siècle a perdu l'habitude, par excès de coquetterie. Nous pourrions relever çà et là plus d'un noble sentiment jeté en quelque sorte en marge de la page, comme pour faire contraste à la doctrine et prouver que l'auteur vaut mieux que l'ouvrage. L'ouvrage néanmoins a eu le succès de plusieurs éditions. Que M. Cros oublie le succès, cet ennemi souvent mortel; qu'il prenne un nouveau point de départ, et sûrement il aura sa place marquée dans l'élite de la philosophie. Il sera de son siècle au lieu d'être du siècle passé. Il a couvert honorablement la retraite d'une théorie en pleine déroute. Il doit maintenant changer de rôle et songer à gagner la victoire.

L'œuvre de la psychologie d'ailleurs est épuisée. Le philosophe n'a plus à rechercher aujourd'hui l'origine de nos idées et encore moins la nature de nos facultés. Cette recherche est une illusion, car le psychologue opère sur l'homme abstrait comme s'il était immuable, tandis que l'homme est un être historique toujours changeant par le fait du progrès.

Le sage doit donc étudier l'homme dans l'histoire, et uniquement au point de vue de son développement. De cette façon, et non autrement, il pourra être utile à l'humanité. En lui montrant sa destinée dans le passé, il lui indiquera sa destinée dans le présent. Mais pour cela, il faut d'abord que le spiritualisme soit un fait acquis. Prêchons le spiritualisme ; le monde en a besoin. Enivrons notre génération de spiritualisme, pour lui faire une âme à la hauteur du travail que Dieu lui garde dans l'avenir. Ce travail sera immense, à en juger par l'immense rêve de l'Europe. Le rêve d'un siècle est un oracle.

Il y avait autrefois dans une tour un homme étrange : on le nommait le Vieux de la Montagne. Il avait trouvé le secret de rallier autour de lui la jeunesse de toutes les tribus, et de verser une force inconnue dans l'âme de cette jeunesse. Il l'enivrait de nous ne savons quel ferment. Il disait un mot, et un homme partait pour aller loin de là porter un destin. Il faisait un geste, et un homme sautait du haut de la tour au fond de l'abîme. Mais comme le Vieux de la Montagne n'avait pas d'idée à servir, il travaillait pour l'absurde, par la main du crime le plus souvent. Nous, au contraire, nous avons à servir la civilisation. Donnons à la jeunesse le breuvage sacré ; mettons dans son cœur la fièvre de l'infini, pour lui apprendre à bien vivre et aussi à bien mourir.

VII.

LOUIS VEUILLOT.

LES LIBRES PENSEURS.

Ce petit ouvrage est écrit contre les libres penseurs. Les libres penseurs sont, par ordre de matières : les écrivains, les journalistes, les femmes auteurs, les avocats-généraux, les hommes d'État, les préfets, les législateurs, les gens de palais, les gens d'industrie, les gens de négoce, les gens enfin de drap fin et d'éducation officielle qu'on appelle *bourgeois*. Nous transcrivons textuellement la définition.

L'affiche, comme on le voit, promet un riche spectacle. Nous allons voir processionnellement défiler devant nous les vices, les mœurs, les iniquités, les prétentions de la bourgeoisie et de l'université, car l'université n'est que la bourgeoisie passée au raffinage. Cependant nous pourrions être trompés dans notre attente. M. Veuillot est rédacteur de l'*Univers* : « Ma qualité de catholique, dit-il dans sa « préface, m'imposait des devoirs que j'ai respectés. Je » me serais trouvé coupable de *charger* un seul portrait. »

Après s'être signé d'avance par mesure de charité,

M. Veuillot ouvre sa campagne contre les libres penseurs. Il commence par le bataillon des écrivains, et dans ce bataillon par le poëte. À tout seigneur, tout honneur. « Le poëte, » dit-il, est un moineau lascif ; c'est là le fond de sa nature. » Il n'arrive pas à sa virilité intellectuelle. Il est vain, ca- » pricieux, poltron, colère, flatteur comme l'enfant et » comme la femme. Changeant sans cesse de jouet, d'a- » mour, de parure, il lui faut des rubans, des verroteries, » des louanges et surtout un maître : Louis XIV ou Samuel » Bernard, ou le parterre, peu importe, pourvu qu'on le » flatte et qu'on l'empiffre. Il se baisse sur sa pâtée, sort » repu, lève la tête, et se croit le premier homme du » monde. Ai-je en vue Cottin? Non, mais Molière... »

Voilà le compte du poëte réglé, et comme le poëte nous paraît passablement opulent sur l'article des faiblesses humaines, nous espérons qu'il aura payé pour toutes les académies. Eh bien ! non. Il y a dans le giron de l'Institut un libre penseur encore plus dépravé que le moineau lascif qui se baisse sur sa pâtée, etc.; mais laissons parler M. Veuillot :

« Que Platon me le pardonne, dit-il, le poëte est un in- » nocent et un sage à côté du philosophe... Nous comp- » tons que sur cinquante hommes de lettres, il y en a » trente-quatre de plus ou moins timbrés, et quinze tout à » fait fous. Ces quinze sont philosophes. »

La statistique à première vue n'est pas flatteuse pour les gens qui, comme nous, tiennent de l'écritoire.

Nous sommes tous condamnés plus ou moins au coup de marteau. Mais à seconde vue on finit par apercevoir une toute petite porte de derrière, légèrement entrebaillée pour laisser échapper un de nous des Petites-Maisons. Quinze et trente-quatre font quarante-neuf, si je sais bien compter.

Donc, sur la cinquantaine, il y a un écrivain sensé. La catégorie des philosophes est au grand complet : quinze philosophes, quinze fous. Je n'ai rien à voir de ce côté. Mais dans la catégorie des hommes plus ou moins timbrés, il y a une place réservée au sens commun. Je la prends modestement avec l'agrément de M. Veuillot, d'autant plus qu'il m'a remis son livre, avec prière de lui en dire mon avis, et qu'un écrivain sensé ne va pas demander conseil à Charenton.

Eh bien ! je me trompais. Ce trente-cinquième littérateur, invisible, inconnu, anonyme, le seul équilibré, sur cinquante, ce n'est pas, malgré l'opinion très-naturelle que je puisse avoir de la pondération de mes facultés, l'humble critique de ce volume. Car, à quelques feuillets de distance, hélas! je m'aperçois que ce malheureux trente-cinquième, cet indispensable complément de quinze fous et de trente-quatre timbrés, c'est... — Vous ne le devineriez jamais. — M. de Montalembert, peut-être ? Vous n'y êtes pas ; M. de Riancey, peut-être ? Vous n'y êtes pas ; M. Lenormand ? Vous n'y êtes pas ; M. Thiers ? Vous y êtes encore moins, M. Thiers fait partie des libres penseurs. C'est tout uniment un navet.

Mais un navet de bonne qualité, comme vous allez en juger. « Ferneuse et le pays qui m'a vu naître, dit
» M. Veuillot, produisent des navets excellents. Ils sont
» petits, jaunes, secs, durs, de peu de mine, mais d'une
» chair saine et d'un goût exquis.

» A Paris, il s'en fait d'autres. A force d'engrais hideux,
» un jardinage homicide souffle et gonfle ces navets blan-
» châtres et fades qui gâtent les potages et déshonorent le
» vrai navet. C'est par eux que ce légume estimable est
» devenu le symbole d'une particulière espèce de sottise :

» *Avoir rêvé*, dit un poëte, *les trésors hespérides, et pres-
» ser tendrement un navet sur son cœur!* C'est le navet
» de Paris, le seul qui soit connu.

» Paris produit beaucoup d'écrivains que je compare à
» ces navets.

» Il en pousse partout et dans toutes les écoles, mais
» singulièrement dans les écoles de philosophie. C'est là
» que l'engrais abonde, on l'y jette à pelletées, on l'y
» porte à tombereaux....

» Voyez ce jeune gars. Il était sur les bancs hier. Il
» monte en chaire aujourd'hui. Sa parole est coulante, il
» parle proprement. Il a fait cinq articles dans la *Revue des*
» *Deux-Mondes*. Il a réuni ces articles en un volume...

» Il est professeur titulaire, chevalier de la Légion-
» d'Honneur, rédacteur du *Journal des Débats*. On va le
» marier dans les centres; on achètera ses livres pour les
» bibliothèques publiques. Il sera député, conseiller royal,
» ministre. On l'appelle l'espoir de la philosophie, on l'en
» appellera l'honneur. Moi je l'appelle un navet. Mais je
» proteste qu'il y a d'excellents et savoureux navets à Fer-
» neuse et dans mon pays. »

La morale de la fable est facile à tirer. Ce bienheureux trente-cinquième tant cherché est le Navet de Ferneuse. C'est le Navet du pays de M. Veuillot. C'est M. Veuillot en personne. Charité bien ordonnée commence par soi-même. Seulement puisque la place est prise, nous retenons la vacance au premier trente-cinquième disponible.

Cette explication une fois donnée, M. Veuillot cite Navet à son tribunal. Navet de Paris s'entend, et non pas Navet de Ferneuse. Or, voulez-vous connaître le principal crime de Navet? C'est d'être philosophe? Assurément; c'est là son crime ancien toujours sous-entendu; mais son crime actuel c'est d'avoir eu, entre deux dissertations de métaphysique, une légère pointe de commisération pour les malheurs d'Abélard.

« Navet, écrit M. Veuillot, nous dit aussi son mot sur
» Abélard. Savez-vous ce qu'il lui reproche? de n'être pas
» assez amoureux. Navet veut qu'on brûle. S'il eût vécu
» du temps d'Abélard, Navet, comme un beau petit comte
» Ory ayant rasé sa barbe jeunette et pris l'habit des non-
» nains, se serait introduit au moutier de la gémissante
» Héloïse et n'aurait pas laissé se perdre sans fruit tant d'a-
» mour. »

Or, voici maintenant comment Navet de Ferneuse, ou à peu près, répond à Navet de Paris, c'est-à-dire comment M. Veuillot répond à M. de Rémusat :

« L'histoire ne vaut pas le roman, dit-il. Cette lamen-
» table Héloïse devient une commère assez malflue, haute
» en couleurs, qui latinise et qui veut que son professeur
» lui communique d'autres connaissances, à quoi ses pa-
» rents ne l'avaient point invité.

» Je n'aimerais nullement, pour mon compte, une sœur,
» ni une mère, ni une cousine si ardente à s'instruire, et
» quand je me tâte, il me semble qu'à la place de l'oncle
» qui mit fin à cette belle éducation, j'aurais pu me per-
» mettre aussi quelque vivacité... Ce sont de ces cas où la
» main démange, et le rasoir, qui joue un si grand rôle
» dans l'histoire du théologien amoureux, ne me paraît
» plus tant barbare. Je ne dis pas qu'un nerf de bœuf n'au-
» rait pu suffire. Comment, pendarde, tu deviens la fable
» du quartier, et quand ce poltron qui nous couvre de
» honte se résigne à t'épouser, tu refuses! Tu veux rester
» dans la fornication et dans le concubinage. Tu veux faire
» des bâtards... Je prendrai une trique et je te rouerai!

» Pour Abélard, c'est un pauvre sire, même avant sa
» destitution.... »

Vraiment, nous craignons que Navet — de Ferneuse — à force de se tâter, ait un peu oublié son Évangile. Car l'Évangile ne nous recommande nulle part, j'imagine, de pousser jusqu'au deuxième degré, en ligne collatérale, le redressement des injures. Prendre une trique, ce n'est pas précisément tendre la joue au soufflet; et venger la morale à coup de rasoir, ce n'est pas traduire fidèlement la parabole de la femme adultère : « Que le premier d'entre vous qui est sans péché, » dit certain verset. Eh! mon Dieu ! si la théorie de M. Veuillot était rigoureusement appliquée, qui sait si Ferneuse lui-même n'aurait pas des Navets condamnés à *la destitution?*

Mais nous nous hâtons de le dire, pour rassurer M. Veuillot, nous ne trouvons pas qu'il ait offensé l'Évangile. Nous ne prenons pas, il ne prend pas lui-même au sérieux sa démangeaison. Il y a des gens, nous le savons, qui ne peuvent s'habituer à ces façons de parler. Nous ne partageons pas leur sévérité. Les paroles ne sont pas toujours les pensées. Elles simulent l'emportement peut-être, mais c'est un emportement de convention.

Nous autres écrivains d'une époque troublée, qui cherchons humblement, péniblement la vérité, en passant, hélas! sur des ponts d'erreurs, nous recevons, chaque jour, de notre conscience, de trop cruelles leçons de modestie, pour jeter dédaigneusement du haut de notre infaillibilité la pierre à nos voisins. Nous avons au contraire, pour eux, une secrète indulgence. Nous payons cette dette à notre passé. La colère n'est jamais bien réelle dans les écrits. Comment voulez-vous qu'un homme d'esprit, et M. Veuillot est spirituel à l'occasion, un homme pieux, et M. Veuillot est, à l'entendre, uniquement occupé de son salut, puisse trouver, sur ses exercices de piété, le temps de se mettre en colère ?

Nous pouvons vous dire le secret de ces intempérances de style, qui ne révoltent nullement notre pruderie. Les écrivains sont nombreux. L'oreille du public est dure à leurs paroles. Il faut donc rudoyer l'attention de ce public pour obtenir son regard. Je ne sais plus à la suite de quelle naissance ou de quelle victoire il y eut, sous le règne de Louis XIV, baise-main général à Versailles. Tous les courtisans furent admis à cette faveur. Ils arrivaient à la file, mettaient le genou en terre, baisaient et passaient, pendant que le roi continuait négligemment sa conversation. Son regard distrait n'en remarquait aucun. Mais lorsque ce fut le tour de l'ambassadeur d'Espagne, celui-ci saisit le pouce du monarque et le mordit jusqu'au sang. Le roi poussa un cri.
— Que voulez-vous, sire, dit le courtisan en inclinant le front jusqu'au parquet, si je n'avais pas un peu appuyé la dent, Votre Majesté ne m'eût pas remarqué. Le Gascon de Madrid n'avait mordu que pour flatter.

C'est ainsi que je m'explique le style de M. Veuillot : il mord le doigt de Sa Majesté. Il n'insulte ici que pour aduler ailleurs. Mais j'écarte la morsure et je vais droit à l'intention. Je me dis : Ce style est le scandale de l'épithète, corrigé par un bon motif. Il ne faut pas s'arrêter à l'étalage. L'étalage surfait un peu la marchandise. Les prix sont légèrement enflés. Mais on peut honnêtement marchander avec la critique et avoir son opinion à meilleur marché. C'est au lecteur à faire lui-même la défalcation.

Ainsi *Navet de Ferneuse* et *Navet de Paris* : compte égal.

Ainsi, Jean-Jacques Rousseau, au dire de M. Veuillot,

est *un coquin plein d'enflure*. Effaçons plein d'enflure, et gardons coquin : compte net : Rousseau est un coquin.

Ainsi, quand M. Veuillot dit : « Mme de Staël est un dra-
» gon, je doute de son sexe. Cette grosse femme, avec son
» turban, je suis tenté de la prendre pour le Grand-Turc et
» de lui en reconnaître les priviléges. Ne me citez pas cette
» femme parmi les *femmes hardies*. *Je la classe parmi les*
» *hommes impudents.* »

Effaçons encore *dragon*, *Grand-Turc* et *homme impudent*, car il est impossible que MM. de Broglie fils aient deux grands-pères du côté maternel.

Ainsi, quand M. Veuillot rencontrant des pourceaux dans les ruines de l'abbaye de Maubuisson s'écrie : « O
» vieille abbaye! le premier pourceau qui t'a souillée, c'est
» Henri IV, roi de France. Il a frayé le chemin à ceux que
» nous venons de voir. »

Nous effaçons pourceau, et nous mettons à la place vert galant. Compte net : Vive Henri IV! vive ce diable à quatre! suivi de tous les couplets, comme au beau temps de notre enfance.

Ainsi, quand M. Veuillot dit à la reine d'Espagne : « Cou-
» rir les rues non plus en Amazone, mais en cocher ; habiter
» de préférence où votre mari n'est point, fréquenter les
» soldats, vous connaître en acteurs, faire des bons mots
» phalanstériens et publier aux peuples les ennuis de votre
» alcôve, et porter comme un chapeau de vivandière la
» couronne catholique, ce n'est encore que de la littéra-
» ture, etc., etc. »

Nous réduisons ce passage de moitié ; nous disons, comme M. de Montalembert : Il faut respecter l'autorité, surtout lorsqu'elle a envoyé deux frégates et deux régiments assiéger Rome, — à Terracine. La reine très-catholique ne peut pas être la vivandière des armées de la papauté.

Ainsi quand M. Veuillot dit : « Dans un salon plein
» d'hommes politiques, de journalistes, d'écrivains, de
» gens d'affaires, un provincial, chevalier de la Légion-
» d'Honneur, ayant entendu annoncer Montalembert, de-
» mandait qu'on le lui fît voir : Le voilà là-bas dans ce
» groupe où vous voyez Gérard, Giraud, Giroux, Greluche,
» Patin, Navet et Cuvillier-Fleury. C'est celui qui n'est pas
» décoré. »

Espérons, pour la moralité humaine, qu'il s'est trouvé
dans ce salon un autre génie incorruptible qui ne fut pas
éclaboussé de la croix d'honneur. Ce ne sera pas Navet, assurément. Navet, comme nous l'avons vu, est irrévocablement condamné à la décoration. Mais ce sera Greluche.
Ainsi désormais, Montalembert, Greluche auront seuls droit
aux couplets de vaudeville pour la virginité immaculée de
leur boutonnière.

Ainsi, quand M. Veuillot dit : « Le gros Polygamon porte
» haut sa tête ronde, son nez camus, son fade visage re-
» haussé de quelques enluminures ; il étale superbement
» son ampleur d'Hercule obèse. Rien qu'à le voir passer,
» toujours serré d'un habit aux basques arrondies en voiles
» de navire, on devine qu'il est reconnu bel homme. Avec
» l'amitié d'un chef de parti, ministre en fusion prêt à sor-
» tir du moule, et qui lui donnera bon rang parmi les su-
» balternes, avec trois épigrammes à dépenser par ses-
» sion, etc. »

Nous ne connaissons pas ce Polygamon, vulgairement
don Juan ; mais nous connaissons le ministre en fusion :
c'est M. Thiers. Or, nous cherchons parmi les intimes de
M. Thiers l'éloquent orateur qui a passé, comme M. Veuillot le reproche à Polygamon, du centre à l'opposition. Est-ce

M. Duvergier de Hauranne? Mais M. Duvergier de Hauranne n'est pas enluminé. De plus, il porte des lunettes, et M. Veuillot n'eût pas oublié un détail de cette importance. Est-ce M. de Rémusat? Mais M. de Rémusat n'est pas un Hercule, et, de plus, il a déjà comparu sous la forme de Navet. — de Paris. Ne pouvant donc certifier l'identité de Polygamon, nous renvoyons ce passage à l'article des vérifications : Compte à revoir.

Ainsi, quand M. Veuillot dit : « *Non mœchaberis*, ou
» comme l'enseigne naïvement le catéchisme, l'œuvre de
» chair ne désireras qu'en mariage seulement. Prendre la
» femme et ne pas prendre le mariage, c'est, qu'on me
» pardonne la comparaison, manger toute crue une viande
» qui doit passer par le feu. Si friande qu'elle paraisse dans
» cet état de nature à l'appétit dépravé qui la dévore, l'ar-
» rière-goût en est horrible, la digestion s'en fait malaisé-
» ment, et tout le corps ne tarde pas à sentir qu'au lieu
» d'une nourriture il a pris du poison... *Non mœchaberis*.
» Le mariage est un désinfectant. »

Article encore à réduire. *Non mœchaberis* est sans doute un excellent précepte; mais nous ne saurions croire que tant d'honnêtes pères de famille, à commencer par M. Veuillot, se soient mariés uniquement pour se désinfecter.

Ainsi, quand M. Veuillot s'écrie : « M. Sue renvoie à
» MM. de Saint-Priest et Dupin la gloire de son œuvre, et
» il a raison, elle leur est due. Il s'est éclairé de leurs lu-
» mières. Leur généreuse audace a exalté son courage. Que
» cette souillure rejaillisse donc sur eux. Que le sang in-
» nocent y retombe s'il est versé un jour. Que ce procureur
» général, que cet ambassadeur restent accolés à leur com-
» plice dans la plus abominable page qu'on ait écrite en
» France depuis le règne de Marat. »

Que M. Veuillot se rassure, au train dont vont les choses les jésuites ne courent aucun danger. Article à défalquer.

Ainsi, quand M. Veuillot dit d'une femme qui s'est illustrée de nos jours par ses romans : « Plus je lis ses livres,
» plus elle me fait l'effet d'avoir toute sa vie désiré l'amour
» d'un scélérat, et de n'avoir jamais obtenu que le ca-
» price des drôles. »

J'efface encore, et je passe à Byron.

Ainsi, quand M. Veuillot dit de Byron : « Il a un grand
» parti de gredins, de niais et de filles publiques...; mais
» une fois mort, il n'est plus qu'un insecte innommé dans
» la tourbe de cette hideuse vermine qui se ronge impéris-
» sablement... un monstre hideux et cynique, bouc, singe,
» serpent et pourceau... »

J'efface toujours.

Vous voyez que nous finissons par trouver notre compte à force d'effacer ; mais arrivons au second chapitre des libres penseurs. Après les écrivains viennent les journalistes. Par cette loi de composition qui veut que l'intérêt aille toujours croissant, le journaliste renchérit prodigieusement sur le moineau lascif et les navets — de Paris. Il est une poule... mouillée peut-être ? Non ; mais une poule dans le plus déplorable moment, — une poule couveuse.

« Les naturalistes, dit M. Veuillot, prétendent que la
» poule n'est nullement le modèle des mères et ne couve
» ses œufs avec tant de sollicitude que pour se soulager
» d'une certaine démangeaison qui lui vient au moment de
» la ponte. Le gredin — c'est encore un pseudonyme du
» journaliste — est incessamment tourmenté de cette dé-
» mangeaison-là. Il en veut à la beauté, au rang, à l'es-
» prit, au courage, à la vertu, au talent, à la renommée,
» à la force, à l'honneur, à tout ce qu'il n'a pas et qu'il

» n'aura jamais. Il en veut surtout à ceux qu'il loue, car
» lui qui le louera? Or sa plume le soulage. S'il avait un
» poignard, peut-être qu'il cesserait d'écrire, ou ce serait
» pour flétrir la mémoire de ceux qu'il viendrait d'assassi-
» ner. »

Ce portrait du journaliste est un peu sévère ; si le journaliste, je veux dire le *gredin*, en veut à la *beauté*, au *rang*, à l'*esprit*, au *courage*, à la *vertu*, au *talent*, à la *renommée*, etc., il n'est pas un écrivain qui ne coure le danger d'aller au poulailler traiter ses démangeaisons. Car enfin si Héloïse avait eu de la beauté, si Mme de Staël avait eu de l'esprit, si la reine d'Espagne avait eu un rang, si Molière avait eu du talent, si Byron avait eu de la renommée, M. Veuillot lui-même, malgré sa qualité de catholique, serait peut-être, à l'heure qu'il est, condamné aussi à couver.

Passons maintenant au chapitre des femmes auteurs. « Elles font, dit M. Veuillot, des vers incroyables, où
» l'on entend rugir la chair la plus endiablée qui fut ja-
» mais, ne parlant que d'ivresses, que de transports, de
» délires : *Aimer...* ah! aimer... oh! aimer! c'est....
» Mon sexe ne me permet pas de répéter les définitions et
» les hennissements de ces dames. J'y renvoie le lecteur,
» qui verra tout cela signé du nom d'un mari...

» Ce mari en laisse tant passer que parfois je ne crois
» plus à son existence. Où le voit-on? Comment s'ha-
» bille-t-il? Que fait-il de sa canne? »

La canne du moins est un progrès de civilisation sur la trique. Passons au chapitre des tartuffes. Ici M. Veuillot laisse un moment reposer la littérature.

Les tartuffes ne sont pas précisément écrivains. Ils portent le bonnet carré. Ils sont avocats généraux de cours d'assises. Ils font des tournées électorales en patache, ce qui les expose à essuyer amicalement le front des patachons, et de plus, à leurs moments perdus, ils poursuivent devant le jury la prose de M. Veuillot. Ne croyez pas que M. Veuillot soit pour cela un partisan de la liberté illimitée de discussion.

« J'ai soutenu, dit-il, toute ma vie, et je soutiens encore
» la doctrine opposée. Mais ce que je blâme et ce que je
» réprouve avec toute l'énergie que peut donner le senti-
» ment profond du droit et de la justice, c'est cet abus,
» c'est cette iniquité de la répression qui, sous le dernier
» gouvernement, déshonorait tout à la fois la loi et les
» juges. »

Nous nous arrêtons; car aussi bien on ne peut pousser des citations jusqu'au jugement dernier. Nous laisserons de côté le chapitre du public, des gens qui ne pensent point, et la correspondance de Jeanne et de Céline, car nous n'avons pas les mains assez bénies pour cueillir ces sortes de fleurettes.

En résumant nos impressions de lecture, nous ne comprenons pas la petite ébullition de colère que ce volume a suscitée chez certains philosophes. Il n'y a point là matière à se fâcher. Nous avouons même que dans notre perpétuel voyage de livre en livre, nous aimons ces sortes de rencontres. Cela rompt la monotonie du chemin. Au milieu des populations affadies et blafardes de la littérature, nous sommes bien aise de trouver quelques-uns de ces héros de l'excentricité, de ces aventuriers du journalisme qui tirent assez de leur propre fonds pour mépriser la liberté de pensée, assez de confiance dans leur parole pour donner des étrivières au siècle tout entier.

Quand nous voyons successivement passer par la main de

M. Veuillot, et on sait si c'est une main qui démange, Molière, Byron, Lamartine, Cousin, Royer-Collard, George Sand, Thiers, Dupin, Rémusat, Musset, Gioberti, de Saint-Priest, Mme de Staël, Eugène Sue, Michelet, Sainte-Beuve avec ses *mélancoliques paillardises*, et jusqu'à ce pauvre M. Taschereau pour avoir dit en parlant des biens du clergé : nous *mettrons la main dessus*, ce qui est un mot de socialiste doublé de gendarme, nous nous disons intérieurement : Il faut évidemment que M. Veuillot soit quelqu'un. Le premier venu ne ferait pas ce métier. Ensuite nous ne sommes pas injuste, M. Veuillot a de l'esprit à sa façon; un esprit grivois. Il a surtout un langage fortement aromatisé d'un fumet de Rabelais qui doit réjouir l'estomac délabré des vieux célibataires.

Sa phrase est galamment troussée, son épithète luronne. Si l'on veut bien, comme nous, se précautionner d'avance contre ses *démangeaisons*, et ne jamais prendre au pied de la lettre ses critiques, on peut, pour une fois, se débaucher agréablement avec son ouvrage, véritable pique-nique provençal, assaisonné d'ail, de vinaigre, de poivre, de piment et de contes à l'avenant, racontés au dessert par le plaisant de la compagnie. On peut trouver la soirée très-originale, même au milieu des plats cassés, à la condition cependant de ne plus recommencer le lendemain, car on finirait par trouver cette cuisine-là beaucoup trop épicée.

M. Veuillot est donc l'écrivain facétieux du parti. Je l'accorde volontiers, bien qu'il ait abusé une fois de la permission; mais il veut être par la même occasion un écrivain dévot. Comment dévot? mieux que cela encore, il veut être, le ciel nous pardonne, l'évêque des évêques. Ne l'approchez pas, il tient Dieu dans la main. Ceci nous rappelle une anecdote du temps passé.

Le grand-père de Mirabeau était un pieux militaire, exact sur la discipline. Il commandait un régiment dans l'armée de M. de Vendôme et tenait garnison à Mantoue. Quelques-uns de ses soldats avaient déserté et s'étaient réfugiés dans une église. Ils y vivaient sous la protection du droit d'asile et profitaient de leur inviolabilité pour marauder dans le voisinage. Le marquis réclama ses déserteurs, mais le curé italien refusa de les livrer. Le colonel n'était pas homme à s'accommoder d'un refus ; il fit avancer son régiment et ouvrir l'église par une compagnie de sapeurs. Mais à peine la porte était-elle tombée, qu'il vit paraître sur le péristyle le curé, portant le saint sacrement. Il ne pouvait plus entrer sans s'exposer à renverser le corps du Sauveur. Il prit le meilleur parti : il appela l'aumônier de son régiment.

— Ote-moi le bon Dieu des mains de ce drôle-là, dit-il ; l'aumônier obéit et le marquis put faire désormais en toute liberté la police de la garnison.

VIII.

BALZAC.

LA COMÉDIE HUMAINE.

M. de Balzac a publié, sous le titre de la *Comédie humaine*, ses œuvres complètes, illustrées, et précédées d'une préface.

Cette préface a été critiquée ; M. de Balzac croyait avoir écrit l'histoire naturelle de l'homme et rangé méthodiquement, par ordre de classification, toutes les variétés de caractères. En bon père, il voyait dans sa progéniture littéraire une seule et même famille qui personnifiait, jusqu'au dernier individu, cette autre grande famille de la société.

Évidemment c'est là une illusion de paternité. Il n'est donné à personne d'épuiser en quelques volumes ni d'emprisonner par des catégories, la diversité et la mobilité infinie de l'humanité.

Chaque romancier a écrit, écrira longtemps encore sa comédie, qui n'en sera pas plus humaine ni plus universelle que la comédie de Balzac, et même de Shakspeare.

La Fontaine y mettait plus de retenue. Il avait aussi donné à chacun de ses animaux un caractère : messer Lion, capitaine Renard, Jean Lapin, Robin-Mouton, dame Belette. Lorsqu'il ramenait l'un d'eux sur la scène, il lui conservait toujours son identité. Aussi, repassant sur la collection de ses fables, pouvait-il l'appeler : *Une comédie à cent actes divers*. Mais il ne l'eût certes pas appelée la comédie en elle-même, toute la comédie.

A l'imitation du fabuliste, qui reproduit souvent les mêmes héros à quatre pattes, d'apologue en apologue, M. de Balzac promène à travers plusieurs romans les noms des mêmes personnages. A leur apparition, on est tenté de dire avec Mme de Sévigné : *Il me semble que j'ai vu cette chienne de figure quelque part*. Mais cette perpétuelle ritournelle de noms ne peut en conscience constituer l'unité de sa comédie : la répétition n'est pas l'unité.

Eh ! mon dieu ! pourquoi tiendrait-il à cette unité ? Les ouvrages d'imagination sont-ils des grains de chapelet que l'écrivain doive nécessairement enfiler à la suite les uns des autres, avec une préface qui leur serve de ficelle ? L'art, avant toute chose, l'art ! Crions-le par-dessus les toits, nous autres qui ne sommes pas savants. Or, le plus charmant privilége de l'art, c'est d'échapper, en toute circonstance, à la marche pesante, étroite, méthodique de la science, c'est d'appartenir uniquement à l'inspiration, cette providence des poëtes ; c'est de n'être jamais tenu par l'œuvre d'hier, obligé par l'œuvre de demain ; c'est d'être indépendant, libre, varié, spontané comme la vie elle-même dans son inépuisable caprice.

Dieu nous garde à ce propos, de critiquer les opinions religieuses du célèbre romancier ! Peu nous importe d'entendre çà et là dans ses ouvrages quelques légers pétillements du feu éteint de Joseph de Maistre. On doit savoir faire la différence des doctrines officielles, officiellement exprimées, et des doctrines domestiques habituelles qui servent à la consommation de la semaine.

Il en est de certains principes comme de ces frocs de moine que l'on porte dans sa chambre, mais pour l'étrangeté du fait seulement.

Nous ne pensons pas non plus qu'on doive s'arrêter aux croyances politiques de M. de Balzac, qui, d'ailleurs, n'a qu'un symbole en un seul article : le droit d'aînesse. Je suis persuadé qu'au fond M. de Balzac entend le droit d'aînesse comme le docteur Johnson. Le privilége de primogéniture, disait celui-ci, a un grand avantage, c'est qu'il ne fait qu'un sot par famille.

Comment la critique peut-elle avoir la naïveté de blâmer cette retraite en arrière par delà nos deux révolutions. Eh! mon Dieu, le talent, sous toutes ses formes littéraires ou conquérantes, a toujours sa petite diplomatie. Quand Napoléon date de Moscou un décret sur le vaudeville, quand Rousseau prend le bonnet fourré, Napoléon, Rousseau, avaient besoin de raviver l'attention assoupie de Paris.

Ensuite les grands écrivains aiment à rebrousser les opinions courantes. De Maistre avait toujours par chapitre quelque opinion ardue à présenter, sous la forme la plus paradoxale. Il appelait cela jeter aux Français un os à ronger. M. de Balzac nous jette aussi un os à l'occasion. Il n'en a pas moins fait des chefs-d'œuvre d'observation, et nous pouvons, en toute sûreté de conscience, louer convenablement la méthode et souvent la profondeur de ses ouvrages.

De tous les romanciers, il est le seul, peut-être, qui ait une méthode. Il n'écrit pas une ligne qui ne soit calculée ;

il a mis la tactique dans l'inspiration. Dès les premières pages, chacun de ses romans est un problème posé. Balthazar Claes trouvera-t-il le mot de la grande énigme? La nombreuse tribu des Minoret Levraut, des Minoret Cremière aura-t-elle l'héritage du docteur Minoret? Voilà pour l'intérêt ; il y a une question dont le lecteur doit chercher la réponse, et cette inconnue à trouver l'achemine doucement de chapitre en chapitre.

M. de Balzac ne perd jamais de vue ce point initial ; il y ramène tous les épisodes et tous les caractères de ses personnages. Il ne laisse jamais courir son œuvre à l'aventure ; il sait où il va et comment il y va ; il marche à pas comptés ; il déploie longuement et savamment son ordre de bataille.

Cette méthode sans doute a le tort de faire une plus large part à la réflexion qu'à l'inspiration, contrairement à la vieille charte de la poésie; mais l'on ne doit pas juger M. de Balzac d'après l'idée générale qu'on se forme du roman. Nous croyons tous plus ou moins, par habitude et par tradition, que le roman est fait pour les jeunes gens, pour les femmes, pour les pensionnaires qui ont besoin de dégourdir à la chaleur de quelque fleurette bien passionnée les sévères et glaciales leçons du couvent. C'est toujours le volume lu en cachette et fourré sous la broderie lorsque le bruit d'un pas se fait entendre dans l'escalier.

Le roman a donc été longtemps un pays d'illusions ouvert à ceux-là, et surtout à celles-là qui n'ont ni vécu, ni appris à vivre, encore moins à souffrir. Qui disait romanesque disait tout ce qu'il y a d'impossible dans le monde. La littérature du roman et la vie réelle étaient séparées par un abîme. La jeunesse étant donc la seule clientèle du romancier, le roman servait, en bon domestique, tous les sentiments secrets de cette jeunesse. Celle-ci était-elle épicurienne, pour ne rien dire de plus, Crébillon, l'abbé Prévost, Diderot, Louvet, Dulaurens, se chargeaient de réchauffer ces pâles et languissantes générations étiolées dans l'atmosphère des boudoirs. Se trouve-t-il, au contraire, un pays où le soleil est fondu dans la brume, où la jeune fille, blanche comme la chicorée sous cloche, ne sort que les yeux baissés et la figure cachée sous sa capote, pour aller au prêche, et du prêche à sa chambre, et de sa chambre au métier à broder ; où la femme n'a ni paroles, ni regards, ni sourires ; où il ne lui reste absolument que la lecture de la Bible, devant un feu de houille, feu sans flamme comme son cœur ? — Alors le romancier, le grand enchanteur, celui qui nous a retenus si longtemps, durant notre jeunesse, sur le banc de la charmille, celui-là fera des romans sans amour, sans allusion même à ce qui pourrait être l'amour. Walter Scott abandonne ses rôles d'amoureuses à de charmantes poupées qui aimeraient volontiers si elles avaient la permission d'aimer. Mais le roman anglais est un lieu trop honnête pour cela.

M. de Balzac est venu à une époque où les anciens cadres littéraires étaient brisés, et où le roman n'était plus nécessairement romanesque. Chacun y met ce qu'il veut : l'élégiaque sa plainte, le rêveur son rêve, le poëte sa poésie, le penseur sa pensée, l'observateur son expérience. Chateaubriand, Benjamin Constant, Goëthe, Senancourt ont effacé d'un trait de plume les vieilles frontières du roman. On n'est tenu d'y apporter que la condition fondamentale de l'art, l'intérêt de style ou d'action.

L'auteur du *Père Goriot* a réclamé pour son propre compte l'indépendance du génie. Il a créé un genre particulier de roman, et c'est là, selon nous, son premier mérite. Les ouvrages d'imagination commencent par être romanesques, et finissent par être rationnels. Ces deux périodes de littérature indiquent deux périodes de civilisation, et dénoncent à la philosophie de l'histoire le progrès constant de la raison sur l'imagination. Grâce à l'extension continue de la fortune publique, la femme de nos jours a quitté l'aiguille et la quenouille ; elle est née à l'intelligence ; elle est instruite, d'une instruction plus ou moins complète, peu importe, mais enfin elle ne craint pas ces lectures viriles qui vont secouer au fond de son âme les facultés assoupies de la réflexion.

Instinctivement ou volontairement, M. de Balzac s'est attaché à raconter, pour un auditoire plus intelligent, de véritables épopées domestiques qui n'ont pas seulement l'intérêt de la minute, mais qui comportent encore leur moralité. Il est philosophe en un sens, c'est-à-dire observateur, calme et réfléchi comme l'observation. On sent à la prédominance du rationalisme en lui qu'il est voisin de campagne de Descartes. Or, réfléchir n'est pas l'affaire d'une seconde. Il faut à M. de Balzac du temps, beaucoup de temps, pour faire vivre et marcher ses idées. Il n'a pas de fétichisme pour sa pendule ; il n'économise ni ses heures ni les nôtres par la même raison. S'il a besoin de planter un clou, de plaquer un peu de mousse sur ce mur, de remonter le cours de la généalogie d'un bourgeois, d'analyser une narine, un pli d'oreille, vous avez beau vous impatienter, il plantera son clou, plaquera sa mousse, racontera sa dynastie de boutique, analysera tout au long le coin de la narine et le pli d'oreille, et vous verrez qu'au bout du compte, tout cela porte un sens, conspire à la réalité du drame et du personnage.

Ceux qui ont dans les artères quatre-vingts pulsations à

la minute, pourront préférer la manière de peindre, expéditive et large de Saint-Simon, à la manière analytique, indolente du romancier. Mais celui-ci n'a pas la prétention de promener, devant les regards, une procession de figures dessinées en deux coups de plume. Il veut écrire la psychologie de la société ; il creuse jusqu'au dernier repli de la conscience.

Peut-être aussi la lenteur est-elle quelque peu native chez M. de Balzac. M. de Balzac a trop de dévotion aux influences extérieures pour ne pas nous permettre de les lui appliquer. Il est natif de la Touraine : or, en Touraine, la lenteur est écrite à chaque pierre du chemin. Nulle part vous n'y trouverez le mouvement, ni dans les lignes molles et fuyantes de ses collines, ni dans ses maigres filets d'eau occupés à chercher leur route par d'éternelles circonvolutions au milieu de cette grande allée de sable qui s'appelle la Loire. La Loire ne coule pas, elle s'écoule comme elle peut, goutte à goutte, probablement dans la mer, si elle en a la force. Comme les caractères faibles et mous, elle peut avoir ses colères d'un moment, sous forme d'inondations, mais elle rentre bien vite dans ses habitudes.

Sur ce fleuve apathique, on aperçoit souvent de longues escadrilles de barques attelées les unes aux autres et immobiles sous leurs hautes voilures. Elles font une lieue par jour lorsque le vent est favorable, et mettent une année à faire le trajet de Nantes à Orléans.

Mais c'est surtout chez le paysan de Touraine qu'on rencontre cette somnolence qui a passé du terroir à l'homme, et de l'homme à l'atmosphère. Le Tourangeau a naturellement de l'opium dans les veines. Le temps n'existe pas pour son esprit — mettons qu'il a un esprit ; — il mange, il boit, il travaille, il marche comme s'il avait l'éternité à son service.

La méthode analytique du romancier indique d'avance le caractère de ses ouvrages : Le réel et rien que le réel, voilà en deux mots toute sa poétique. C'est surtout dans le monde des affaires, des petites passions, des petites cupidités, des appétits d'argent, au milieu des notaires, des huissiers, des usuriers, des femmes à vendre ou déjà vendues, que M. de Balzac va chercher ses inspirations. Et il faut convenir qu'il porte dans toutes ces misères patentes ou cachées la dissection, la finesse, l'expérience et la science consommée d'un grand maître. Il voit tout, il sait tout : le code civil dans *Ursule Mirouet*, la chimie dans la *Recherche de l'absolu*. Étudiant avec l'étudiant, homme de la basoche avec la basoche, il possède l'idiosyncrasie, le mot existe, de toutes les professions.

C'est dans cette saisissante et vigoureuse manière de reproduire et d'accentuer la vie elle-même que l'on peut trouver le secret de la prodigieuse puissance qu'il a de maîtriser et d'ébranler même les âmes les plus récalcitrantes à l'émotion. Aucun romancier n'a plus que lui ce pathétique terrible qui jaillit uniquement du fond de la réalité ; il rencontre souvent de ces mots qui sont comme des coups de foudre dans l'âme du lecteur. On peut classer *Eugénie Grandet*, la *Recherche de l'absolu*, le *Père Goriot*, parmi les chefs-d'œuvre littéraires de notre époque.

Il faut surveiller de près ce talent et l'aborder avec précaution ; car à chaque instant on laisserait glisser une finesse, une beauté de détail. On pourrait retirer de ses romans des volumes aussi approvisionnés de maximes, que les traités classiques de Larochefoucauld et de Vauvenargues. Il a mis à la fois le drame et l'enseignement dans cette série d'élucubrations qu'il appelle la *Comédie hu-*

maine. Oui, la *Comédie humaine*, car M. de Balzac regarde la société comme une perpétuelle comédie.

L'homme, selon lui, n'est plus un loup pour l'homme, mais bien un renard. Il a mitigé le misanthropique génie de Hobbes par le sourire de Rabelais. Lorsqu'il place le dévouement quelque part, c'est toujours sur la tête d'un homme exploité. Il promène sur le vaste champ des actions humaines un regard désolant. La jeune fille seule trouve grâce devant lui : elle est belle, elle est sainte, mais savez-vous pourquoi ? Pour être immolée.

A la vérité, par cette nécessité de contraste qui est une des premières lois de l'art, M. de Balzac a bien introduit dans ses romans de nobles caractères, et pour n'en citer que deux, le *Médecin* et le *Curé de campagne*. Mais il s'attache surtout aux usuriers, ces détenteurs des jouissances d'autrui. Il aime à saisir toutes les nuances de ces fortunes lentement amassées sou à sou. Par une singulière contradiction et une éclatante dérogation aux habitudes reçues, M. de Balzac a transporté le romanesque aux chiffres, aux affaires de bourse. Son imagination flamboie devant les piles d'écus. Les fortunes prennent à ses yeux des proportions cyclopéennes. Il ne procède que par millions. Je crois qu'en additionnant les richesses de tous ses héros, on aurait vingt fois la fortune de la France.

Je ne fais pas ici de critique ; je veux y mettre plus de timidité avec un homme qui a le talent de M. de Balzac : je traduis seulement mes impressions. Je viens de relire les œuvres complètes du romancier qui se flattait autrefois d'être le plus fécond. J'ai vécu avec ses personnages, jusqu'à la familiarité. Eh bien ! j'éprouve en ce moment une certaine tristesse ; il me semble que je sors d'une mauvaise compagnie. A quoi cela tient-il ? A ce que nous n'avons probablement pas pour l'homme et pour la société les mêmes sympathies. M. de Balzac n'a pas senti à son front le souffle de notre siècle ; il n'a pas ce lyrisme du cœur qui pousse à la croyance, sans cela il aurait trouvé un idéal, il l'aurait dégagé des limbes de notre époque, et il ne serait pas allé continuellement étudier l'homme à l'hôpital. Il a trop sacrifié au réel, dans le sens du mal ; c'est là le défaut de sa qualité : le bien est réel aussi ; sans cela le monde serait perdu.

Le style de M. de Balzac est conséquent à la méthode ; il est franc, direct, positif, et empreint quelquefois de cette âpre saveur gauloise qui sent le terroir de la Touraine. Cependant on doit regretter que M. de Balzac, comme les peintres du XVIe siècle, ait changé de manière ; qu'il abandonne le style naturel des premières années de sa réputation, pour les formes tourmentées, légèrement *florentines*, de ses dernières publications. Il y met vraiment trop de conscience. C'est surtout dans le style que le mieux est ennemi du bien ; le véritable écrivain ne doit jamais chercher à écrire.

IX.

FEUILLET DE CONCHES.

BIOGRAPHIE DE LÉOPOLD ROBERT.

Eh, mon Dieu! pourquoi les biographes vont-ils si longuement recueillir les moindres circonstances de la vie de Léopold Robert? Ils n'avaient pas besoin de tant de recherches. S'ils voulaient connaître sa biographie, ils n'avaient qu'à regarder sa peinture.

Ses tableaux, voilà ses mémoires secrets. Il est là tout entier. Chacune de ses toiles est une page où il a raconté, le pinceau à la main, l'histoire intime de ses joies et de ses douleurs. *Je n'aurais pas*, dit-il, *composé mes tableaux si mon cœur n'eût été plein d'affections ; elles sont pour moi des degrés qui me font monter.*

Ainsi, de l'aveu même de Léopold Robert, sa peinture c'est sa biographie à coups de crayon. La série de ses œuvres n'est qu'une répétition muette du drame intérieur de ses pensées. Tout ce qu'il a aimé, tout ce qu'il a souffert, aspiré, rêvé, attendu, perdu, pleuré, se revit là, noté jour par jour, tableau par tableau, et plus ou moins allégoriquement caché sous l'habit du pasteur de l'Adriatique ou du pâtre de la Maremme.

C'est là ce qui donne, selon nous, un intérêt si dramatique aux compositions de Léopold Robert. Ces compositions ne sont pas seulement des fantaisies, elles sont de poignantes réalités. Elles sont faites du sang, de la chair, des rêves et des larmes d'un homme. Elles palpitent, elles espèrent, elles aiment, elles racontent toute une existence.

Oui, chacun de ses tableaux est un chapitre de biographie, non pas de cette biographie banale comme un extrait de naissance, sèche comme un passeport, qui consiste à dire d'un homme qu'il est né, qu'il est mort, qu'il a vécu, qu'il a voyagé, qu'il s'est marié et qu'il a eu des enfants : non, mais de cette autre biographie morale, qui est la narration exacte des croyances, des doutes, des tristesses, des amours de toutes les sibylles intérieures, qui sont les inspirations mêmes du génie.

Eh bien! c'est cette biographie-là, nous en demandons pardon à M. Feuillet, que nous allons raconter rien qu'avec les tableaux de Léopold Robert.

La vie de Léopold eut trois époques marquées. Dans la première, il est libre, il est heureux, il est riche pour trois ans sur la bourse d'un ami; il est léger d'années, plus léger de soucis. Jeune apprenti de la renommée, il fait à Rome, ce vieil atelier de renommées, son premier stage de talent.

Il a l'infini devant lui; le soleil d'Italie a fondu sa froide nature d'enfant du Jura; la passion s'est éveillée en lui; il s'est senti amoureux à la même heure et par la même raison qu'il s'est senti inspiré; l'enthousiasme n'est qu'une variété de l'amour. Il aime assurément, mais qui? Peut-être la

Grazia, cette femme abandonnée du brigand de Sonnino, qui expie aux galères son illustration de montagne ; peut-être quelque grande patricienne, qui, nonchalamment accoudée à sa terrasse, en plein ciel, entre les œillets et les étoiles, l'aura élevé jusqu'à elle d'un sourire. Peu importe : il aime, cela suffit. Il a en lui l'image d'une Béatrice ; et dès lors la nature toute entière prend à ses yeux la livrée de son amour. Son cœur n'était plus qu'une fête. La terre qu'il foulait n'était plus qu'une corbeille de fleurs, l'air qu'il respirait un parfum ; ce fut pour représenter ce premier rêve de jeunesse qu'il peignit la *Fête de la Madone de l'Arc*.

Il a prodigué dans ce tableau toute la suavité, toute la mélodie de tons doux et rêveurs, bleus et frais qu'il a pu puiser dans la baie de Naples ; cette conque d'azur jetée au pied d'un volcan. Autour de la jeune fille assise sur le char, calme et pensive, le regard flottant dans l'extase, il a convoqué les joies de la terre et de l'homme, versé les fleurs et les sourires à pleines mains. Toute pensée de souffrance est soigneusement écartée. Il a caché le joug des bœufs sous des guirlandes, les roues sous des rosaces de lavande, le char sous des branches de figuier.

Il a entrelacé aux cheveux, aux thyrses, au sein des femmes, les innombrables coquetteries écloses de cette terre de promission : la feuille d'olivier, de citronnier, l'œillet, la verveine, le romarin. Il n'a oublié aucune fleur, aucun parfum dans cette invitation de tous les parfums et de toutes les fleurs à venir fêter le passage de son amour. Mais ce n'est pas la nature seule qui sourit autour de Léopold, c'est l'humanité. Dans cette procession de bonheur, toutes les têtes sont joyeuses; et ce sont les vieillards, — est-ce qu'il y a même une vieillesse ? — qui respirent la plus franche gaieté. Les assistants chantent, dansent, jouent de la crécelle ou de la mandoline à se faire entendre des étoiles. Il n'est personne dans ce tableau qui ne veuille payer d'une danse ou d'une chanson sa contribution de bruit et de joie à ce chœur universel de fiançailles.

Pendant cette première période, si l'on en excepte quelques souvenirs de brigands, qu'il recueillait entre deux sourires sur les lèvres de la Grazia, Léopold Robert n'a guère représenté que des scènes de jeunesse. Il ne voyait à ses pieds qu'une nature affable, aimable, parfumée, amoureuse, expansive, démonstrative, étincelante, bénie, toujours en robe de fiancée, et de tous ces rêves de son cœur qu'il retrouvait dans toutes les vagues de la mer, il intitule l'un : *Fille d'Ischia au rendez-vous*, l'autre : *Jeune fille penchant son urne aux lèvres d'un pêcheur* ; la même vision revenait toujours sur ses palettes.

La vision le suivait même dans ses voyages ; car, un jour qu'il accompagnait deux amis à Terni, il s'écarta de ses compagnons de voyage au moment du déjeuner. On le trouva sur un rocher, à genoux, les cheveux au vent, le visage fouetté par la rafale de la cascade, les bras levés au ciel, le regard fixe, la pensée anéantie en adoration.

— Que fais-tu là ? lui dirent ses amis.

— Partez, je vous rejoindrai plus tard, s'écria Robert, je reste avec les anges. Les voilà qui ondoient par l'air au-dessus de ma tête. Et, en effet, il entendait alors autour de lui un perpétuel concert.

Mais les années ont coulé, Léopold Robert a vieilli. Des deux fées qui lui avaient promis la gloire et le bonheur, une seule a tenu parole. C'est la première. Il avait entrevu le succès. Il osa rêver quelque chose bien autrement impossible que la réputation. Il rêva l'amour dans un palais.

Lorsque Léopold faisait à Rome ses premières preuves de talent, il recevait souvent dans son atelier une double visite. Les visiteurs étaient deux jeunes gens, prince et princesse du même nom, nouvellement mariés, deux débris de dynastie rejetés par la tempête dans l'exil.

Les deux exilés étaient artistes. Ils voulurent s'associer aux travaux de Léopold. Nous avons vu quelque part des lithographies signées de ces trois initiales : N... R... C...

N. faisait les compositions, R. les figures, C. les lithographies.

Ce fut dans ce travail en participation, dans ce trio de peinture, que Léopold Robert, nature primitive, qui avait apporté de son canton de Neufchâtel toute sa naïveté, se laissa fasciner par la grâce de cette jeune princesse. Il s'enivra de cette collaboration. Et pourquoi se fût-il mis en garde contre cette noble amitié? Toutes les voix de son cœur lui criaient que c'était là une adoration placée au-dessus de ses soupirs. Pauvre plébéien, sorti un jour en veste d'artisan d'un village de Suisse, il était éternellement condamné à ensevelir ce nom de femme, comme un mystère, dans sa solitude, ou plutôt à l'arracher de son cœur comme la tentation de l'impossible. Mais on ne trompe pas sa destinée. Plus Léopold Robert avançait dans l'intimité de l'exilée, et plus il glissait dans la passion.

Il avait droit aux confidences dans les longues soirées de juin, au bord des balustrades chargées de verveine; il avait une place réservée sur le banc de la terrasse, et au sortir de là il pouvait emporter ces bouquets à demi fanés qui embaument les souvenirs. Léopold Robert appelait cela de l'amitié. Il ne voyait rien au delà. Le flot montait. Il se laissait aller au courant. Il était prémuni d'avance contre toute séduction. Il se disait qu'il y avait entre le cœur de cette femme et son cœur une montagne aussi haute que le vol de l'aigle; et il continua de l'aimer en silence, jusqu'au jour où il sentit la blessure. Il s'éveilla en sursaut. Il était trop tard, hélas! Il avait défié l'impossible, l'impossible se vengeait. Léopold est pris désormais du songe de Werther. Il connaît la tristesse, et il écrit cette seconde période de son âme dans le tableau des *Moissonneurs*.

Ici, la Béatrice n'est plus la jeune fille qui passe sur un char au bruit du tambourin : c'est la mère sérieuse qui tient un enfant dans ses bras ; ce n'est plus le joug couronné de fleurs, c'est le joug nu, avec ses lourds anneaux de fer ; ce n'est plus le bœuf svelte de Clytumne à la marche cadencée, c'est le buffle au front bas qui roule de grosses larmes ; ce n'est plus le rayon qui caresse les treilles du Pausilippe ; c'est le soleil qui incendie le désert de la Maremme. Une impression de souffrance respire dans ce tableau. Et cependant le peintre qui n'était qu'attristé et n'était pas encore désespéré, voulut y écrire comme une réminiscence de ses premières émotions. Il y a mis aussi la danse et la musique. Mais j'entends cette cornemuse, elle ne joue que l'air plaintif du pifferare ; mais je regarde ces danseurs, ils ne dansent pas. La tristesse est sur tous les fronts. La fièvre de la Maremme plane sur les gerbes des moissonneurs. Et moi aussi, semblait dire Léopold Robert en faisant ce tableau, je moissonne dans l'affliction, et je me consume d'une fièvre sans fin sur les gerbes de ma moisson.

La révolution de Juillet surprit le peintre au milieu de cette mélancolique élégie d'amour. L'Italie s'insurgea. Le mari de cette jeune patricienne que Léopold Robert avait respectueusement aimée en secret, se mit à la tête de l'insurrection. Il y mourut. Le prince qui donnait ainsi sa vie à la liberté de l'Italie, était Napoléon Bonaparte, le frère aîné du futur empereur français. Sa veuve était Charlotte Bonaparte, fille de Joseph. Des trois artistes qui signaient les lithographies de leurs initiales, il ne restait plus que Léopold Robert et Charlotte Bonaparte.

Le peintre, qui devait mourir d'un rêve, prit le deuil de ce jeune prince, qui était mort pour son rêve de révolution. Il le pleura, sans nul doute, avec celle qui le pleurait, en ce moment. Mais lorsque ces larmes furent séchées, lorsque ces deux amitiés liées par tant de souvenirs, et désormais libres de leurs lendemains se trouvèrent de nouveau en présence, il arriva que Léopold Robert se laissa entraîner au delà de la mystique adoration des premières années. Il caressa la vague espérance de recouvrir de son nom le nom de Bonaparte. Dans son orgueil d'artiste, il crut que des titres ne valaient pas plus que des chefs-d'œuvre. Il ne vit pas, le malheureux, qu'il y avait entre lui et cette princesse des abîmes de distance; qu'il y avait, — mon Dieu, le pauvre Robert ne s'en était jamais douté,—Marengo, Iéna, Austerlitz, tous les coups de canon tirés pour un homme, et répercutés à travers tous les échos de l'histoire. Il tendait la main à cette jeune femme, et elle tournait la tête pour lui montrer du doigt, derrière elle, toute cette garde prétorienne de souvenirs qui l'escortait, toutes ces reines de la famille qui avaient encore sur le front l'empreinte de leur couronne. Léopold Robert pénétra assez avant dans le cœur de la princesse Charlotte pour y rencontrer l'affection, pas assez pour y rencontrer le sacrifice.

Alors il voulut fuir. Il courait éperdu d'une ville de l'Italie à l'autre, cherchant un refuge contre sa passion. Mais lorsque du fond de sa solitude il méditait quelque sujet funèbre où il pût enfouir toutes ses pensées de tristesse, une lettre affectueuse de la princesse Charlotte venait le trouver.

Le malheureux repartait aussitôt pour Florence. Il allait reprendre docilement les chaînes qu'il avait brisées. Il retrouvait encore des joies d'une heure qu'il confiait à sa toile sous la forme d'une *Mère heureuse* ou d'un *Repos en Égypte*.

Il était ramené à la porte de l'Éden. Mais à peine avait-il touché le seuil du pied, qu'une implacable main le repoussait de nouveau vers le désespoir. Alors il se retirait, il s'enfermait dans son atelier. Il effaçait le sourire de la mère heureuse ; il étendait le voile de tristesse sur le repos en Égypte. C'est dans ces alternatives d'espoir et de désespoir, dans ces journées indécises où la patricienne apparaissait et disparaissait devant lui, l'attirait et le repoussait, que Léopold Robert a conçu le *Départ des pêcheurs de l'Adriatique*.

Certes un pareil sujet ne saurait expliquer la lugubre mélancolie du tableau. On entrevoit sur chaque figure la froide haleine de l'agonie. La vieille aïeule est venue s'asseoir à son banc pour voir, une dernière fois, ces fils sortis de son flanc qu'elle ne reverra plus. Elle creuse la terre du regard, tandis que, au-dessus de sa tête, les pampres fanés d'une treille tombent un à un, détachés comme ses années, emportés comme ses affections. A côté de l'aïeule, la jeune mère se tient debout toute transie et comme enveloppée d'un suaire, la tête tristement penchée sur l'épaule. Que murmure-t-elle à son enfant? Que regarde-t-elle à l'horizon? Elle murmure du fond du cœur d'éternels adieux ; elle regarde les goëlands voler sur cette mer infinie où la barque va s'enfoncer pour ne plus revenir. Un soleil terrible et sinistre, morne comme une éclipse éclaire cette scène de désolation, terrible parce qu'elle est muette, sinistre parce qu'elle est résignée, car il y a une impression mille fois plus tragique dans la résignation que dans le cri de douleur, dans l'adieu de mort, que dans la mort elle-même : le drame est déjà fini au tombeau.

Léopold Robert écrivait ce testament de son cœur en roulant des idées de suicide. C'est à travers des larmes de sang qu'il voyait chaque épisode de sa composition. Mais ce qui prouve combien la peinture de Léopold était son âme tout entière, c'est que sous cette scène si triste, ces figures si sombres, il y a une autre scène, il y a d'autres figures.

Quand Léopold Robert donna le premier coup de pinceau à sa toile, il était sous l'impression passagère d'une espérance. Il était heureux ; il choisit un sujet de bonheur : le *Carnaval de Venise.* Il avait groupé autour d'un cabriolet des figures masquées et rieuses qui secouaient gaiement leurs grelots. Mais peu à peu, à mesure que l'espérance se retirait de lui, que sa pensée se retournait vers le suicide, il reprenait tout son tableau, figure par figure, et sans changer de toile, il changea de composition. Par-dessus le *Carnaval de Venise* il peignit le *Départ des Pêcheurs.* Il y a deux tableaux sous cette toile. Ce fut comme un sourire étouffé sous un sanglot.

Cette œuvre de Léopold Robert fut une préparation silencieuse de son suicide. Peut-être aussi fut-elle une diversion. La souffrance des grands artistes ne finit par les tuer que lorsqu'après leur journée elle retombe tout entière sur leur poitrine. Quoi qu'il en soit, dès que le tableau des pêcheurs fut envoyé à Paris, Léopold Robert sentit la vie lui manquer.

— Vois donc, disait-il à son frère Aurèle en se regardant dans la glace, j'ai quelque chose sur la figure.

— Excuse-moi, reprenait-il ensuite avec une douceur angélique, de t'affliger ainsi.

Il prenait alors sa Bible pour y chercher une consolation Il reçut une dernière lettre de Florence. Il la brûla.

— Je suis guéri, dit-il à Aurèle.

Celui-ci voulut l'arracher de l'Italie. Léopold le repoussa doucement et secoua la tête.

— Il est trop tard.

La veille de sa mort, il pria sa jeune hôtesse de lui jouer le *Requiem* de Mozart.

Et le lendemain il s'enferma dans son atelier. Un autre frère de Léopold avait aussi douté de la vie au milieu du chemin. Il s'était tué. Et dix ans après, jour par jour, heure par heure, le fantôme sanglant de ce frère qui avait dû apparaître bien souvent à la sombre imagination du peintre, lui apparut une dernière fois et lui apporta un rasoir.

Léopold le saisit. Quelques heures après, Aurèle ramassait dans le sang cette chose inanimée que Dieu laisse à la douleur des survivants.

Léopold s'est brisé contre la distinction des rangs. Le peintre Fabre avait pu épouser la veuve du dernier Stuart. Il ne put épouser la veuve d'un Bonaparte. La gloire peut donner l'immortalité, elle ne donne pas la noblesse. Et lui, artiste inspiré, homme du peuple, du jour où il aima une princesse, il n'eut plus qu'une pensée : ce fut de reproduire la beauté, la dignité du peuple. Il s'est dit : j'élèverai l'habit du travail à la hauteur de la pourpre. Il n'a pas cherché à reproduire, comme on l'a dit souvent, les types de l'Italie. Il aspirait à quelque chose de plus idéal. Il voulait poétiser la grande famille, convoquer autour d'elle toutes les fêtes de la nature, mettre sur les fronts de ses frères de toutes les campagnes un tel reflet de majesté, que la lèvre des princesses elle-même ne craignît plus de venir s'y poser. Ce fut là son rêve. Il l'a promené complaisamment de tableaux en tableaux, dans la *Madone de l'Arc*, où il s'épanouit à l'aube d'un premier amour ; dans les *Moissonneurs*, où il se referme aux premières atteintes de la tristesse, dans les *Pécheurs*, où il s'éteint en une pensée de suicide.

Un jour, une gondole partit du palais Pisani et emporta au Lido le corps du pauvre rêveur. Il dort là sous l'herbe à l'écart, au bord du flot, écho gémissant de sa destinée.

Quelques années après, la princesse Bonaparte alla le rejoindre dans la mort. Mais il n'y a qu'une pierre roulée sur le corps du pauvre artiste. On y lit pour toute inscription ces deux simples mots : *Léopold Robert*. Il y a un tombeau de marbre sur le corps de son amante, et sur ce tombeau on a gravé cette épitaphe : *Charlotte-Napoléon Bonaparte, digne d'un si grand nom*. Tout le mystère de ces deux vies est expliqué par ces deux sépultures.

Et cependant, par je ne sais quelle dérision du hasard, l'épitaphe de Charlotte Bonaparte se trouvait empruntée de la célèbre Impéria. Lorsque la courtisane de la Renaissance mourut, son amant, le cardinal Bibienna, la fit ensevelir à Sainte-Marie des Anges, avec cette inscription : Ci gît Impéria, digne d'un si grand nom.

Nous avons pu nommer les personnages de ce douloureux roman. Tous trois sont morts. Il ne reste plus de ces existences, que la fatalité avait jetées sur le chemin les unes des autres, que le spectre sanglant d'un suicide condamné par la légende à errer sans cesse à travers les airs, qui se lève tous les soirs dans les brumes du Lido, et raconte à voix basse aux chœurs éplorés des lames une histoire douloureuse, dont nul ne connaîtra jamais tous les mystères. Et pourtant voyez le jeu de la destinée, un soupir de plus, ou la complicité d'un rayon de plus, ou d'un parfum de plus dans cette vie d'amour, Léopold Robert eût épousé Charlotte Bonaparte tous deux vivraient peut-être ; et aujourd'hui... nous n'osons nous arrêter sur cette idée.

Après cela, que dirons-nous de la Notice de M. Feuillet? Nous en dirons, pour l'acquit de notre conscience, que le biographe a précieusement recueilli tous les documents, toutes les correspondances qui pouvaient jeter une explication sur les actes et sur les sentiments de Léopold Robert. C'est une œuvre instructive, intéressante, écrite avec la dévotion passionnée de l'admiration pour la mémoire de Léopold Robert. Nous ne discuterons pas le jugement de M. Feuillet sur son héros. Léopold Robert est surtout un peintre ému. Malheureusement, chez lui la plastique n'est pas toujours à la hauteur de l'émotion. Son dessin est souvent l'emphase de l'école de David en haillons. Nous n'insistons pas, mais puisque aussi bien nous sommes occupés de réfuter M. Feuillet, nous lui conseillerons d'abandonner l'opinion de M. Stendhal, qui attribue au Giorgione le portrait de femme qui porte, à la tribune de Florence, le nom de la Fornarina. Ce n'est pas la Fornarina, assurément, mais c'est bien un portrait de Raphaël, et ce portrait représente la célèbre improvisatrice Béatrix de Ferrare.

X.

ROMIEU.

L'ÈRE DES CÉSARS.

Ce livre est écrit pour démontrer la supériorité de la force sur l'idée. Voici par quelle nouvelle théologie M. Romieu arrive à cette démonstration.

Dieu, dit-il, a donné la raison à l'homme uniquement pour déraisonner. L'homme est donc un animal déraisonnable en vertu d'une maladie particulière de son esprit qui se nomme la raison.

Si l'humanité était livrée à la raison, elle périrait de folie. Mais Dieu a pitié de l'humanité, et lui a envoyé la force pour la sauver. La force est une providence mystérieuse qui mène le monde à coups d'épée.

Aussi, quand une nation se met à raisonner pour amener le règne de la pensée, personnifiée dans une démocratie, elle amène inévitablement le règne de la force, personnifiée dans César.

César est l'homme de la force, comme le philosophe est l'homme de la folie. La nature produit les Césars pour dévorer les philosophes, par le même procédé qu'elle produit des requins pour dévorer les poissons.

Pour être César, il suffit d'avoir la force à un moment donné. Santerre était César au faubourg Saint-Antoine ; Napoléon, César en Italie ; Caussidière, César à la préfecture de police ; le général Cavaignac, César à l'hôtel de Varennes ; enfin, aujourd'hui même, en ce moment, Rosas est César à Buenos-Ayres, le général Changarnier César à Paris, le général Narváëz César à Madrid, le général Filangieri César à Palerme.

Ainsi, il y a deux puissances dans le monde, l'une bienfaisante : la force ; l'autre malfaisante : la raison. Mais, par une attention particulière du Seigneur, la force finit toujours par avoir raison de la raison.

Voilà toute la théorie de M. Romieu, si je l'ai bien comprise ; mais, comme il a oublié de la confirmer par l'histoire, je vais réparer cet oubli.

Il y a quelque dix-huit cents ans, quelqu'un vint au monde qui s'appelait le Verbe fait chair ; le Verbe, vous entendez, c'est-à-dire la raison. Celui-là avait médiocrement le respect de la force, quoiqu'il vécût du temps de César. Il ne voulait pas même permettre à ses disciples de couper une oreille. Qui se servira de l'épée, leur disait-il, périra par l'épée.

Mais il raisonnait volontiers avec les multitudes, et il leur disait en vérité d'étranges folies.

Il leur disait, par exemple, l'homme est frère de l'homme sous tous les soleils, et le juif est frère du gentil. L'esclave est fils de Dieu aussi bien que le maître, et il a le même droit que le maître à faire son salut.

Il mourut pour avoir dit cela, car César doit toujours crucifier l'idée ; mais, à peine était-il mort, que ses douze disciples prennent la résolution de soumettre à leur idée crucifiée le royaume de César.

Un jour, un mendiant entrait à Rome une besace sur l'épaule. Il venait modestement prendre possession du monde romain.

Assurément, ce mendiant est le plus grand fou qui ait jamais eu une raison. Une nation se croit prédestinée entre toutes les nations. Elle a une origine divine, une mission divine, et, en vertu de cette foi écrite jusque dans la fibre du dernier citoyen, elle a dompté le monde et reporté sa frontière en Asie.

Elle a d'innombrables armées essaimées dans toutes les provinces, des traditions, des aristocraties, des codes, des mœurs, des systèmes inextricablement enracinés dans les esprits, toutes les forces morales ou matérielles en un mot accumulées, comme à plaisir, pour repousser toute innovation.

Et cependant c'est cette nation pétrie de siècles et de victoires que ce mendiant, ce témoin du Calvaire, vient défier, un bâton à la main, dans la toute-puissance de ses grandeurs et de ses conquêtes.

Jamais l'idée ne livra à la force une plus ridicule bataille. Qui gagna cependant la victoire? Si jamais M. Romieu est allé à Rome, il a pu voir un vieillard couvert de pierreries, dont plus d'une fois le descendant ignoré de quelque César vient baiser la semelle.

Ce vieillard est le mendiant qui entrait à Rome il y a dix-huit cents ans, la besace sur l'épaule. Il a souvent changé de nom depuis. Il est toujours le même homme. Il est le représentant de l'idée, séditieuse à son origine, qui a détrôné la force dans la personne de César.

La lutte a recommencé dix siècles plus tard. L'idée se

nommait Grégoire, la force se nommait Frédéric. Grégoire était pape, Frédéric était César.

César était le premier condottiere du moyen âge. Il possédait l'empire d'Allemagne et le royaume de Naples ; il avait une armée sarrasine à son service, et le trésor le plus riche de l'Europe ; il tenait à sa solde tous les grands feudataires de l'Italie ; il tirait de la Souabe d'inépuisables recrues de chevaliers ; il bloquait toutes les côtes de la péninsule par la plus formidable armée navale du moyen âge ; il pouvait tout, il osait tout, même écrire contre Mahomet, Jésus et Moïse, le *Traité des Trois imposteurs* ; il pendait, brûlait, exterminait, mutilait ses ennemis avec mille raffinements de cruauté, et cela au milieu des fantaisies d'un satrape, des singes, des bateleurs, des sultanes, des panthères, en improvisant et en chantant des sonnets sur la guitare.

Le pape, de son côté, était un vieillard centenaire dont la Providence comptait les minutes ; c'était les yeux fixés sur la clepsydre, qu'il devait lutter. Il n'avait aucune puissance, aucune armée. Il demeurait à Rome comme à l'auberge ; il y vivait au milieu des perpétuelles séditions des Romains. A chaque instant, il était obligé de faire sa valise et de fuir incognito à travers la campagne. Il n'avait d'autre forteresse que sa mule errante, qui trottait sans cesse par des sentiers écartés, d'Anagni à Pérouse, de Pérouse à Viterbe. Il ne commandait d'autres soldats que ses moines mendiants, journaux ambulants qu'il expédiait gratis dans tous les États.

Entre ce vieillard fugitif et l'empereur d'Allemagne, entre la force qui était tout et l'idée qui n'était rien, la lutte ne pouvait être un instant douteuse. L'idée devait succomber, ne fût-ce que pour être agréable à la théorie de M. Romieu.

Et cependant César fut encore une fois vaincu. Il se sentit frappé au cœur par ce jugement de l'opinion, qui se nommait au moyen âge l'anathème. Il mourut abandonné sur je ne sais quel grand chemin, entre un prêtre et un chevalier. En mourant, il fit un acte de contrition, et jeta un regard de mélancolie sur l'œuvre impossible qu'il avait tentée.

Plus tard encore, la force et l'idée recommencèrent leur interminable querelle. L'idée se nommait Luther, la force se nommait le roi d'Espagne ; elles vinrent se heurter dans un coin perdu de l'Europe.

L'idée occupe à peine une province de la Flandre. Elle possède quelques milices mal équipées, mal payées ; elle n'a pas de trésors, pas d'alliances en Europe, et cependant elle ose défier César dans son palais de l'Escurial.

Mais César règne sur l'univers ; le soleil ne se couche jamais sur ses États. Ses armées sont les meilleures armées ; ses généraux les plus célèbres par leurs victoires. Aucune puissance maritime ne pourrait mettre à la mer autant de vaisseaux. Le Nouveau-Monde verse dans ses coffres les montagnes d'or du Pérou. Il n'a qu'à faire un geste pour abattre toute résistance.

Il fait ce geste ; l'idée sans doute est vaincue ? Eh ! mon Dieu, non : la Hollande est affranchie, la liberté de conscience est victorieuse, par espiéglerie assurément, pour jouer malice à la théorie de M. Romieu.

Plus tard, enfin, la force et l'idée se donnèrent un nouveau rendez-vous. L'idée se nommait la Révolution, la force se nommait la Monarchie. César alors était Pitt; à moins que ce ne fût Cobourg.

L'idée était enfermée dans un cercle de feu sur toutes les frontières. Le territoire était envahi. Condé était pris, Valenciennes avait capitulé, deux armées espagnoles avaient franchi les Pyrénées. Une armée piémontaise descendait la pente des Alpes ; une armée vendéenne, commandée par Cathelineau, prenait Bressuire, Thouars, Saumur, Angers, et attaquait Nantes par la rive droite, tandis qu'une autre armée, commandée par Charrette, opérait sur la rive gauche. Marseille, Caen et Lyon levaient le drapeau de la contre-révolution ; Toulon appelait dans son port une escadre anglaise. Nos côtes étaient bloquées, nos finances détruites, nos campagnes stérilisées par la famine, les assignats démonétisés, nos soldats obligés de marcher pieds nus à la victoire, sous des généraux qui portaient hier encore les galons de sergent.

Assurément, la lutte de la force et de l'idée ne fut jamais plus disproportionnée sur aucun champ de bataille. Qui remportera cependant la victoire ? Cette fois-ci, je ne veux pas le dire, pour ne pas humilier la théorie de M. Romieu.

Il y a un homme, non pas un homme, il y a un César, que M. Romieu place dans les étoiles, au-dessus de tous les Césars. Il faut avouer, en effet, que ce fut un grand homme, qui parvint à conquérir, au bout de cent victoires, une tombe à Sainte-Hélène !

Eh bien ! savez-vous ce que disait ce dieu de la force dans une heure de franchise ? « Fontanes ! ce que j'admire » le plus dans le monde, c'est l'impuissance de la force. » L'impuissance de la force ! vous entendez. Vous faut-il encore un autre aveu de ce sublime impuissant, qui ne peut que ravager le monde à coups de canon, sans parvenir à fonder une autre Europe dans un nuage de fumée ?

L'invasion menaçait Paris. Napoléon avait dans les mains mille fois plus de ressources que la Convention pour repousser l'ennemi : il avait d'abord son génie, il avait son état-major, il avait son armée, fanatisée du souvenir de ses conquêtes, et cependant il doutait de la victoire.

La Sainte-Alliance poussait ses avant-postes jusqu'aux buttes Montmartre : Ah ! disait-il mélancoliquement, si je voulais coiffer le bonnet rouge ! c'est-à-dire si je voulais coiffer l'idée, je sens que je battrais encore la coalition !

Il avait fini par reconnaître la supériorité de l'idée sur la force, lui qui avait vu ses meilleures troupes vaincues en Espagne par une idée, et il s'écriait involontairement : « Fontanes, ce que j'admire le plus dans le monde, c'est l'impuissance de la force. »

Mais, force, idée, en vérité je discute par complaisance, car je ne comprends guère ces abstractions, ces quantités algébriques du langage. Qu'est-ce que la force, qu'est-ce que l'idée ainsi séparées l'une de l'autre et opposées l'une à l'autre ? Où est la force qui ne soit plus ou moins une idée ? Mais le sabre est une idée, mais le canon est une idée, mais la poudre est une idée, mais M. Changarnier lui-même est une idée. Et, d'un autre côté, où est l'idée qui ne soit aussi une force ? Mais la légitimité est une force, mais la République est une force, mais le socialisme est une force, mais un livre lui-même est une force, l'*Histoire des Girondins* a été la première barricade de février.

M. Romieu abuse un peu trop des formules et aussi des antithèses. Après avoir dit : force et idée, il dira volontiers : autorité et liberté. Ce sont pour lui deux antinomies séparées de toute la distance de la lune au soleil. L'autorité doit tuer la liberté, comme la force doit tuer l'idée.

Mais qu'est-ce donc que l'autorité dans l'esprit de M. Romieu ? Est-ce l'épée au côté, est-ce l'épaulette, est-ce la paire de menottes, la ligne de télégraphes, la rosette de la croix d'honneur? Non, tout cela n'est pas l'autorité, tout cela n'en est que le costume ; et M. Romieu professe une trop profonde horreur du matérialisme pour confondre le moine et l'habit.

L'autorité est plus sacrée dans son essence ; elle est la vérité assise au pouvoir et acceptée par la nation.

Toute idée qui prétend régner sur un peuple contre l'assentiment de ce peuple n'est pas l'autorité, c'est la tyrannie. Il n'y a donc de véritable autorité, du moins dans nos sociétés modernes, que l'autorité consacrée par l'opinion. M. Romieu paraît un instant s'en être douté, car il dit quelque part : « S'il est un principe qui rassure les États contre » la perpétuelle inquiétude des révolutions, la légitimité » est celui-là ; mais il implique une condition absolue » d'existence et de valeur. *Il faut qu'on y croie.* »

Il faut qu'on y croie ! Voilà, dans ce bas-monde, le sacre de toute autorité, et, pour y croire, il faut qu'une nation n'ait pas pris l'habitude de raisonner, c'est-à-dire de déraisonner. Or, depuis que la France déraisonne, elle n'admet plus qu'un roi soit Dieu sur la terre par délégation.

Si donc l'autorité est la croyance volontairement acceptée par les esprits, comment la liberté peut-elle être contraire à l'autorité ?

Mais c'est la liberté même qui a créé l'autorité en lui donnant son adhésion. La notion d'autorité implique toujours la notion d'assentiment, la notion d'assentiment implique toujours la notion de liberté.

La doctrine de Newton est une autorité en astronomie, parce que la doctrine de Newton est spontanément admise par tous les astronomes. La doctrine catholique est une autorité, parce que cette doctrine est partagée par tous les catholiques.

Un jour, Galilée dit : La terre tourne; le pape lui répond :
La terre ne tourne pas. Le pape a pour lui la force, mais
Galilée a pour lui la raison. M. Romieu voudrait-il me dire
de quel côté était véritablement l'autorité ? Il est chrétien et
savant ; et cependant, si de nos jours on en venait à forcer les
gens de croire, sous peine de l'estrapade, que la terre dort
profondément dans l'espace, à qui obéirait-il ? au pape ou à
Galilée ? à la force ou à l'idée ?

Si je voulais continuer cette critique d'une doctrine qui
n'a pas toujours conscience d'elle-même, je pourrais pousser M. Romieu jusqu'à un certain endroit qui n'est pas
poli. Ainsi, il méprise souverainement la philosophie de
l'histoire. Il déclare que le progrès des sociétés *est une absurdité sans nom que la folie seule des rhéteurs a pu inventer.*
Des rhéteurs ? Ce mot est peut-être sévère pour Turgot,
Condorcet, Herder, Fichte et Guizot. Mais passons. Et cependant M. Romieu admet le progrès des sciences. Il a tort,
je l'en préviens, car si l'*infirme* raison, comme il l'appelle,
ne peut raisonner sainement sur les lois et les faits de l'humanité; comment pourrait-elle mieux raisonner sur les lois
et les faits de la nature? Pourquoi serait-elle infaillible la
loupe à la main, tandis que la plume à la main elle est nécessairement perverse? Est-ce que plume ou loupe ce n'est pas
toujours la même faculté, je voulais dire la même folie ?
Quand elle n'a pas droit de vérité sur les hommes, pourquoi l'aurait-elle sur les pucerons?

Mais je m'arrête, pour ne pas prolonger cette discussion
contre des bons mots tournés en formules. Ce serait en vériter attaché trop d'importance au talent de M. Romieu.
M. Romieu est un homme d'esprit qui a voulu faire une
partie de plaisir en brochure.

Il a réussi à s'amuser in-octavo, et, comme volontiers

je sais entendre la plaisanterie, je prends ma part de gaieté. Il peut, par manière de passe-temps, sonner le glas de la société, la société ne périra pas pour cela. Nous n'aurons pas besoin d'un Messie en moustaches qui vienne prêcher sur la place publique un Évangile de mitraille.

Je suis persuadé que M. Romieu a été le premier rassuré sur le compte des terribles tempêtes qu'il promène dans le ciel au bout de sa baguette. Plus je relis son petit opuscule, plus je vois qu'il l'a écrit sans intention, uniquement peut-être pour adresser une politesse au général Changarnier.

Le général Changarnier est son héros. Il nomme à chaque instant le général Changarnier ; dans l'histoire romaine il ne voit que le général Changarnier. Il pense toujours, en écrivant, au général Changarnier.

« Claude le Gothique, dit-il, était posté aux Thermopyles
» avec deux cents chevaux, soixante archers crétois et mille
» recrues. *C'est ainsi que préludaient les futurs Césars.*
» De nos jours, nous voyons une très-belle lithographie
» qui représente un petit combat livré par M. Changarnier,
» chef de bataillon en Afrique. »

Je n'aime pas à dépasser l'intention de l'auteur, mais M. Romieu n'aurait-il pas encore caché quelque allusion dans ce portrait de Narsès ?

« Ce gigantesque État, créé par douze siècles de héros,
» eut pour dernier capitaine, pour dernier triomphateur,
» un eunuque. Seul, dans l'histoire, un de ces êtres sans
» sexe a commandé des armées. Les rires ne manquèrent
» pas à Constantinople.

» Ce général sans barbe, à la voix féminine, à l'air ti-
» mide et fin, au corps grêle et petit, semblait étrangement
» choisi contre les rudes guerriers qui suivaient Totila.

» L'Eunuque cependant, malgré les murmures, montait
» patiemment à cheval et conduisait son armée avec une
» rare prudence, à travers mille obstacles qui le séparaient
» d'Italie. Il arrive, et les lauriers de Tagina le vengent de
» tant de sarcasmes. Totila, tué dans la bataille, laissa
» Rome et la péninsule entière au pouvoir du vainqueur.

» Narsès est un personnage unique dans les annales hu-
» maines. Sa froide bravoure, son ascendant sur les trou-
» pes, sa ténacité dans les entreprises les plus périlleuses,
» son magnifique gouvernement de l'Italie conquise par les
» armes, pendant les quinze années où Justinien l'y laissa,
» sont, pour l'histoire, un de ces *cas rares* à la façon de
» ceux que remarquent les médecins. Concluons-en que
» les théories matérialistes ont tort et que l'âme de l'homme
» est l'homme lui-même. »

Pourquoi les théories matérialistes auraient-elles tort, seulement à propos de Narsès ? Si la force est supérieure à l'idée, la matière, évidemment, est supérieure à l'esprit, à moins qu'il entre plus de matière dans une idée que dans un boulet.

Mais si M. Romieu ne croit qu'à la force, pourquoi a-t-il occupé sa raison à écrire un livre qui ne peut en conscience s'adresser qu'à ma raison ? Ma raison est corrompue, ainsi que sa raison. Il a fait un acte de folie en deux cents pages, et je lui réponds, à mon tour, en dix pages par un autre acte de folie. Puisque la pensée est erreur et la force vérité, il n'avait pas besoin de m'envoyer son ouvrage ; — que ne me tirait-il plutôt un coup de pistolet ?

XI.

DELÉCLUZE.

LA POÉSIE AMOUREUSE.

Je fis, pour la première fois, mon entrée à Florence un soir d'été, je ne sais plus quelle année. J'étais seul, à pied, et pour le dire en passant, aussi poudreux qu'un arbre de grand chemin.

— Voilà le fils du Juif-Errant! dit un douanier.

Et pour s'en assurer, il me demanda mon passe-port.

Il le lut quatre fois d'un bout à l'autre, en le tenant à l'envers. Il le lirait encore si je ne lui avais glissé une pièce dans la main, pour terminer la lecture.

Au premier pont de l'Arno, je rencontrai une jeune fille qui chantait devant un café, en s'accompagnant de la guitare. Elle avait l'œil noir, le jupon court, le brodequin serré et le voile florentin rejeté sur l'épaule. Elle portait coquettement une rose à moitié épanouie à la ceinture.

Dès qu'elle m'aperçut, elle interrompit sa chanson, vint à ma rencontre, me jeta un salut de la main et me dit en souriant :

— Sois le bien venu parmi nous, toi qui parais arriver de si loin, de l'autre côté de la montagne.

Si ma chanson peut te plaire, arrête-toi un instant pour l'écouter, avant que le soleil ait disparu là-bas derrière les cyprès.

Car, après cela, la javelle flambera dans l'âtre, pour le souper, et j'irai porter à ma mère le prix de ma journée.

Après l'étape de Pise à Florence, consciencieusement faite le sac sur le dos, j'avais l'imagination médiocrement tournée à la poésie, en plein vent, de la guitare. Je tirai de ma poche un paolo, c'était à peu près le dernier.

— Tiens, lui dis-je, à charge de revanche.

Elle prit mon offrande avec empressement, me fit la révérence, remit sa mandoline sous son bras et remonta, le pied léger, la rue du Long-Arno.

Le couplet, sans doute, avait été ingrat ce soir-là, et la jeune fille attendait une aubaine pour souper.

J'allais, de mon côté, poser le bâton et dénouer la boucle de mes guêtres dans l'osterie de la signora Zitta. Dieu bénisse à jamais la signora, malgré son antiquité, pour l'hospitalité qu'elle m'a donnée. Elle devait sûrement, à en juger sur la mine, avoir été sibylle du temps de Michel-Ange.

Ce qu'elle appelait un lit était simplement un châssis de planches posé sur deux tréteaux et couvert d'une paillasse. Je n'ai jamais connu dans ma vie une paillasse plus brutale pour le corps humain. Ce qu'elle nommait une salle à manger était modestement une cave voûtée, peinte à fresques et garnie d'une double rangée de barriques. Les lapins broutaient à nos pieds, sous la table, pendant que nous mangions sur leur tête leur père en civet.

N'importe ; au retour d'une visite au musée, je trouvais

toujours une incomparable vertu au plat de champignons frits et au petit vin doucereux de la signora, car, grâce à ses agapes au rabais, à la lueur d'une lanterne, j'ai pu fréquenter un mois de plus la Vénus du Titien et la Vierge au Chardonneret.

Un jour j'étais assis sur la dernière marche de l'église de Santa-Croce, occupé à noter je ne sais quelle inscription de tombeau, lorsqu'en relevant la tête j'aperçus devant moi la chanteuse de romances que j'avais rencontrée, le premier soir, sur le pont de l'Arno.

J'eus peine d'abord à la reconnaître. Elle avait déposé la mandoline, comme si dans l'intervalle elle avait changé de vocation. Elle portait à ce moment-là un chapeau de paille, rubans au vent, et une corbeille remplie de bouquets.

— Voici ma corbeille, dit-elle ; choisis la fleur qui te plaira. Je saurai qui tu aimes et je te le dirai.

Je pris un bouquet de verveine.

— Tu aimes une muse, me dit-elle. Serais-tu, par hasard, un rêveur d'Allemagne à la recherche d'une élégie ?

— Tu pourrais te tromper, lui répondis-je. Je suis né à un autre soleil, et si j'aime une muse, je dois avouer qu'elle me paie médiocrement de retour. Mais toi, qui es-tu, pour venir apporter à l'étranger ton sourire et ton parfum ? Es-tu, dis-le-moi, la sœur cadette de Mignon, la fée errante de l'Arno, une ondine ? — On appelle ainsi la fée de l'eau dans ma patrie.

—Rien de tout cela, répondit-elle avec une charmante vivacité. Je suis Thérésine. Si jamais tu oublies ce nom-là, tu peux le redemander à toutes les pierres du pavé de Florence. Je crois bien que toutes, un jour ou l'autre, ont connu et nommé Thérésine.

Je suis fille d'un savant abbé, à ce qu'on m'a dit, bibliothécaire de San-Lorenzo, qui est mort de faim pour avoir trop aimé l'étude et la danse dans la personne de ma mère, première balerine de la Pergola. Mais, avant de mourir, il a voulu faire lui-même mon éducation. Il m'a enseigné la poésie rimée et non rimée, ballade et légende. A l'âge de dix ans, je savais par cœur la *Divine Comédie*, et je pouvais même à l'occasion tourner un sonnet.

Après avoir été la gloire du menuet, ma mère perdit peu à peu en vieillissant la grâce de la pirouette et finit par tomber dans la misère. Comme j'avais une belle voix et une bonne mémoire, elle m'envoya défiler sur la place publique le chapelet de strophes que j'avais apprises sur les genoux de l'abbé.

Mes chansons plurent d'abord aux dilletanti de café, surtout aux étrangers. Voilà pourquoi j'ai gardé au fond du cœur un grain de reconnaissance pour tous les voyageurs.

Mais quand j'eus chanté mainte et mainte fois mon répertoire à chaque borne, je perdis peu à peu l'oreille du public. Le grand-duc lui-même cessa d'arrêter sa calèche pour m'écouter au retour de sa promenade aux Cascine.

Alors, pour rappeler l'attention, j'ai pris sur moi d'inventer au hasard de nouvelles ballades. Le bon Dieu vient à mon secours, et lorsque je commence à toucher ma guitare, il m'envoie quelqu'un pour me dire les paroles. Je ne vois pas ce quelqu'un, mais je l'entends. Les jeunes gens de la ville disent alors que j'improvise, et lorsqu'ils passent devant moi, ils me disent : Thérésine, chante-nous une romance sur la mort d'un peintre amoureux d'une grande dame ; et je leur chante la romance.

Je regardais Thérésine pendant qu'elle me racontait son histoire. Je remarquai qu'elle portait encore ce jour-là un bouton de rose à sa ceinture.

— Thérésine, lui dis-je, pour qui as-tu mis là cette rose? Est-ce pour le grand-duc, par hasard?

— Pour personne, répondit-elle. Je l'ai dédiée à la madone qui veille à mon chevet.

Je vis passer, à ce mot, une ombre rêveuse sur son regard.

Depuis un moment nous gardions le silence. Le soleil était couché. L'*Ave Maria* tintait. Une procession de femmes traversait le cloître de l'église pour aller prier.

Thérésine accompagna la procession, et je suivis son exemple. Au milieu de l'allée du cloître, elle mit un genou sur une dalle et récita son rosaire.

Après avoir achevé sa prière, elle se signa, et se leva avec cette paisible majesté de la femme du peuple en Italie. Puis me voyant encore debout à son côté, elle me dit, en frappant la dalle du pied avec un accent d'inspiration :

— Sais-tu qui repose là-dessous?

Je me penchai et je ne vis qu'une inscription gothique à peu près effacée sous le pas du fidèle :

— Ici repose la fille de *Portinari*.

— De *Portinari?*... répétais-je en recherchant ce nom égaré dans ma mémoire.

— Oui, la maîtresse de celui qui revient des enfers.

— Du Dante ; je me rappelle ce nom maintenant. Tu as sans doute parlé de Béatrice ?

— Oui, répondit-elle, et si tu veux connaître son histoire, la voici :

En disant ces mots, elle tira de sa corbeille un volume un peu plus gros qu'une tabatière et me le donna.

C'était un livre copié à la main et relié en basane. L'écriture était moderne, fine, déliée, élégante comme l'écriture d'une jeune fille. Je crus deviner la main du copiste ; le titre portait *Vita nuova*; c'était la *Vie nouvelle* du Dante, que la chanteuse promenait cachée sous les fleurs au milieu des rues de Florence.

— Lis cela, dit-elle, et quand tu l'auras lu, tu viendras quelquefois rêver dans cette allée.

Elle tourna ensuite les talons, descendit rapidement l'escalier de l'église, lança une sympathique roulade à la première étoile du soir qui montait en ce moment sur le campanile, et disparut au milieu des groupes épars sur la place de Santa-Croce.

J'ai connu ainsi cette mystique poésie de la *Vita nuova*, que M. Delécluze vient de traduire, et, en la lisant, je pensais qu'un écrivain de talent devait écrire, un jour ou l'autre, l'histoire de l'amour.

Je rappelle avec bonheur cette prophétie, en songeant que M. Delécluze a tenu parole à cette prévision de jeune homme, murmurée dans le flot, et depuis évanouie avec le murmure de l'Arno.

Quelle belle histoire, en effet, pour un poëte savant, que celle de l'amour, ou plutôt de l'influence de la femme dans l'humanité ! C'est l'histoire de l'âme humaine depuis le premier jour de la Genèse ; c'est la lutte de la Beauté et de la Force, de la pudeur et de la sensualité ; c'est l'Ève éternelle éternellement gémissante, relevée jour par jour de sa première déchéance, et relevant l'homme avec elle par la grâce mystérieuse de sa tendresse, conquérant successivement la robe, la lampe, la ceinture, la chasteté, la dignité ; c'est la mère, c'est la sœur, c'est la fiancée, c'est la muse, c'est l'initiation successive de l'homme à l'idéal, c'est sa vibration, c'est sa joie suprême, c'est sa rentrée dans l'Éden, c'est sa participation à la divinité.

Il y a toujours eu deux sortes d'amours : il y a l'amour

du corps et l'amour de l'esprit, l'amour d'Alcibiade et l'amour de Diotyme, la Vénus vulgaire et la Vénus Uranie, la volupté et la sainteté, Aspasie et Hypathie, Jeanne d'Arc et Ninon.

M. Delécluze a retrouvé les deux amours au moyen âge, et il les montre tous les deux à nos regards, sous la figure des deux poëtes, ou plutôt d'un poëte et d'un trouvère, de Dante Alighieri et de Raimbaud comte d'Orange.

Dante est disciple de Platon. Il aime une amante mystique perdue dans le ciel de la poésie. Il l'a connue cependant lorsqu'elle portait, parmi les vivants, le nom de Béatrice. La fiancée de son âme lui est apparue un jour pour disparaître à jamais. Il suit toujours du regard l'incomparable vision. Toutes les fois qu'il rêve, sa rêverie prend la forme de Béatrice.

« Quand elle passait dans la rue, dit-il, chacun courait
» pour la voir, ce qui me causait une joie ineffable ; et quand
» elle s'approchait de quelqu'un, celui-là se sentait le cœur
» rempli d'une telle modestie, qu'il n'osait ni lever les
» yeux, ni répondre à son salut. Plusieurs l'ont éprouvé
» qui pourraient rendre témoignage du fait à ceux qui se-
» raient tentés de le nier. Quant à elle, couronnée et vêtue
» de modestie, elle marchait, ne montrant aucun orgueil
» de ce qu'elle voyait et entendait. Quand elle était passée,
» les uns disaient : ce n'est point une femme, mais un des
» plus beaux anges du ciel ; d'autres : cette femme est une
» merveille. Que le Seigneur, qui a fait une si belle œuvre,
» soit béni ! »

Dante avait vu passer Béatrice, et depuis lors il l'aima toujours comme l'eucharistie visible de la beauté. Il l'aima jusqu'au delà du tombeau. Il entendit sans cesse frémir dans l'air les plis de son linceul, lorsqu'elle montait, emportée dans les bras des anges aux pieds du Seigneur. Il sentait involontairement à ce nom sa chair vibrer jusque dans la dernière fibre et sa lèvre chanter. « Pars, gentille ballade, dit-il dans un sonnet, va retrouver Béatrice ; lorsque je la revois de la pensée, je n'ai plus d'ennemi. »

Raimbaud d'Orange, au contraire, est le poëte sensuel de la chevalerie. Il aime comme un chevalier, c'est-à-dire comme un palefrenier. La langue française a évidemment calomnié les barons du treizième siècle. Elle leur a attribué un platonisme qu'ils n'ont jamais connu ni désiré connaître.

« J'enseignerai aux galants, dit le comte d'Orange, la
» vraie manière d'aimer. S'ils suivent mes leçons, ils feront
» rapidement de nombreuses conquêtes. Voulez-vous avoir
» des femmes qui vous mettent en renom ? Au premier mot
» désobligeant qu'elles répondront, prenez un ton mena-
» çant. Répliquent-elles, ripostez par un coup de poing.
» Font-elles les méchantes, soyez plus méchant qu'elles,
» et vous en ferez ce qu'il vous plaira : médire et mal
» chanter vous procureront des bonnes fortunes, même
» des meilleures, pourvu que vous y joigniez beaucoup de
» présomption et de suffisance. Faites l'amour aux plus
» laides, montrez de l'indifférence aux belles, c'est le
» moyen de réussir. Mais, hélas ! je n'en use pas de la
» sorte, car mes vieilles habitudes sont incorrigibles. Sim-
» ple, doux, humble, tendre et fidèle, j'aime les femmes
» comme si elles étaient toutes mes sœurs. Oh ! gardez-
» vous de suivre mon exemple et retenez bien mes précep-
» tes, si vous craignez les tourments de l'amour. »

Cette leçon d'amour à coups de poing n'est pas simplement la boutade d'un amoureux trompé ; elle est, pour qui a pénétré par l'étude dans le secret des donjons, une théorie, plus ou moins adoucie à la pratique, du moyen âge tout entier. Il suffit de songer, pour en être certain, que le droit de prélibation, qui soumettait la nouvelle mariée au seigneur, existait alors presque partout.

Le trouvère d'ailleurs devait unir à son talent de poëte une escorte grotesque d'autres talents qui pouvait difficilement spiritualiser la poésie et, par la poésie, l'amour. Non-seulement il était poëte, mais encore jongleur. Non-seulement il devait savoir bien trouver, c'est-à-dire bien rimer, mais encore bien battre du tambour, bien jeter les pommes en l'air et les recevoir sur la pointe d'un couteau, imiter le chant du rossignol, escamoter les corbeilles, sauter à travers les cerceaux, jouer de la cidale et de la mandore, manier la manicarde ou la guitare, et bien accorder la gigue pour égayer l'air du psaltérion.

Ainsi donc, à chaque page du livre de M. Delécluze, nous rencontrons alternativement les deux amours. Il n'est pas, en effet, un génie, depuis Platon, qui n'ait trempé sa lèvre à l'une ou l'autre coupe, subi l'une ou l'autre influence. Dante a connu Béatrice; Boccace, Fiammetta; Pétrarque, Laure; Michel-Ange, Vittoria Colonna; Bembo, la Morosine; Le Tasse, Éléonore; Raphaël, la Fornarine, Pascal, la duchesse de Roannez; l'abbé de Rancé, Mme de Montbazon; saint François de Sales, Mme de Chantal; Fénelon, Mme de Guyon; Rousseau, Mme d'Houdetot; Voltaire, la landgrave de Bareith; Mirabeau, Sophie; Goëthe, Bettine; Chateaubriand, Mme Récamier; Léopold Robert, Charlotte Napoléon; Byron, qui pourrais-je nommer?

Un jour viendra où une nouvelle critique pourra juger le caractère de chaque génie par le caractère de la muse vivante assise à son chevet. Dis-moi qui tu as aimé, je te dirai qui tu es dans le panthéon de l'histoire.

En attendant ce jour, nous pouvons affirmer, dès à présent, que la femme, de plus en plus élevée en puissance de grâce et de sympathie, agit de plus en plus sur l'esprit de l'homme, l'épure, l'ennoblit, le convertit de plus en plus à cet idéal sacré du cœur qui est l'héroïsme de l'amour.

M. Delécluze aura témoigné à son jour de cette vérité. Il a bien mérité par là de notre génération. Il a démontré ainsi la loi la plus contestée du progrès. Sa démonstration est plus qu'une certitude, elle est encore une consolation.

J'avais lu la *Vita Nuova*, et je voulus rendre à Thérésine le volume qu'elle m'avait prêté. Je la cherchai pendant une semaine sur le quai du Long-Arno, où elle écoulait à tour de rôle ses bouquets et ses couplets; mais je ne pus apercevoir nulle part son chapeau de paille ni sa guitare. Était-elle morte? était-elle absente? Qui pourrait me le dire dans cette ville où je connaissais tout au plus la lave du pavé?

L'Arno continuait de couler, voilà tout ce que je savais, et la jeunesse de fumer son cigare comme par le passé.

Pour éclaircir ce mystère, je me hasardai un jour à interroger la signora Zitta.

— Bah! me dit-elle au nom de Thérésine, ce sera la quatrième qui sera partie cette année. Elle court sans doute le pays dans la calèche de quelque Anglais. L'Angleterre ne nous laissera pas une bouquetière à Florence. Il faut croire que, de l'autre côté de la Manche, on aime bien la fleur, pour prendre ainsi la femme par-dessus le marché.

J'oubliai Thérésine, et quelque temps après je partis pour les États-Romains.

L'idée me prit un jour de visiter les tombeaux étrusques de Corneto, et de revenir à Rome par Ronciglione.

Je partis un matin de Corneto, et, sur la foi de la carte de Nibby, je m'aventurai dans le désert de la campagne. Je me trompai sans doute de direction, car j'errai tout une journée à travers ce lugubre cimetière d'une civilisation évanoüie, sans pouvoir trouver un pâtre à qui demander mon chemin.

Le sol étalait à perte de vue devant moi une herbe couleur de bitume, brûlée jusqu'à la racine par le vent d'été. Je suivais un sentier poudreux tracé par le pied des troupeaux, où le souffle du soir tourbillonnait çà et là, et emportait dans son tourbillon une spirale de pouzzolane. Le soleil commençait à baisser et à étendre sur la montagne le manteau sinistre du crépuscule.

Je finissais par douter de l'existence humaine au milieu de cette contrée. J'escaladais, dans cette pensée, le cratère éteint du lac Vico. Une fois là, je vis Ronciglione descendre en gradins la rampe abrupte de la colline. Mais à la porte de la ville, je trouvai un homme armé d'un fusil, qui me coucha en joue et me somma de rebrousser chemin.

Le choléra régnait à Rome en ce moment, et pour éviter la contagion, la population du voisinage barricadait partout sa cité. Je mourais de faim après cette journée de jeûne forcé. Je savais que la campagne de Rome était mortelle au voyageur pendant la nuit d'été. Je maudissais la curiosité des tombeaux et la carte de Nibby, lorsque j'aperçus à droite, sur la hauteur, une villa qui, par sentiment de noblesse, devait m'accorder l'hospitalité. Noblesse engage, disais-je intérieurement, même la pierre de l'édifice.

J'allai frapper à la villa; elle resta impitoyablement fermée. Elle était habitée, cependant. Un chien aboyait, une cheminée fumait, mais personne ne vint m'ouvrir.

Je fis le tour de la maudite demeure pour chercher une autre entrée, et après avoir interrogé de tous côtés la muraille silencieuse, je m'assis de désespoir, au pied d'une terrasse, sous un berceau d'orangers.

Je réfléchissais au moyen de pénétrer la nuit, en contrebande, à Ronciglione, au risque d'attraper en chemin la balle d'une sentinelle, lorsque tout à coup j'entendis un cri au milieu des branches du berceau, et je sentis tomber à mes pieds une pluie de verveines.

Je levai la tête, et je vis sur la terrasse une jeune femme nonchalamment accoudée; elle était coiffée de l'écharpe romaine, or et pourpre, et vêtue d'une robe de mousseline. Comme j'avais l'imagination encore pleine de la *Vita nuova*, je la pris pour une nouvelle apparition de Béatrice. Le soleil couchant, qui l'enveloppait toute entière de sa splendeur comme d'une auréole, contribuait encore à l'illusion.

— Je t'ai reconnu, dit-elle, à ton costume; mais il paraît que tu ne peux pas en ce moment me payer de retour. N'importe, si tu veux monter, nous pourrons renouer connaissance.

En disant ces mots, elle m'indiqua du geste une grille en fer au bout de la terrasse; elle vint m'ouvrir elle-même et croisa ses bras sur la poitrine.

— Me reconnais-tu à présent, me dit-elle, voyageur oublieux, qui sèmes le souvenir à tous les vents du chemin?

— Oui, dis-je, à ta parole, car ta figure a pris, en quelques tours de soleil, je ne sais qu'elle forme dernière qui est la consommation de la beauté. La fleur a mûri. Tu es femme maintenant.

— Mieux encore, reprit-elle. Je suis princesse, du moins pour le moment. Mais ne va pas croire que je sois une fée pour cela, comme tu disais. Je suis simplement Thérésine. On est seigneur ici à bon marché. Pour peu qu'on soit tenté d'être gentilhomme, avec un millier de ducats, on achète une principauté, le blason compris. Le prince qui m'a fait princesse est un roulier retraité de la place Navone.

Thérésine était richement vêtue, couverte de pierreries : elle portait un collier et des bracelets garnis de rubis. Une montre, que je soupçonnais de Bréguet, avait détrôné la rose de sa ceinture et pendait orgueilleusement à son côté.

— Qu'as-tu fait de la fleur que tu avais là ? lui dis-je d'un ton de reproche.

Thérésine rougit et garda le silence.

— Et que dira la madone ?

La madone, dit-elle, n'a rien su. Je lui avais mis mon voile sur la tête.

— La dédicace t'aura porté malheur, Thérésine. Mais, dis-moi, où est ton prince, que j'aille lui tirer ma révérence et lui demander à souper ? car, entre nous, je n'ai rien pris de la journée, et cette maudite ville de Ronciglione m'a offert le couvert au bout d'un fusil.

— Dieu soit loué, dit-elle. Je paierai une dette, enfin. Te rappelles-tu le jour où tu m'as donné un paolo, en me disant : A charge de revanche ? Je n'avais pas ce soir-là une obole pour souper. J'allais me coucher à jeun sans ton assistance. Tu courais tout à l'heure ce même danger. Mais le Seigneur qui acquitte toujours un service rendu, t'a jeté sur mon passage. Je vais prendre ma revanche Donne-moi la main. L'*Angelus* vient de sonner. La table doit être servie. Tu me raconteras ton histoire au dessert.

Et quant au prince, le plus digne et le plus crédule marchand qui exista jamais, je le remercierai pour toi à son retour. Il a peur du choléra, et pour écarter le danger, il est allé faire une neuvaine à Viterbe. Il a l'esprit malade, et il compte sur un miracle de sainte Rosalie.

Je soupai avec Thérésine, en compagnie du confesseur de son mari ; je dis de son mari, uniquement sur la foi du confesseur, qui m'assura que Thérésine était véritablement mariée, et par contrat princesse à perpétuité.

Le lendemain matin j'allai prendre congé de mon hôtesse.

— J'ai toujours un livre à toi, lui dis-je en lui serrant la main avec un redoublement de tutoiement, pour profiter de l'occasion de tutoyer au moins une fois dans ma vie une princesse ; je te renverrai ton livre par la première occasion.

— Garde-le, dit-elle d'un ton sérieux, je t'en fais cadeau. Et toutes les fois que tu parleras au public de la femme, ou seulement que tu méditeras en secret sur sa destinée, songe au Dante et à celle-là qui porta aussi, comme le Dante, une âme sacrée, et qui passera sans l'avoir révélée aux vivants.

Une larme humecta sa paupière. Je la quittai, elle m'accompagna un instant du regard ; depuis lors, je ne l'ai plus revue. Mais lorsque je soulève le problème du progrès au fond de ma pensée, je bénis du souvenir la chanteuse de rue qui m'a initié comme Diotyme initia le philosophe d'Athènes à l'amour sacré.

XII.

PROUDHON.

LES CONFESSIONS D'UN RÉVOLUTIONNAIRE.

J'ai calomnié M. Proudhon. Je lui en fais humblement mes excuses. Puisque nous devons nous confesser les uns après les autres, voilà ma confession.

Je l'ai pris d'abord pour un tapageur d'idées, qui passait ses nuits à la belle étoile, et par cette raison voulait empêcher le quartier de dormir. Je lui reprochais certaines façons cavalières avec la réputation, qu'en mon âme et conscience j'ai toujours tenue pour une honnête fille qui veut être épousée et non pas enlevée. Je n'ai jamais aimé, je l'avoue à la honte de mon tempérament, les systèmes qui portent le poing sur la hanche, le chapeau sur l'oreille. Leurs allures délibérées ressemblent à des provocations. Sous prétexte de vouloir vous convertir, ils ont toujours l'air de vous chercher querelle. Quand d'aventure je les rencontre dans la rue, je suis tenté d'appeler la police.

Je me suis trompé. *Confiteor.* J'ai bientôt compris que M. Proudhon n'était pas l'enfant de la philosophie, tourné au mauvais garnement, qui avait juré de faire mourir sa mère de chagrin.

Et plus tard, quand j'ai vu M. Proudhon colleter la Providence pour la mettre à la porte de l'univers, je me suis dit : Cet homme échappe à notre mesure, nous ne pouvons le nommer d'aucun nom du dictionnaire. Il n'est ni vous, ni moi, ni celui-ci, ni celui-là. Il est un esprit d'un autre monde, né je ne sais où d'un baiser de la Nuit et de Manfred. Les Ménades du temps l'ont ramassé au pied d'un cep du Jura. Elles lui ont écrasé sur les lèvres toutes les grappes du siècle ; elles l'ont enivré de toutes les ivresses de la raison. Et maintenant, et depuis l'heure où il a pu marcher seul, il promène, à la barbe des peuples, le rire le plus diabolique qui ait jamais été inventé, le rire de la métaphysique.

Oui, il est le paroxisme d'une philosophie aux abois qui, ne pouvant expliquer ni la Providence, ni l'humanité, prend la Providence pour une mystification, et l'homme pour un accès de folle gaieté. Dieu est parti, nous dit cette philosophie. Au premier regard qu'il a voulu jeter sur la création, cette création lui a paru une si violente bouffonnerie, qu'il s'est sauvé en riant, et il court encore. Depuis lors le ciel est désert, et dans le vide immense des mondes, il n'y a plus à la place de Dieu qu'un immense éclat de rire.

Et cette doctrine de M. Proudhon, qui semblait faire de l'humanité une simple épigramme de la raillerie universelle en suspension dans les espaces, confondait d'horreur toutes nos petites notions de critique. Nous nous disions évidemment : Une semblable doctrine doit être signée d'un pied fourchu ; elle ne peut manquer d'exhaler à la lecture une odeur de soufre qui trahit son origine. Je la flairais d'un nez aussi attentif que M. Orfila à la recherche d'un parfum d'arsenic. Je cherchais dans mes poches quelque formule d'exorcisme pour échapper à M. Proudhon. Et le jour, la nuit, je voyais sans cesse devant moi ce logogriphe en lunettes penché sur mon bureau. Je le regardais, il me regardait. Il me semblait voir une flamme livide miroiter sur sa figure.

J'attendais toujours l'instant où il allait flamber comme une mofette de solfatare et me sauter à la gorge, dans une bouffée de fumée. Je suais toutes mes sueurs, je lui criais : Qui es-tu, d'où viens-tu, que me veux-tu, comment te nommes-tu, ô fantôme, qui es là toujours debout? te nommes-tu scepticisme? te nommes-tu contradiction? te nommes-tu néant? te nommes-tu démon? et l'impatience me gagnait. Je lui eusse volontiers jeté mon écritoire à la tête comme Luther.

Eh bien ! je me trompais. *Confiteor* de nouveau. M. Proudhon n'est pas un bretteur d'idées, qui a besoin de se refaire la main dans n'importe quel duel; un virtuose d'escrime qui tue honnêtement son adversaire, uniquement pour leur enseigner un nouveau coup d'épée. Ce n'est pas non plus, comme nous le lisions dans les journaux et comme nous l'avons cru sur la foi de ces journaux, un évadé de l'enfer qui s'est laissé tomber par mégarde dans un bénitier et qui crie maintenant à faire crouler les voûtes de l'église.

M. Proudhon est simplement un homme d'esprit qui a inventé, à ses moments perdus, une méthode de philosophie assez comparable à la vapeur, pour abréger les distances; il a voulu gagner le temps de vitesse.

Je suppose qu'à ses débuts M. Proudhon fût venu apporter à la publicité un charmant petit opuscule profondément élucubré, soigneusement élaboré, où il eût prouvé, dans toute la splendeur de sa raison, par les arguments les mieux triés, et dans les phrases les plus polies, que la propriété était une institution à la fois immuable et progressive, qui devait vivre éternellement, sans doute, mais qui devait aussi attirer sans cesse à elle un plus grand nombre d'élus, M. Proudhon aurait dit assurément une vérité.

Mais qui donc se serait retourné dans la foule pour s'occuper d'un opuscule qui n'a qu'une vérité à raconter aux passants? M. Proudhon n'a pas voulu grossir d'une brochure de plus la dette flottante de l'oubli. Il a fait un petit livre, où il a imprimé ces mots : *La Propriété c'est le Vol.* Autrement dit, il a tiré un coup de pistolet dans la rue, et aussitôt tous les passants sont accourus, tous les bourgeois ont mis la tête à la fenêtre. M. Proudhon leur a flegmatiquement envoyé sa révérence et leur a dit sans broncher : Veuillez vous rappeler mon nom, c'est moi qui ai lâché ce coup à vos oreilles.

Et le nom de M. Proudhon a volé de bouche en bouche en quelques instants. — As-tu entendu? disait l'un. — Oui, disait l'autre.

Il prétend que la propriété est un vol, conséquemment que les propriétaires sont des voleurs. Mais je possède, dans un coin, une platebande de laitues, c'est donc une injure personnelle que M. Proudhon m'adresse dans la personne de ma plate bande. A la première occasion, je vengerai sur son dos l'honneur de mes laitues. Et le nom de l'écrivain vola rapidement sur l'aile de l'anathème, à l'extrémité de l'Europe. M. Proudhon pouvait désormais publier ses idées; il était certain de trouver des lecteurs. Il avait raccourci de je ne sais combien d'années le surnumérariat de la réputation.

Début engage comme noblesse. Si plus tard M. Proudhon avait dit : Dieu est Dieu ; c'est encore la meilleure définition ; mais il ne faut pas mettre Dieu partout, comme l'*Univers*, qui ne veut jamais que les hommes aient le mérite de faire eux-mêmes leurs sottises. Ainsi M. Falloux vote l'expédition de Rome. Ah! bien oui, dit l'*Univers*, qui a toujours un pied dans l'antichambre du ciel, c'est Dieu qui a voté l'expédition. M. Oudinot canonne pendant un mois le bastion numéro huit, c'est encore Dieu qui a pointé le canon. Le président de la République française écrit une lettre au pape, c'est toujours Dieu qui a écrit la lettre du président. M. Proudhon a donc raison de croire que la Divinité n'est pas une marionnette dont les abbés de l'*Univers* tiennent la ficelle.

Oui, dans les choses de l'histoire, il y a toujours deux parts à faire : une part à l'intervention divine, une part à la liberté humaine. Toutes les fois, en effet, que nous voyons une loi universelle, invariable, antérieure, postérieure à toutes les modifications de société, entraîner événements et peuples dans son tourbillon plus fatalement que la terre entraîne cités et montagnes dans sa rotation, oh! alors, arrêtons-nous avec respect : Dieu est là ; nous ne pouvons violer la consigne.

Mais lorsque nous trouvons devant nous un cas particulier qui rentre plus ou moins dans les dix millions de combinaisons d'imprévu qu'une loi générale s'accorde à elle-même, pour être véritablement une loi générale; un accident qui n'a pas plus sa raison d'être que tout autre accident, absolument comme M. Giraud n'a pas plus de raison d'être ministre que M. Faucher, — oh! alors, je me reconnais dans cet accident. Je me dis : l'homme est là, et je m'insurge au besoin. J'ai ainsi une mesure certaine pour faire le départ entre ces deux idées ; pour renvoyer à Dieu ce qui est à Dieu, et à M. Giraud ce qui est à M. Giraud.

Si M. Proudhon avait exposé une semblable théorie, il aurait assurément démontré une vérité. Mais la vérité eût facilement risqué de rester jusqu'au dernier exemplaire en magasin. Il eût enrichi d'un nom de plus l'interminable catalogue des anonymes. Il eût marché, sur ses deux pieds, dans le grand chemin comme vous ou moi, qui avons l'ingénuité de marcher ainsi depuis l'âge de raison. Il fut mieux inspiré. Il annonça publiquement que nous nous étions trompés de bout jusqu'à présent, qu'il avait trouvé le vrai sens du corps humain, et que pour le montrer il allait voyager à l'avenir sur la tête. Et il écrivit cette théorie du monde renversé, sous cette belle formule : *Dieu est Satan*.

Et aussitôt quiconque savait lire s'est récrié d'horreur. — As-tu vu, disait celui-ci, ce monstre qui se promène sens dessus dessous, la tête dans son soulier ? — Oui, je l'ai vu, répondait celui-là. — Lapidons-le à frais communs, car il doit être sorcier. Et alors M. Proudhon s'est redressé sur ses jambes, et leur a de nouveau tiré une révérence.

— Mes bons amis, leur a-t-il dit à mi-mot, vous pourriez bien avoir la berlue. Si vous aviez voulu faire attention à mes paroles, vous auriez vu que je ne pouvais marcher autrement que sur mes talons. Vous avez voulu me lapider, et je vous en remercie. Car on ne peut plus oublier dans ce bas monde un homme qu'on a voulu corriger à coups de pierres de ses erreurs. Je me nomme Proudhon, et je suis bien aise de pouvoir compter sur votre mémoire, car j'ai encore quelques sacs de vérités à vider. Comme je vous tiens pour de vrais enfants, j'ai inventé une nouvelle forme d'apologue. Seulement, au lieu de mettre ma vérité sous le nom des grosses bêtes, je la mets sous le couvert des grosses paroles : *La propriété est le vol* : fable. **Dieu est Satan** : fable. Courez à la morale.

Si M. Proudhon avait dit : L'intérêt de l'argent doit baisser par la crue progressive des richesses, pour mettre sans cesse à meilleur marché l'instrument de rédemption dans les mains du travailleur, pour enrichir les pauvres par les riches, sans dépouiller les capitalistes d'un centime, réaliser l'égalité en haut dans l'aisance, et non point en bas dans la misère, M. Proudhon eût dit, à coup sûr, une vérité. Mais il n'eût dit qu'une vérité on ne peut plus modeste, on ne peut plus vertueuse, digne en tout point du prix Monthyon. Pour lui faire les plus petits honneurs de l'in-octavo, il se serait inutilement ruiné en frais de papier. Ses démonstrations n'eussent trouvé de lecteurs que chez les commissionnaires qui lisent les enveloppes de paquets.

M. Proudhon n'a pas voulu avoir à se reprocher un pareil excès de candeur. Il a montré au peuple une baguette et il a dit : Vous voyez cette baguette ! Eh bien ! avec cela je ferai jaillir à flots les sources du crédit. Je vais vous prêter gratuitement tout l'argent qu'il vous faudra. Quand je dis l'argent, je veux dire le papier ; car j'ai la prétention de donner une telle correction aux écus, qu'ils n'auront jamais la vergogne de revenir. Avant dix ans, je vous promets que l'on ne trouvera plus une pièce de cinq francs qu'à force de recherches dans les traités de numismatique. Vous pouvez prendre en toute assurance mon papier, car vous verrez la signature de Dieu à l'endos. Or, vous sentez que Dieu ne peut pas manquer à sa signature.

Et alors le public s'est écrié : Il faut être athée à tous les degrés de l'athéisme, pour monter une commandite sous la raison sociale : le bon Dieu et compagnie ! Mais ce monsieur Proudhon est un sacrilége à faire pleuvoir des cataractes du ciel, dix mille choléras sur la République! Qu'il soit donc maudit dans sa chair et dans son nom, dans son esprit et dans ses œuvres, dans sa banque et dans ses billets, dans ses disciples et dans ses articles, et que la malédiction reste sur lui et les siens jusqu'à la troisième génération.

— Je vous remercie, a répondu M. Proudhon, d'avoir bien voulu me maudire. On n'oublie plus un homme qu'on a maudit, et j'ai encore besoin pour quelque temps de votre souvenir.

Récidive engage non moins que début. Si M. Proudhon avait dit encore : Sous un régime de démocratie, l'initiative gouvernementale doit surtout venir de la nation. L'opinion publique est l'unique souveraineté en action qui doit inspirer, diriger la politique, nommer et déplacer les magistrats. Il est évident que par la marche des temps et la diffusion des idées, les peuples tendent à être de plus en plus libres, de moins en moins gouvernés. Car les gouvernements, dans leur meilleure acception, ne sont que les tutelles des civilisations à l'état de minorité. Il arrivera donc un jour où l'élection par en bas détrônera l'investiture par en haut dans tous les ordres de fonctions.

Mais si j'émettais cette proposition en termes aussi simples et aussi admissibles du vulgaire, je ne ferais que la théorie bien connue du *self government;* je prêcherais la moitié d'une vérité. Mais puisque je n'ai pas jugé à propos de fatiguer les presses d'un éditeur pour une vérité tout entière, je n'irai pas, pour une simple moitié, courir le risque de parler dans le désert. Depuis le jour où Dieu a planté l'arbre de la connaissance, il a voulu qu'on n'en pût cueillir le fruit que dans le scandale. J'écrirai donc en tête de mon programme qu'il n'y a au monde qu'un bon gouvernement, et ce gouvernement, je le nommerai l'*Anarchie*.

L'anarchie! l'avez-vous entendu? dira le *Constitutionnel.* Oui, je l'ai entendu, répondra tout autre journal conservateur. Et les cloisons de la société en ont craqué d'horreur. Alors toutes les voix plaintives du passé s'élèvent du fond du journalisme, et entonnent en chœur un immense *Miserere.* Et toutes proclament, en pleurant, les funérailles de la société. Oui, les temps prédits sont venus. Il s'est trouvé dans la génération de février un homme de vertige assez abandonné de Dieu pour faire le système de l'anarchie. Cet homme a osé écrire qu'une nation ne doit s'administrer qu'à coups de désordre? Quand une semblable parole est lâchée, le monde est perdu. C'est l'éclipse de la raison humaine, et les bœufs des étables en ont poussé eux-mêmes des gémissements.

— Vous me trouvez anarchiste, a dit M. Proudhon, en saluant toujours poliment ses adversaires; je vous remercie de l'attention. Vous avez ouvert à une figure de rhétorique, qui se nomme l'hyperbole, les colonnes de votre journal, que vous n'eussiez pas ouvertes à une idée. Je dois vous louer, en conscience, de votre hospitalité. Vous faites retentir mon nom par toutes les trompettes de votre publicité. Vous vous donnez ainsi la peine de réunir un auditoire d'avance pour tous mes écrits. En France, on n'a pas impunément du bon sens. Si je n'avais lancé dans la circulation que des mots contresignés par le bon sens, je serais peut-être réduit à mendier, à l'heure qu'il est, une paillasse d'hôpital.

Et maintenant, je puis vous expliquer pourquoi j'ai chanté à la fin de mes confessions une hymne à l'ironie. Je n'ai pu refouler en moi cette explosion lyrique du rire intérieur, en songeant que le peuple le plus spirituel de la terre n'avait jamais dévisagé ses mystificateurs.

Il a passé par la mystification de Robespierre, par la mystification de Napoléon, par la mystification de la Monarchie constitutionnelle, il passera encore par de nouvelles mystifications, sans jamais consentir à soupçonner qu'il est mystifié. J'avais cependant envie de proposer une énigme à mes contemporains, avec promesse de récompense, et d'écrire sur ma porte ces mots cabalistiques : Qui ne me comprendra pas me servira, qui me comprendra me possédera.

Eh bien ! nous croyons maintenant posséder M. Proudhon. Nous écartons pour un instant toutes ses voies de fait contre notre raison. Ce n'est pas sa faute, c'est notre faute s'il a dû suspendre les lois de la logique pour prouver sa mission. Depuis le lendemain du déluge, nous demandons aux révélateurs des prodiges et des miracles. Eh bien ! pour obéir à nos préjugés, M. Proudhon a changé la propriété en vol, et Dieu en diable ; comprenez-vous maintenant sa mission ?

Nous croyons, quant à nous, la comprendre ; si nous avons bien saisi le sens des *Confessions d'un Révolutionnaire*, toutes les œuvres antérieures de M. Proudhon n'ont été que des précautions oratoires, pour arriver à dire, en toute sûreté, le vrai mot de sa pensée.

Je n'en doute plus en fermant ce volume, M. Proudhon est un profond tacticien qui gagne à distance ses victoires. Il s'est connu, il s'est saisi dans son présent et dans son avenir. Il a dirigé ses idées comme des corps d'armée ; il a mis le doigt sur la carte et il a dit : A tel endroit et à telle heure, je battrai un ennemi que je puis seul mettre en déroute.

Mais pour cela j'irai planter mon drapeau si avant dans le socialisme, je descendrai si profondément dans le peuple, que personne au monde, sous peine de voir sa langue sécher, ne pourra m'accuser de défection. Quand j'aurai ainsi assuré ma base d'opérations, alors j'attaquerai.

J'attaquerai d'abord le socialisme incohérent, confus, contradictoire, inextricable, à moitié submergé dans les rêves et sous les détritus de toutes les doctrines. Et moi, socialiste à cinquante pressions au moins, je forcerai, au nom du socialisme, toutes les écoles, communiste, phalanstérienne, cabetiste, etc., etc., encore au creuset, à extraire de leurs bouillonnements et de leurs bavures, une doctrine compréhensible, applicable, possible, éprouvée à tous les genres d'épreuves. Voilà ma première œuvre, et Dieu m'a donné pour l'accomplir dignement une logique impitoyable, qui saisit comme un croc toutes les erreurs, et une langue qui brûle comme un fer rouge toutes les épaules. Ce que je marque reste marqué.

Mais je ne suis pas seulement un grand dialecticien, enveloppé dans un grand écrivain, pour vanner à mon crible le socialisme. Je veux chasser de la république, à coups d'étrivières, les dernières mascarades du terrorisme. Je veux déshonorer l'insurrection sous le régime du suffrage universel. Je veux chasser les fusils de nos débats. Je veux que, moi vivant, il ne se lève plus dans la rue un seul pavé sans ma permission. Je vais niveler sous mon talon cette Montagne de 1848, qui n'est peut-être que la souris échappée de l'accouchement de l'autre montagne, et renvoyer à leur néant tous ces Robespierre d'occasion, tous ces Saint-Just de rechange qui ne rêvent que des sociétés organisées en barricades, pour y asseoir insolemment leur dictature.

Voilà mon œuvre. Et ce que le général Changarnier ne ferait jamais avec ses chasseurs de Vincennes, je le ferai, moi, avec des articles datés de ma prison. Et si le peuple venait à douter de ma parole, la Conciergerie, inscrite au-dessous de ma signature, serait ma caution.

Allez, monsieur Proudhon, votre éloquence grandit, votre nom grandira encore; suivez la voix qui vous appelle à briser le droit brutal du pavé, pour que la république française, toujours pacifique et souriante dans la perpétration de ses destinées, ne vide plus désormais ses discussions que dans l'urne, au jour des grandes pâques civiques de l'élection. Allez, et notre admiration vous suivra, que disons-nous, notre admiration? et notre reconnaissance. Et ensuite vous pourrez partir en paix comme Siméon. Votre part sera faite devant la postérité. Et dans trente ans, je souhaite que ce soit plus tard, les filles des conservateurs iront planter des rosiers sur votre tombeau.

XIII.

JULES SIMON.

LE DEVOIR.

Que disaient-ils donc là ces beaux petits Machiavel à la douzaine. Ils disaient, Dieu nous pardonne! que le monde est un jeu ou plutôt un tripot. Le sot y perd et l'homme d'esprit y gagne la partie : perdant ou gagnant, il n'y a pas de milieu : voilà, au choix, l'alternative de l'homme en société. La table est dressée; allons! de l'or, du vin, du velours, de la joie, et puisque la joueuse de flûte d'Alcibiade est toujours de ce monde, un air de la joueuse de flûte pour égayer le brelan; faisons feu qui flambe à défaut de feu qui dure, car la vie est courte, en fin de compte, et au bout de tout est la culbute. Jetons notre âme au vent; qu'en penses-tu, Falstaff? Tu as mis de côté ta vieille épée ébréchée, car l'épée n'est plus de mise aujourd'hui, grâce au perfectionnement de la police, mais tu n'as pas changé de métier. Tu tiens la plume maintenant, tu as vendu ton âme argent comptant au dernier enchérisseur, et tu dis au fond de ton cœur, voilà un acheteur bien attrapé! Que diable fera-t-il de cela, je n'en ai jamais pu rien faire moi-même! N'importe, le marché est fait, et sur le prix de la vente, tu vis joyeux.

Ils parlaient ainsi, et pendant ce temps-là un philosophe, — ah! que le nom soit béni, car il est bien porté, — écrivait le livre du Devoir. Quand Nicole eut publié son traité de morale, Mme de Sévigné disait : *Avez-vous lu le Traité de Nicole?* Nous voudrions avoir la voix de Mme de Sévigné pour crier à notre tour : *Avez-vous lu le livre du Devoir?* La vertu est morte, dit-on souvent. — Parlez pour vous, monsieur, car la vertu ne peut mourir, par la raison qu'elle est la vie même de la société. Si elle est morte dans une partie d'une nation, eh bien! la nation est morte d'un côté, voilà tout; mais l'âme sacrée de la patrie revit ailleurs, et quand par hasard nous entendons passer dans l'air son doux gémissement, nous éprouvons jusque dans la dernière fibre de notre conscience la même volupté intime que le pâtre exilé qui entendit un jour passer sur la brise errante le chant de sa montagne.

M. Jules Simon avait le droit d'écrire ce livre du *Devoir*, car il a fait ses preuves de toutes manières. Il a commencé par explorer à fond la métaphysique le jour où il a écrit sa savante histoire de l'école d'Alexandrie. La métaphysique, entre nous, est un peu comme la cime du glacier. Cela est froid, immobile, perdu dans la neige et dans le nuage. On ne vit pas, on ne marche pas là-dessus. Mais là aussi repose dans l'incorruptible éther et sous le prisme du ciel la source mystérieuse qui donne le fleuve à la vallée et féconde en passant l'épi et la violette. Nul n'est philosophe, pas même moraliste, s'il n'est au préalable métaphysicien. La morale sans métaphysique est une morale au détail et n'est pas la morale elle-même dans son essence. Mais grace au dieu de l'idée, M. Jules Simon a échappé à cette morale de pacotille. Il a pu tracer d'une main sûre le devoir de l'homme en tout état de cause, parce qu'il possédait d'avance le principe du devoir.

Une femme d'esprit et de génie par-dessus le marché, a dit : La morale est la nature des choses, des choses humaines, bien entendu. Cette femme a raison. L'homme, en effet, n'a pas inventé la morale, et ne l'a pas apportée avec lui en naissant. Sa première pensée, à coup sûr, n'a pas été de respecter le dîner, le bœuf et la servante d'autrui. Sa première pensée, au contraire, le sauvage est là pour le prouver, a été de prendre la gerbe, l'attelage, le toit et la couche de son voisin. Qu'a-t-il donc fallu pour le ramener de la violence et de la spoliation à la justice et à la propriété? Il a fallu que la société grandît et révélât en grandissant sa véritable condition d'existence. Or, cette condition est évidemment l'harmonie de chacun avec chacun. Le mal de l'un ne saurait être le bien de l'autre, et réciproquement, sans cela l'homme ne resterait pas une minute de plus à côté de l'homme; Hobbes aurait dit vrai : *Homo homini lupus*. La morale est donc, à tout prendre, la loi commune de l'humanité.

Si donc la morale est la loi commune de l'humanité, le crime en est la négation; il ne peut donc jamais prévaloir contre la morale, car alors l'accident deviendrait la loi et la loi l'accident. Le crime est donc une sottise, car il est une révolte contre la nature. Que l'homme de Florence admire tant qu'il voudra le meurtrier et le voleur, sous prétexte de ce qu'il nomme le succès. Tuer et voler, après tout, n'est que l'enfance de l'art, n'est que le fait de la barbarie, jugé à l'épreuve et condamné par l'expérience. L'homme a commencé par là, — n'est-ce pas, Caïn? — et réflexion faite, il a renoncé au métier. Car le crime retourne toujours à la longue contre le criminel. La loi violée reprend sa revanche. On parle de crime heureux. Où a-t-on vu cela? Heureux un instant, oui, sans doute, mais après? Le succès en ce monde ne consiste pas à posséder le quart d'heure, mais bien à posséder le lendemain. Durer, voilà le succès, non une vie d'homme, qu'est-ce que cela? mais une vie d'institution, et où donc et à quel soleil de l'histoire le crime est-il jamais entré en partage de la durée?

Et ici, nous demandons la permission à M. Jules Simon de faire une légère réserve à son système. Il déduit quelque part la morale de la justice, et il fait de la justice une idée première, une idée en quelque sorte innée de l'âme humaine. Eh! sans doute, la justice est partie intégrante de l'âme humaine, et, à vrai dire, une faculté. Mais une faculté n'est pas une quantité abstraite, une quantité égale à chaque moment de l'histoire. Non, une faculté est une chose vivante, et en vertu de la nature progressive de la vie, une chose progressive. L'invisible Thémis, préposée de tout temps à notre destinée, a commencé par dormir dans notre esprit comme dans un berceau. De là l'âge de fer et le droit du fort. Mais peu à peu, avec la vie accumulée et l'expérience acquise de la société, l'hôtesse divine a secoué le sommeil de son enfance et déployé, au regard intérieur, la splendeur sévère de sa beauté. Aussi, qui a commis le crime à cette heure-ci du progrès doit être mille fois plus flétri qu'à toute autre époque du passé, car il l'a commis avec une conscience mille fois plus développée de la justice.

Cette réserve une fois faite, réserve de date et non d'idée, nous nous donnons tout entier, cœur et corps, à ce livre du devoir. Ce livre dit que l'homme est libre, qu'il est libre pour faire le bien, que le bien est le bien, c'est-à-dire le bien absolu, et que chacun ici-bas doit l'accomplir, doit le respecter quand même, toujours, partout, à tout risque, à travers la flamme, dans la tempête, sous l'injure, sur la pierre brisée du foyer. Tu ne tueras pas, tu ne voleras pas, et comme ce n'est pas assez de cette morale négative, tu auras encore à rendre de toi-même un autre témoignage ; tu aimeras la vertu, tu aimeras la liberté, mère sacrée de la vertu ; tu serviras la vérité, car la vérité est la plus haute fonction de l'homme sur la terre, tu seras jusqu'à la mort, s'il le faut, l'homme de ta conviction, et, dût-on te couper le poignet pour avoir dit ta pensée, tu écriras encore, avec le sang de la veine ouverte, la phrase inachevée de ta conscience.

Nous fermons ce livre à regret. Il nous a rendu meilleur. Nous sentions à chaque page entrer une vertu dans notre âme, ou du moins une tentation de vertu. La vie nous a trompé. Mais loin de nous plaindre de sa sévérité, nous voulons, au contraire, en tirer parti pour l'amendement de notre intelligence. Jusqu'à présent, nous avons admiré en histoire, sur la foi de l'écho, César, Alexandre, nous ne savons qui et nous ne savons quoi encore, tout ce qui a fait du bruit dans ce monde et de la poussière. Il est temps de revenir de cette erreur. Le seul grand homme, ici-bas, est l'honnête homme ; la seule gloire est la vertu. Car, victoire, pourpre, épée, puissance, tout cela est de la terre, en définitive, et finira avec la terre, qui finira bientôt. Qu'est-ce, en effet, qu'un millier de siècles au cadran du grand cosmos ? Mais la morale est une loi éternelle, et quiconque accomplit une action morale participe en quelque chose de cette éternité. Il est entré dans la loi comme dans une tente qui ne doit plus passer.

Nous n'avons pas tout dit ; laissez-nous achever. Un juste

va mourir. Il est le plus humble peut-être de sa vallée, il a toujours vécu parmi les petits ; il ne possède d'autre richesse qu'une journée de sa charrue. Le vent n'a jamais porté son nom plus loin que le son de la cloche de son village, mais il a modestement pratiqué à l'écart la loi du devoir. Il a fait le bien en silence sans même dire à la main gauche l'œuvre de la main droite ; mais rien de ce qu'il faisait n'était perdu ; la moindre de ses pensées, au contraire, était notée. Maintenant, couché sur son lit d'agonie, il attend l'explication dernière, et, à ce moment suprême, Dieu, incliné du fond de l'infini sur la face du mourant, avec tous ses soleils et tous ses siècles rangés autour de lui dans un formidable respect, recueille cet esprit désormais divin, et le pose devant lui comme un monde nouveau, vêtu de plus d'éclat dans sa vertu, que l'étoile de l'espace et le lis de la vallée. Qui ne comprend pas cela n'est pas digne d'entendre parler de morale.

Oui, la morale est la seule gloire véritable, et l'homme vertueux, le seul homme de notre admiration. Il faut remettre à la mode ce mot de vertu, car la société a besoin de la vertu, comme la caravane égarée du désert a besoin de la fontaine pour y laver sa poussière. Et qu'on ne vienne plus parler de vertu privée et de vertu publique, et nous dire que la vertu publique doit faire parfois violence à la vertu privée. Il n'y a qu'une vertu au monde, comme il n'y a qu'une morale, et elle est toujours une et la même, dans la famille comme dans l'État. Une action immorale au foyer ne peut pas être honnête, en passant le seuil de la maison. Nous disons plus, nous n'acceptons une leçon de morale qu'autant que celui qui la fait la pratique le premier. Nous croyons au livre de M. Jules Simon, parce que M. Jules Simon a prêché d'exemple ; mais l'appel au bien par l'homme du mal n'est qu'un piége de plus à la vertu, un moyen de faire un peu plus de mal en cachant sa main sous le manteau.

Eh quoi! cet homme publiquement débauché, publiquement connu pour avoir bâti un temple en pierres de taille à la bonne déesse, viendra, la lèvre toute parfumée du baiser encore tiède de l'adultère, protester bruyamment de son profond respect pour la sainteté du mariage et invoquer à tout propos la sévérité du temps contre toute attaque à la famille! Il jouera le personnage de sauveur de la famille! il signera son front au seul nom de famille! il fera de ce mot de famille une arme de guerre contre un parti, et nous, pères honnêtes, qui tâchons de vivre comme il faut vivre en ménage, sans faire sonner notre puritanisme, mais aussi sans porter la tête sur le chevet d'autrui, nous n'aurons pas le droit de renvoyer à cet homme sa vie pour toute réponse et de le réfuter par sa propre conduite! et on repoussera cette foudroyante réfutation par cette fin de non-recevoir, par trop commode en vérité, que la vie privée doit être murée! Ah! finissons-en avec le mensonge ; le monde est las d'hypocrisie.

Eh quoi! ce joueur, à coup sûr publiquement dénoncé comme un joueur infiniment trop heureux, écrira du matin au soir un hymne perpétuel à la propriété sur un bureau doré qu'il a volé, non, mais gagné au jeu, son infatigable complice, il fera un mot d'ordre du mot de propriété, il voudra grandir son nom par la défense de la propriété, et nous qui tenons la propriété pour sacrée, mais qui n'en voulons jamais faire une formule de haine contre personne, nous ne pourrons pas dire à cet aventurier de la richesse: Nous vivons, nous que tu dénonces chaque jour à la colère de Némésis, sur notre travail ou sur le travail, tout aussi respectable, de nos aïeux ! Mais toi, de quel travail transmis ou personnel vis-tu, toi qui n'as jamais été riche que de la dépouille de l'homme que tu as ruiné ! On nous opposerait encore la fin de non-recevoir, que la vie privée doit être murée. Ah ! le mensonge a trop duré ; le monde est las d'hypocrisie.

Eh quoi ! cet autre, tout confit en dévotion, viendra chaque matin, un chapelet au côté, réciter sa patenôtre au public, et dire d'un ton de componction : Je suis un pauvre frère Ignace affamé de paradis. Il aura sans cesse sur la lèvre ou sous le doigt le mot de Christ et de charité ; il baisera vingt fois par jour quelque image ou quelque médaille. Oui, mais en revanche, sa propagande évangélique sera comme une harengère assise sur son baquet : elle distribuera de droite et de gauche l'injure, elle appellera pour compère le bourreau : Donne-moi du sang au nom du Dieu de mansuétude. Et nous que ce dévot d'occasion dénonce au spectre de Torquemada pour crime de philosophie, nous n'avons pas le droit de lui demander : Où vivais-tu et que faisais-tu avant d'être un béat ? Au fond de quelle ruelle, derrière quelle borne es-tu allé chercher ton riche vocabulaire d'injure pour le porter tout chaud sur ton petit prie-Dieu de contrebande ? As-tu donc oublié qu'il a été écrit que celui-là qui est sans péché a seul le droit de ramasser la pierre du chemin ? N'entends-tu plus derrière toi la voix de ton passé ? Mais non, la vie privée doit être murée. Le mur est fait pour être un supplément d'honnêteté.

Quant à nous, nous n'admettons pas en morale de cachette. Du moment qu'un homme parle en public et joue par conséquent un rôle public, qu'il flatte, qu'il frappe, qu'il gouverne dans sa mesure, car toute voix est une influence de gouvernement, nous voulons que cet homme vienne là devant nous, la tête nue et la poitrine nue, offrir sa vie en gage de sa parole et dire : Voici ce que je suis et ce que j'ai été, afin que la multitude, si souvent trompée, ait pour répondant de chaque écrivain le passé de cet écrivain. Nul n'est digne de porter la parole de la vérité s'il n'a la vertu de la vérité. L'homme doit toujours être le commentaire vivant de sa doctrine. Donnez-moi une seule vertu privée, a écrit M. Cousin au bas d'une page de Platon, et je veux en tirer vingt vertus publiques. Nous retournerons la pensée..Donnez-nous un seul vice privé, et nous allons en tirer vingt malheurs publics.

Il faut qu'il y ait en ce moment une atmosphère bien sonore pour la morale, car de toute part j'entends parler de ce livre du *Devoir?* Sans doute, M. Jules Simon a été inspiré en écrivant ce poëme philosophique de la vertu. Il est vif, éloquent, indigné, pathétique même au besoin. Par moment il lui échappe comme un cri de Pascal. A certaine hauteur, en effet, la pensée vibre partout de la même vibration. Si le doigt de Dieu te touche, disait Jordano Bruno, tu seras un feu ardent. Cependant, ce livre est sévère par le fond comme par la forme, sans artifice d'art ou de style pour capter la pensée à l'aide de l'imagination. Il cherche à plaire uniquement par son austérité. Que voulez-vous? la philosophie est la langue sévère de la raison à la raison, et, à défaut de la raison, elle n'a pas pour entrer dans l'âme la porte secrète d'un sens honnêtement séduit.

L'histoire ancienne ou moderne raconte qu'un prieur, peut-être même un évêque, du temps de La Fontaine, était-ce bien du temps de La Fontaine? alla voir un jour le spirituel chansonnier, nous voulions dire fabuliste.

— Mon cher poëte, lui dit-il en entrant, nous voici arrivés, vous et moi, à un âge où il est bon de mettre sa vie en règle pour ne rien laisser traîner derrière soi qui puisse être un texte d'accusation contre notre mémoire. Eh bien ! là, franchement, entre nous, est-ce que vous ne sentez pas que votre conscience aurait à rattraper plus d'un péché de poésie ?

— Que voulez-vous, monseigneur, reprit La Fontaine, si c'était La Fontaine, on a été jeune, on a aimé, et on a mis à sa muse un jupon trop court par distraction.

— Le jupon trop court est un péché sans doute; mais le vrai péché de votre muse est d'avoir manqué de respect à la religion.

— Manqué de respect à la religion ! Que dites-vous là, monseigneur ! Je l'ai toujours, au contraire, dans le bon comme dans le mauvais temps, tenue en profonde vénération.

— Oui, mais vous avez dit sur des moines des choses vraiment, tenez, qui exhalent, foi d'honnête homme, un léger parfum d'impiété.

— La religion et le moine, à mon avis, font deux, et la religion est intéressée la première à éviter la confusion.

— La question est grave, reprit l'évêque, il était peut-être même archevêque, et mérite d'être traitée à loisir. Or, pour en causer à l'aise un autre jour, je vous demande la permission de m'inviter à dîner au coin de votre feu sans cérémonie. J'ai dans ma cave un certain vin très-conciliant de l'année de la comète, je vous en enverrai un panier.

— Monseigneur, je vous arrête là. Notre Seigneur a bien consenti à se laisser laver les pieds par la Madeleine, mais certainement il ne se fût pas invité lui-même à souper à la table de la pécheresse.

Certes, la philosophie de M. Jules Simon n'a pas à son

service un pareil don de conversion de l'année de la comète. Elle n'en convertira pas moins, nous l'espérons, plus d'une intelligence. Allez au devoir, vous tous qui souffrez, rentrez en vous-mêmes, faites votre examen, amassez par avance une provision de justice, vivez de la pensée du bien, cette pensée vous portera sur le vent de la tempête. Faites un pacte dans le secret de votre cœur avec la loi éternelle de l'humanité, et alors vous prendrez le monde en patience; vous n'aurez rien à racheter au jour de la réparation; vous regarderez d'un œil tranquille le flot passer et dévorer son écume.

XIV.

MALLEFILLE.

LES MÉMOIRES DE DON JUAN.

Vous partez, mon ami ; vous allez mettre entre votre pensée et la nôtre toute la largeur de l'Atlantique? C'est peu de chose, sans doute, pour la pensée, mais c'est toujours cela.

Je ne vous dirai pas si vous avez raison d'essayer d'un autre soleil. Quand, au bout de mon opinion, il peut y avoir l'absence d'un ami, je n'ai plus le courage de mon opinion.

Mais puisque la curiosité des tropiques vous a pris au bon moment, permettez-moi, avant votre départ, de réparer un oubli.

Voici bientôt dix années que je tiens table ouverte pour le talent. Essais ou chefs-d'œuvre, débuts ou récidives de littérature, histoires ou poëmes, systèmes ou chansons, j'ai à peu près traité tous les passants de l'esprit.

Nous nous connaissons, mon ami, depuis longtemps. Vous êtes mon frère d'idées. J'allais dire mon aîné, si je ne vous savais trop républicain pour ne pas repousser d'avance toute espèce de droit d'aînesse.

Et cependant, depuis que je suis l'amphitryon général des amours-propres, je ne vous ai jamais eu à dîner. Vous n'y avez jamais songé, ni moi non plus. Je le dis à notre louange.

Nous avions mieux à faire pour le moment. Nous avions, — rappelons les bons souvenirs, ils portent bonheur aux voyageurs, — nous avions à escalader, dans nos soirées, de causeries en causeries, sous le regard bienveillant des étoiles, le sommet toujours fuyant des problèmes que vous savez.

Nous allions hardiment frapper à la porte de Dieu, pour rendre nos devoirs à la vérité. Nous trouvions, hélas! la porte souvent fermée. Il paraît que la vérité ne reçoit pas toujours ses amants. Mais nous partions sans regret. Nous en avions attrapé quelque chose par le trou de la serrure.

Nous avions ainsi vécu de confidences d'idées pendant notre seconde jeunesse. Mais depuis que la réaction mesure les vertus civiques aux années de domicile, vous n'avez pu résister à la tentation de jeter vos meubles par la fenêtre.

Vous avez voulu fuir un pays qui ferait voter les betteraves, si elles pouvaient vivre trois années par la raison profondément philosophique qu'elles ne changent pas de sillon. Vous ne vous sentez pas l'esprit assez végétal pour pratiquer la morale des betteraves.

Vous avez rompu notre entretien. Vous allez le continuer plus loin avec l'âme du Nouveau-Monde, dans le vent des Cordillères. Vous fuyez au désert. Laissez-moi vous saluer, au moins une fois, du nom de ma sympathie. Je vous ai souvent appelé un ami, je ne vous ai jamais appelé un talent. Je veux régler tous mes comptes avec vous, pour ne rien vous devoir au retour.

Ce n'est pas un éloge du dernier moment que je prétends vous adresser ; c'est un adieu en public. Quand ce feuilleton paraîtra, vous serez peut-être derrière l'horizon. Je pense qu'il faut traiter les absents comme les morts. L'absence n'est-elle pas une mort dans l'espace ?

Vous êtes né sous une bonne étoile, permettez-moi de vous le dire, sans vous flatter ; mais votre étoile se conduit tout de travers.

En vous donnant la poésie, l'inspiration, l'étincelle sacrée, et par surérogation, la philosophie, l'énergie de la pensée la science de la parole, votre nourrice céleste a cru vous avoir suffisamment donné.

Ce n'était pas assez pourtant. En vous faisant toutes ces munificences, elle avait oublié un dernier cadeau. Ce dernier cadeau est ce je ne sais quoi qui met toujours le hasard de notre côté.

Le hasard, à mon avis, est le complément du mérite. Je ne veux pas humilier votre pensée. Mais je vous ai promis toute franchise. Eh bien ! je dois le déclarer en conscience, je ne vous trouve pas ce complément.

Ainsi vous jetez au vent cette idylle du grand monde, parfumée des genêts de Bretagne, que vous appelez *Marcel*. Vous y faites des prodigalités de style à défrayer vingt romans. Je ne voudrais pas vous faire tort d'un lecteur, mais je crains bien que ceux-là seuls vous aient lu qui ont la main heureuse en lecture. Le hasard vous a manqué.

Ainsi encore vous avez lancé sur la vague des mers cette figure énergique du *capitaine Larose*, ce hardi forban tour à tour perverti et sanctifié par l'amour ; nous avons suivi de l'œil le sillage de son navire, nous avons salué du geste ce poëme en prose, qui voguait fièrement là-bas sur les côtes, au milieu des perpétuelles fumées de la canonnade. Mais le hasard encore vous a manqué.

Vous portiez dans votre tête depuis des années un magnifique sujet, je n'ose pas dire, par respect humain, le plus magnifique sujet de la littérature. Vous portiez don Juan.

Don Juan, du haut de son immortalité, a béni tous ses poëtes. Il leur a donné infatigablement un chef-d'œuvre tout fait sur sa personne. Vous aviez plus d'une raison d'espérer les éclaboussures de cette bénédiction. Vous vous êtes mis à écrire ses mémoires.

Cette fois-ci, mais uniquement pour Don Juan, à tout seigneur tout honneur, vous prenez vos précautions contre le hasard. Vous choisissez votre publicité. Vous venez vous ranger ici, à côté de nous, dans le même journal, sachant d'avance que toute parole qui tombe sur cette cymbale immense, trempée pour les nations, vibre d'un million de vibrations à la fois et retentit, par delà le vol des hirondelles, à la circonférence de l'Europe.

Vous vous mettez dignement à l'ouvrage. Vous ne voulez avoir pendant votre travail d'autre interlocuteur que le souffle des forêts. Vous vous ensevelissez à la campagne. Vos amis vous cherchent de tous les côtés, vous êtes disparu avec Don Juan dans l'oubliette du Commandeur.

Mais du fond de votre disparition, vous écriviez la préface de votre roman. Je dis roman, parce que le mot de ce nouveau genre de poésie n'est pas encore trouvé. Laissez-moi vous parler à cœur ouvert. Ma parole ici ne peut être suspecte de camaraderie, elle n'ira probablement pas vous retrouver dans la savane.

J'ai usé sous mon doigt bien des feuillets, mais j'ai rarement lu dans ma vie quelque chose d'aussi vigoureusement pensé et d'aussi vigoureusement écrit que l'introduction de *Don Juan*.

Cette préface est l'épitaphe monumentale du XVIe siècle, enseveli de vos mains dans toute sa magnificence. Art, poésie, science, pensée, réforme, ce siècle si riche, si grand, si artiste, si profond, si troublé, si enthousiaste, si débauché, ce Don Juan du temps, revit là tout entier dans cette inscription en lettres d'or écrite de votre plume, sous la dictée de quelque saint esprit; prenez-le comme vous voudrez.

Vous passez ensuite de cette généalogie des grands poëtes passés, Dante, l'Arioste, Shakspeare, le Tasse, le Camoens, Calderon, Cervantes, à nos poëtes modernes, Byron, Goëthe, Lamartine. Mais, je dois vous le dire, la distance sert votre regard. Vous voyez mieux le génie de loin que de près, si j'en crois nos impressions. Vous êtes injuste pour le Manfred de Byron; vous le trouvez obscur : n'est-ce que cela? ce n'est vraiment pas la peine de lésiner sur l'admiration. Sachons au besoin admirer les belles nuits, sans préjudice d'ailleurs des belles journées. Les unes valent les autres.

Vous êtes Espagnol, mon ami, par conformation, par tempérament, par préférence, par éducation. Vous êtes né d'un rayon du soleil, c'est là votre défaut. Vous voulez du soleil partout. Je vous récuse pour cause de nationalité.

Vous avez écrit votre préface; vous l'avez publiée : ici encore le hasard vous a manqué.

Au moment où vous serviez à vos lecteurs ces pages chargées de toutes les richesses de votre pensée, un duc, un pair de France, un écuyer de princesse royale, s'avisait de divorcer lâchement avec sa femme à coups de couteau.

Il égorgeait, à la petite aurore, la mère de ses huit enfants. Il lui ouvrait toutes les veines, l'une après l'autre, comme s'il voulait boire jusqu'à la dernière goutte de vie oubliée dans le corps de sa victime.

La mare de sang coula tout entière sur votre préface et l'effaça aux regards. Vous aviez beau parler en ce moment au public la langue de l'art, que nos maîtres lui ont appris à aimer ; le public écoutait longuement à cette heure funèbre le râle de ce quelque chose à jamais lamentable qui se débattait dans une alcôve. Vous en fûtes pour vos frais de poésie.

Vous vous êtes remis néanmoins avec courage au travail. Vous serviez un héros reconnaissant, qui a toujours payé ses serviteurs, comme je vous l'ai dit, en bonnes inspirations. Vous en aviez la conscience, et vous travailliez chaleureusement, éperdument, comme si vous cherchiez à gagner la mauvaise fortune de vitesse.

Vous aviez déjà dressé le berceau de Don Juan, — type et homme à la fois comme son malheureux cousin Don Quichotte, — dans ce crépuscule indécis de ce monde moitié chrétien, moitié More, moitié Dieu, moitié démon, au tournant de toutes les croyances, entre la foi et le doute, le moyen âge et l'âge moderne, la pénitence et la jouissance.

Vous l'aviez promené par la main devant la cour de Ferdinand, devant la féerie expirante de la civilisation arabe et la première flamme des bûchers de l'inquisition. Vous aviez déjà soulevé à nos yeux le mystère de sa naissance. Don Juan devait naître de l'adultère. Il avait été conçu dans un remords.

Vous aviez conduit ensuite au donjon de ce parrain mystérieux, ce révolté sublime qui, les bras croisés sur sa poitrine, regardait fièrement crouler les derniers débris du monde oriental au pied de ses tourelles. Ce parrain lui avait repassé sa révolte avec son armure.

Don Juan avait grandi, ramassant en quelque sorte dans sa chair toutes les protestations de son siècle contre les tyrannies du passé. Les forces de l'enfer avaient passé dans ses muscles d'acier. Son oncle Jorge, le plus profond viveur qui ait jamais pratiqué l'écart absolu en fait de morale, avait complété son éducation.

Don Juan entrait, sous la conduite du meilleur précepteur de toute l'Espagne, dans cette grande école d'immoralité que nous appelons l'existence.

Il avait admirablement profité des premières leçons. Il avait débuté par un duel et il avait passé par-dessus le cadavre de son adversaire, pour aller chercher sa première nuit d'amour.

L'enfant, né de l'adultère, devait avoir une courtisane pour étrenner sa jeunesse. Il cueillera son premier baiser sur le front de la Pandora. Il se sauvera ensuite avec horreur, mais le baiser aura laissé sur sa lèvre un poison qui tuera tous ses amours.

Buveur impatient, il a renversé la coupe avec tant de précipitation, qu'il boit la lie avant le breuvage.

Et cependant, il est jeune, il est beau, il est grand, il est pur encore dans son impureté. Il se débat dans sa double nature. Il a le fond de la vertu : le remords.

Mais le diable qui lutte en lui contre Dieu, par le ministère du capitaine Jorge, l'instruit chaque jour en scepticisme. Il devient sceptique en marchant, malgré lui, naturellement, par une sorte de gravitation de sa destinée.

Les hommes, les oiseaux, les pierres du chemin elles-mêmes se chargeaient de la leçon : la nature tout entière l'enveloppe comme d'une immense ironie.

Il accepte l'enseignement. Il avait commencé l'amour par la débauche, il le continue par l'adultère. Il écrase en passant une pauvre fleur jetée à ses pieds par la destinée. Et après cet exploit, il s'écrie : Allons étudier la philosophie à l'Université de Salamanque.

La philosophie, scélérat? Le doute scientifique après le doute pratique, la raillerie de la pensée après la raillerie de l'existence !

C'est ainsi, mon ami, que, reprenant à votre compte ce terrible problème successivement posé par Hamlet, par Faust, par Manfred, vous poussiez Don Juan devant vous, de crime en crime, de doute en doute, sur une litière d'amours effeuillées et de victimes palpitantes, à la recherche de cette suprême énigme de la vie que le génie interrogera toujours, qu'il ignorera toujours ; car le jour où il la trouvera le drame humain sera fini, le rideau sera tombé.

Vous aviez tracé les premiers épisodes de cette odyssée orageuse de la passion. Il vous était arrivé ce qui arrive toujours en pareille circonstance : les mers profondes portent mieux les vaisseaux ; les idées profondes portent mieux aussi les talents. Votre composition avait gagné en vérité et en souplesse. Votre style, quelquefois trop tendu, jouait avec plus de facilité dans les replis de la période. Il vous manquait bien encore parfois d'être négligent, car je ne saurais trop vous recommander la science divine de la négligence. La négligence est la moitié de l'art, soyez-en convaincu, malgré la rhétorique. Aimez la muse naïve qui porte les cheveux épars.

Tout cela était donc pour vous un succès préparé d'avance dans les esprits.

Le vent commençait bien à souffler quelque part, mais nous ne l'écoutions pas, nous écoutions les *Mémoires de*

Don Juan. Nous suivions du regard Térésa, Poupette, Mariquita, ce coquin de cheval arabe, qui semble avoir appliqué, par anticipation sur lui-même, la rapidité de la locomotive. Nous vous préparions dans notre cœur une ovation littéraire, cette fois-ci sans remise. Je me faisais déjà votre servant d'honneur, et j'espérais louer Don Juan dans un feuilleton de lendemain, à la place encore chaude que Don Juan venait de quitter.

Eh bien ! cette fois-ci encore le hasard vous a manqué.

Nous étions alors au mois de février, le plus mauvais improvisateur de l'année en révolutions. Les révolutions, comme les orages, n'éclatent ordinairement que pendant l'été : l'électricité morale, à l'imitation de l'électricité physique, a besoin de la chaleur du soleil.

Par exception, cependant, ce mois-là une révolution passa sur Paris. La royauté défia la démocratie sur une question de liberté. La démocratie releva le défi. Vous savez ce qui arriva ; vous y étiez.

Que pourrait devenir un simple roman à côté de ce roman en action, raconté heure par heure, sur la borne, par la voix d'un peuple entier, au milieu de la fusillade, dans cette marée montante de vagues humaines qui vomissait une dynastie de plus à ses frontières ?

Qui eût pu se promettre une minute de recueillement pour n'importe quelle lecture dans cet écroulement de toutes les institutions, dans ce tourbillonnement de toutes les idées, quand les pavés criaient sous les pas, quand les murs parlaient, quand l'Europe, ébranlée de la secousse de cet immense tremblement révolutionnaire, chancelait sur elle-même avec d'effroyables craquements ? Dieu lui-même eût puni alors l'égoïsme d'une lecture. Don Juan disparut donc comme Romulus dans une tempête. J'aime la révolution de Février, mais j'aime aussi Don Juan, et je trouve qu'en cette circonstance la tempête lui fit trop d'honneur.

Vous n'y pensiez pas sur le moment. Au second coup de tocsin vous preniez votre fusil, vous vous jetiez dans les barricades, et vous tiriez le premier sur Don Juan.

Vous trouviez que la République valait bien une part de renommée parmi les vivants. Vous fîtes cadeau de cette part à la patrie. Vous mîtes votre ambition à servir la révolution de février. Ici encore le hasard vous a manqué. La révolution de février vous a récompensé de votre dévouement, en vous fermant la porte de l'assemblée.

Mais la République n'avait pas beaucoup de républicains de la première heure, capables de porter une fonction. On n'avait pas d'ambassadeurs pour les ambassades. Un ministre de nos amis, qui fut un excellent ministre, malgré toutes les calomnies, Duclerc, puisqu'il faut le nommer, eut l'idée de vous envoyer à Lisbonne.

Vous fûtes nommé chargé d'affaires en Portugal. Je me rappellerai toujours le lendemain de votre nomination, dans les journaux de Paris. Malefille ambassadeur ! criaient-ils sur tous les tons de la pitié. Comment le gouvernement a-t-il pu croire qu'un journaliste, voué par état aux fonctions de l'intelligence, pût avoir sur quoi que ce soit la moindre intelligence ?

Pourquoi la République ne l'a-t-elle pas laissé à son journal ? Là, il aurait parfaitement le droit de juger toutes les questions de diplomatie ou de politique intérieure, de blâmer, de louer, de condamner, de prouver plus de science que les hommes d'État de profession, plus d'habileté que les diplomates ; mais nous ne lui reconnaissons aucun droit d'être administrateur, ou diplomate, ou représentant, ou ministre.

Vous laissâtes crier, mon ami, et, en six mois d'ambassade, vous avez montré plus de talents, liquidé plus de difficultés que tous vos prédécesseurs réunis. J'ai entendu un ministre louer hautement vos dépêches : mais ici encore le hasard vous a manqué. Vous deviez compter sur une récompense : la République jésuitique de la deuxième heure vous a destitué de vos fonctions.

La révolution de février emporte, dans sa première rafale, l'œuvre de votre vie littéraire; vous vous en consolez en embrassant la révolution comme votre fiancée. Mais voici encore que la réaction emporte l'œuvre de votre vie officielle dans un pan déchiré du manteau de la République. Vous ne voulez pas assister plus longtemps aux mystifications de la destinée, vous partez pour tenter je ne sais quelle vie homérique de gardeur de troupeaux, sur un autre continent.

Partez donc, mon ami. Allez chercher une meilleure étoile. J'envie l'écume de feu qui pétillera en quelques semaines sur les flancs de votre navire. Nous portons, nous autres, trop de poids, pour vous suivre au désert.

Nous resterons ici pour être les témoins de toutes les escroqueries en écriture privée, préméditées par certains partis contre la Constitution, et les témoins de toutes les représailles! Dieu veuille à jamais écarter ce présage, de la vengeance populaire contre ces partis.

Des hommes de malheur, qui ont déjà perdu deux monarchies, préparent en ce moment de nouvelles lois de perdition qui reconstituent hypocritement des classes légales, qui ne font plus voter les écus, mais les pierres du foyer, qui punissent la locomotion comme un délit, qui frappent les chemins de fer d'interdit électoral, qui divisent la nation en citoyens riches et en citoyens pauvres, les uns privilégiés, les autres exclus du suffrage universel, en citoyens actifs et en citoyens paralytiques, les uns récompensés de leur paralysie, les autres punis de leur activité ; qui canonisent le fauteuil et la paire de pantoufles, qui créent l'aristocratie de la crémaillère, et qui, pour être logiques, devraient aller chercher leurs électeurs dans le cimetière, car c'est dans la patrie du néant que les hommes changent encore le moins de résidence.

Ces lois funestes, mon ami, châtieront elles-mêmes leurs auteurs. Et pourtant je voudrais éloigner cette pensée. Je me dis avec tristesse : Je n'ai que le temps d'une apparition dans la vie, je n'ai que ma minute devant moi, me faudra-t-il donc l'écouler toute entière sur un fleuve de larmes, dans une éclipse sinistre de l'humanité !

J'aime le dix-neuvième siècle, car je me sens pétri tout entier jusqu'à la moelle des os, de la fibre de ses idées. C'est le plus grand siècle de l'histoire par ses découvertes, par ses sciences, par ses travaux, par ses conquêtes, par les magnifiques coups d'autorité qu'il a successivement frappés sur la nature.

Il a retrouvé l'Évangile, caché sous l'autel, et l'a restitué au peuple de la main de la démocratie. Je me dis cela ; je sens palpiter en moi toutes les doctrines, toutes les magnificences, toutes les grandeurs, toutes les poésies de ce siècle béni, entre tous, de toutes les bénédictions.

J'ai foi que l'année qui viendra, et j'appelle l'année une vie d'homme, s'il le faut, nous arrive les mains pleines de grandes choses, de grandes institutions.

Eh bien ! plaignez si vous le voulez ma faiblesse, je voudrais, puisque je suis le contemporain de toutes ces espérances, connaître autre chose de mon siècle que le choc terrible qu'il va donner au passé.

J'entends déjà monter la voix de l'abîme : prions Dieu, mon ami.

XV.

AUSONE DE CHANCEL.

UNE CARAVANE DANS LE DÉSERT.

Voici le moment de partir pour le désert. Faisons-nous Musulman, ou plutôt Arabe; car Mahomet pour Mahomet nous aimons encore mieux être circoncis à la façon arabe. Qui n'aimerait en effet une religion assez simplifiée pour adresser à la Divinité cette unique prière : *O mon Dieu! lorsque tu dis d'une chose*, koun, *elle est. Ton ordre est entre le kaf et le noun.*

Oui, Arabe, mais Arabe nomade. Puisque nous sommes condamnés à voyager par ordre des révolutions, nous aimons mieux nous livrer, les jambes croisées, au tangage du chameau, que tourner dans cette cage d'écureuil qu'on nomme la politique ; aller de la Méditerranée au pays du Soudan, que du ministère de M. Guizot au ministère de M. Falloux.

Nous n'avons pas d'inimitié pour les noirs du Soudan. Quand un noir est bien authentiquement noir sur les deux joues, nous le trouvons conséquent avec lui-même, et nous respectons en lui la conviction de la nature. Il nous semble que ces messieurs du Soudan pourraient bien nous payer de retour. Parce qu'ils n'ont dans leur pays que du raisin noir ils prétendent que nous autres, race blanche, nous ne sommes que du verjus. Ils nous appellent du raisin qui ne sait pas mûrir. Comme si la France ne s'était pas montrée passablement mûre depuis une année.

Oui, Arabe, mais Arabe de caravane. Car celui-là ne connaît ni champ, ni maison, ni ville, ni municipalité, ni conscription, ni prestation en nature, ni garde nationale, ni impôt indirect, ni impôt direct, ni rente, ni bourse, ni chemin de fer, ni censure sous le nom de liberté, ni monarchie sous le nom de République, ni sergents de ville sous le nom de gardiens de Paris, ni garde municipale sous le nom de gendarmerie mobile, ni oppression de nationalité sous le nom de respect aux nationalités, ni..... comment dire cela ?... sous le nom de respect à la Constitution.

Oui, Arabe, mais Arabe du Sahara, car celui-là a des principes ; car à travers son Atlantique de sables mouvants, il marche les yeux fixés sur la même étoile. Il suit toujours son droit chemin. Nos nations égarées demandent leur salut à de bonnes vieilles amulettes qu'elles appellent des constitutions, et à chaque pas elles changent d'amulettes. L'Arabe garde toujours le même talisman.

Oui Arabe, mais Arabe de la tribu des Gambas ; car il n'a d'autre frontière à ses États que le trot de ses chameaux, d'autre caisse d'épargne qu'un sac qu'il remplit de dattes à chaque oasis ; d'autre fortune que ses troupeaux, vivres ambulants qui marchent toujours à ses côtés. Il ne discute ni les doctrines de Malthus, ni les théories de Cabet, ni l'organisation du travail, ni le droit à l'assistance.

— Comment fais-tu pour vivre ? disait un jour un Français à un socialiste en burnous, toujours errant, à la grâce de Dieu, sur la dune du désert.

— Celui qui a créé ce moulin, dit-il en montrant une respectable rangée de dents, n'est pas embarrassé pour fournir la mouture.

L'Arabe vit en effet sur le fonds de la Providence. Quand il n'a plus ni beurre, ni datte, ni couscoussou, ni quoi que ce soit à manger, il regarde de quel côté souffle le vent, et alors parfois il aperçoit à l'horizon un rideau noir qui voile le soleil et marche comme une pluie d'orage. Ce nuage n'est autre chose que la Providence qui dit *koun* entre le *kaf* et le *noun*, et qui apporte à l'Arabe son dîner.

Ce dîner est un plat de deux ou trois lieues carrées de sauterelles. C'est la moisson volante du désert. Les livres sacrés ont longtemps discuté cette grave question d'économie politique arabe, appliquée aux subsistances : est-il permis de manger des sauterelles ?

Après de nombreuses dissertations, l'affirmative a prévalu. Nous allons citer nos autorités. Mahomet disait :

« Meriem — c'est l'orthographe bédouine du nom de Ma-
» rie — ayant demandé à Dieu la faveur de manger une chair
» qui n'eût pas de sang, Dieu lui envoya des sauterelles. »

A ce texte si précis, Ben Madjat ajoute :

« Les femmes du prophète, lorsqu'on leur donnait des
» sauterelles, en envoyaient aux autres femmes dans des
» corbeilles.

» On demandait un jour à Omar si cet usage des saute-
» relles était bien permis. J'en voudrais avoir un panier,
» répondit-il, pour les manger. »

Il nous semble que Ben Omar prenait le meilleur moyen de résoudre la question.

Oui, voici le moment de se faire Arabe, nous ne dirons pas colon d'Afrique, car le véritable Bédouin n'a ni procès, ni Code civil, ni grande, ni petite propriété ; il n'a donc nullement à s'inquiéter de droit d'aînesse, d'égalité de partage, de régime hypothécaire ou de loi d'irrigation ; il ne possède sous la planète que la place de ses semelles ; il n'a pas besoin, pour se marier, de tant d'apprêts ; quand il désire épouser une jolie femme, il l'enlève galamment à la tête d'une troupe d'amis, au milieu d'une salve de coups de fusil ; il l'emmène sur un cheval, s'il a un cheval, sur un âne, s'il a un âne, sur son dos, s'il n'a ni âne ni cheval. Le père de la mariée embrasse sa fille derrière la tête pour tout adieu, et lui recommande pour toute leçon d'être chagrine quand son mari est chagrin, et joyeuse quand il est joyeux.

Après quoi le jeune homme l'épouse et la renvoie à la première occasion, sous prétexte de divorce, car l'Arabe aime naturellement à divorcer.

Cependant le mariage est une belle chose dans le désert. C'est la première étape sur le chemin du Paradis.

Lorsqu'un homme se marie, disent les Bédouins, le démon jette un cri terrible, tous les siens accourent.

— Qu'avez-vous, seigneur ?

— Un mortel vient encore de nous échapper ! répond Satan avec un cri de désespoir.

Oui, Arabe. Car voilà l'homme heureux, insouciant, diplomate, philosophe, poëte, homme d'État. Il tue lorsqu'il est le plus fort, il fuit lorsqu'il est le plus faible, il flaire le vent pour orienter sa marche, et philosophe utilitaire de l'école de Sancho Pança, il ne fait jamais de poésie qu'après avoir bien dîné. *Lorsque le ventre est content, il dit à la tête : Chante*, et l'Arabe attend toujours que le ventre soit content. Il a le génie de la diplomatie. Le moindre chamelier est un Talleyrand. Il a inventé cet admirable proverbe : *Si celui dont tu as besoin est monté sur un âne, dis lui : Quel bon cheval vous avez là, monseigneur.*

Nous savons bien que cet Arabe-là, qui n'a vu des Français qu'en pantalon garance dans nos expéditions d'Afrique, confond aisément le civil et le militaire dans son esprit. Il nous prend pour une nation d'hommes bâtés qui portent leur vie sur leur dos, qui marchent alignés par longues files, enchaînés l'un à l'autre, les pieds ferrés, et qui, à la bataille, ne font tous ensemble qu'un coup de fusil. N'importe, nous ne lui en tenons pas rancune. Nous ne nous sentons ni bâtés à ce qu'il paraît, ni ferrés, et nous n'en regardons pas moins d'un œil d'envie son existence errante, indépendante, poétique, courageuse, au-dessus des révolutions, et qui mieux est, des contre-révolutions.

Nous voudrions prendre place dans ses caravanes, nous enfoncer dans ses déserts, ne plus voter, ne plus entendre ce mensonge perpétuel de la politique, qui, de révolution en révolution, ne fait que changer de menteur ; ne plus lire surtout les bulletins, ni les proclamations de ces chevaliers errants qui vont enseigner la liberté aux nations à coups d'étrivières.

Voilà ce que nous disions en lisant, au milieu des tristesses du moment, cette odyssée en participation de MM. Daumas et Ausone de Chancel. Ces deux écrivains, l'un directeur et l'autre secrétaire du bureau arabe, ont dépouillé l'immense dossier de toutes les enquêtes que l'administration française a pu faire sur les tribus de l'Algérie. Ils avaient déjà publié une savante monographie du Sahara. Mais ils n'avaient traité que la géographie et l'histoire naturelle de cette contrée. Ils s'étaient arrêtés à la lisière du grand désert.

Ils franchissent aujourd'hui cette lisière. Ils écrivent l'histoire de la caravane qui va faire la traite au royaume d'Haoussa. Ils en marquent pas à pas l'itinéraire. Ils relèvent, chemin faisant, les villes, les tribus, les productions, les denrées des différents pays. Leur ouvrage est un panorama perpétuel, vu à dos de chameau, de toutes ces contrées. C'est une initiation complète à la vie, de ces races intactes, depuis des siècles, aux influences de la civilisation. Détails de mœurs, tableaux saisissants, récits réels, légendes féeriques, chasses ou bivouacs défilent sans cesse devant le lecteur au pas de la caravane.

MM. Daumas et Chancel n'ont rien oublié, rien négligé. Ils ont compulsé tous les documents vivants qu'ils avaient sous la main, c'est-à-dire tous les Arabes qui avaient fait cette longue pérégrination. Ils ont vérifié les témoignages par les témoignages, et avec ces derniers fragments recueillis çà et là, ils ont créé en quelque sorte ce monde profondément inconnu du désert. Le général Daumas préparait la matière et M. Chancel faisait la rédaction. Or, comme un livre est surtout dans sa rédaction, nous nommerons uniquement désormais M. Chancel.

Il faut avouer aussi qu'il n'est peut-être pas de plus belle chronique à écrire que la chronique d'une caravane. Partout ailleurs, le commerce est le plus authentique de tous les prosaïsmes. Qu'est-ce qu'une voiture de roulier qui chemine lentement sous la protection des gendarmes, ou le ballot de coton qui navigue paisiblement sous la garantie d'une assurance? Il n'y a là ni danger ni dépense d'esprit. Cela est parti, cela est arrivé à jour nommé. Mais il n'en est pas ainsi d'une caravane : c'est le commerce le plus dramatique qu'il soit donné à l'homme de faire sous le soleil. Là, le péril marche toujours à côté du voyageur, et le voyageur doit à chaque instant se frapper le front pour échapper au péril. Une caravane est une perpétuelle stratégie. Il faut autant de génie pour conduire une centaine de chameaux à Tombouctou que pour faire la campagne d'Égypte.

Et d'abord le voyageur doit s'aventurer dans des plaines incommensurables, sans routes, sans rivières, sans lacs, sans arbres, où l'autruche, cette façon de dromadaire bipède, peut courir des mois entiers sans trouver un buisson pour y mettre la tête au besoin.

Le vent qui roule sans cesse devant lui cette houle de sable mouvant efface le pas du voyageur, jusque sous son talon. On ne reconnaît les traces des caravanes que de loin en loin, aux longues files de squelettes d'hommes et de troupeaux ensevelis par le simoun ou massacrés par les pillards.

Souvent quand le ciel est éteint, quand l'étoile est voilée, l'Arabe s'égare; mais la Providence lui a donné pour se reconnaître de merveilleux instincts. Il se baisse pour ramasser, dans les ténèbres, une poignée d'herbe et de terre, il les flaire, il les goûte, et à l'odeur et au toucher il retrouve son chemin.

Et ce n'est pas là encore la principale difficulté du voyage. Il faut suivre certaines désignations, bivouaquer autour de puits qui ne sont marqués que sur la carte de la mémoire. Ces puits sont de véritables abreuvoirs creusés dans le lit des ravins et remplis des dernières infiltrations des torrents. Ce sont des lieux sacrés pour les Arabes. Chaque caravane les trouve couverts de branches d'arbres et les recouvre pieusement à l'heure du départ.

Quand ils arrivent autour de ces mares, les voyageurs déchargent les bagages, les rangent en cercle, parquent les chameaux au centre, avec des entraves de fer, font leur souper, leurs ablutions et s'endorment dans leur burnous, tandis qu'un piquet de garde fait sentinelle autour de la caravane. Ils veillent quelquefois à la belle étoile et allument leur pipe lorsqu'ils ne sont pas dans le voisinage de quelque tribu, car la fumée pourrait les trahir et l'Arabe dit : *La nuit est la part du pauvre.* Le pauvre ici est un euphémisme qui veut dire bandit.

C'est dans ces veillées, sous les étoiles, pâles lampes du désert, que le marabout, ce poëme vivant, déroule son long chapelet de légendes religieuses, pétries à la fois de mysticisme et d'ironie.

Pour donner un échantillon de cette poésie, nous citerons cet apologue que M. Chancel a recueilli au puits de Sidi-Mohamet :

« Un jour Sidna Ayssa — c'est l'orthographe là-bas du
» nom de Notre Seigneur Jésus-Christ — fit rencontre de
» Chitann — c'est l'orthographe de Satan, — qui poussait
» devant lui quatre ânes lourdement chargés, et lui dit :

» — Chitann, tu t'es donc fait marchand ?

» — Oui, seigneur, et je ne puis pas suffire au débit
» de mes marchandises.

» — Quel commerce fais-tu donc ?

» — Seigneur, un excellent commerce, voyez plutôt :

» Des quatre ânes que voici, et que j'ai pris entre les
» plus forts de la Syrie, l'un est chargé d'injustices. Qui
» m'en achètera ? Les sultans.

» L'autre est chargé d'envies ; qui m'en achètera ? Les
» savants.

» Le troisième est chargé de vols ; qui m'en achètera ?
» les marchands.

» Le quatrième porte à la fois, avec des perfidies et des
» ruses, un assortiment de séductions qui tiennent de tous
» les vices ; qui m'en achètera ? Les femmes.

» — Méchant, Dieu te maudisse ! reprit Sidna.

» Le lendemain, Sidna Ayssa, faisait sa prière au même
» endroit, et entendit les jurements d'un ânier dont les
» quatre ânes, accablés sous la charge, refusaient de
» marcher.

» Il reconnut Chitann.

« — Dieu merci, tu n'as rien vendu, lui dit-il.

» Seigneur, une heure après vous avoir quitté, tous mes
» paniers étaient vides ; mais, comme toujours, j'ai eu
» des difficultés pour le paiement.

» Le sultan m'a fait payer par son khalifa, qui voulait
» tromper sur la somme.

» Les savants disaient qu'ils étaient pauvres.

» Les marchands et moi nous nous appelions vo-
» leurs.

» Les femmes seules m'ont bien payé sans marchander.

» — Et cependant je vois que tes paniers sont pleins
» encore, objecta Sidna Ayssa.

» — Ils sont pleins d'argent et je le porte au cadi, ré-
» pondit Chitann en fouettant ses ânes. »

Il paraît même que dans le Sahara, la justice trouve encore le moyen de ruiner les plaideurs.

C'est ainsi que de citerne en citerne et de légende en légende, la caravane chemine lentement, péniblement, à travers d'implacables solitudes, dévorées par le soleil. Mais le chameau est patient. La Providence l'a savamment organisé pour le désert. Elle lui a mis dans l'estomac une fontaine portative où il peut boire à volonté. Cela est connu de tous les enfants. Mais qu'importerait que la Providence lui eût donné un supplément de boisson si elle ne lui avait donné un supplément de nourriture. Le chameau mourrait de faim au lieu de mourir de soif, ce serait toute la faveur du ciel à son égard. Ce paradoxe de nature embarrassa longtemps la théodicée. Aujourd'hui la question est résolue.

Jusqu'à présent on avait regardé la bosse du chameau comme une fantaisie de la création. Il n'en est rien. Cette bosse est une besace pleine que la Providence lui a attachée sur les épaules. Voici comment. L'oxygène est une sorte de divinité infernale acharnée à notre personne. Il faut toujours lui donner quelque chose à brûler. Il brûle d'abord notre nourriture sous prétexte de digestion, mais à défaut de nourriture, il se retourne alors sur notre corps et il en dévore les parties grasses jusqu'à parfaite combustion. Quand ces parties sont épuisées, il attaque alors le reste de l'individu. Heureux alors ceux qui ont quelques boules de graisse à lui jeter en temps de famine. Eh bien! la bosse du chameau est un combustible de cette nature chargé d'apaiser l'oxygène, chemin faisant; aussi, au bout de quelques jours de jeûne, la bosse disparaît. L'Arabe ne comprend pas ce phénomène, et pourtant l'explication est bien facile : la bosse est mangée.

L'Arabe et le chameau d'ailleurs ne sont qu'un seul et même individu en deux personnes. Ils sont consubstantiels. L'Arabe est une bosse mobile du chameau, le chameau est une prolongation de l'Arabe. Ils font l'un et l'autre partie de la famille. Ils vivent de la même nourriture, à cela près que l'Arabe mange le chameau, et que le chameau ne le paie pas de réciprocité.

Admirable créature, infatigable, contrefaite et résignée, créée pour la solitude et pour la souffrance, elle vit, elle marche, elle passe, elle meurt, sans jamais murmurer de sa destinée ; elle semble pressentir qu'elle sera un jour missionnaire de civilisation : nous parlons du chameau.

Mais ce ne sera pas cependant en allant chercher des nègres dans ce pays du Soudan. Car nous ne saurions partager les idées que M. Chancel émet timidement, il est vrai, et sous forme de doute, dans cette grave question de l'esclavage. Il paraît croire que la traite est l'instruction primaire de la barbarie. Nous ne saurions partager cette idée. Les vainqueurs, dit-il, tueront leurs prisonniers. Pourquoi donc ? Même dans le royaume d'Haouda on ne tue pas pour tuer.

Si la traite est autorisée, les roitelets du centre de l'Afrique se feront perpétuellement la guerre pour se procurer la marchandise. Et savez-vous pourquoi ils massacrent leurs esclaves? Parce que leur marchandise est trop abondante. Mais ce n'est là, après tout, qu'un côté du problème. Le véritable danger de l'esclavage est là où réside l'esclave. Nous aborderons une autre fois ce débat.

Seulement en lisant l'ouvrage de M. Chancel, en parcourant du regard cette longue mercuriale qu'il nous donne du prix des nègres au pays des Foullanes, nous nous sentons pris d'une profonde commisération pour notre pauvre espèce. Un nègre avec sa barbe ne vaut guère qu'une cinquantaine de francs. Un négrillon vaut un peu plus parce qu'il n'a pas chance de s'échapper. Le vendeur donne à l'acheteur les plus grandes facilités pour examiner les esclaves. Des cas rédhibitoires sont stipulés pour le nègre qui se coupe les chevilles en marchant, celui dont le cordon ombilical est trop exubérant, celui qu'il faudrait emmailloter, crainte de certaine infirmité pendant son sommeil, pour la négresse qui ronfle en dormant, enfin pour tout esclave qui a la *plique*, les cheveux courts et entortillés.

Il est cependant des nègres qui sont toujours laissés au rebut ; ce sont ceux qui sont attaqués du seghremon. Le seghremon est un bouton qui vient aux jambes, aux bras et au cou, et qui se termine par une espèce de cordon qu'il faut retirer avec précaution, en le roulant sur un morceau de bois, comme du fil sur une bobine ; car s'il casse dans l'opération, le nègre meurt, ou ne guérit jamais, ou reste estropié. Ces cordons ont quelquefois douze ou quinze pieds de longueur. Le seghremon est cette horrible maladie connue tantôt sous le nom de *ver macaque*, tantôt sous celui de *ver de Guinée*.

Hélas ! en lisant ces détails sur notre frère plus noir du pays de Foullanes, sur ce bétail humain, marqué par Dieu de la même estampille que nous, dans la hiérarchie de l'histoire naturelle, nous regrettons d'avoir admiré cette caravane qui est allée si poétiquement, à travers tant de dangers, consommer, à mille lieues de ses douars, ce marché d'iniquité. Nous n'envions plus le sort de l'Arabe. Nous reprenons notre chaîne de Français. Nous consentons à vivre sous l'état de siége et à recommencer nos éternelles discussions de socialisme, — qui nous expliquera ce qu'est le socialisme ? Et à ce propos nous vous dirons que M. Chancel a trouvé la banque d'échange en plein Soudan. Les Arabes et les Foullanes n'emploient que des *oudaas* pour leurs transactions. L'*oudaa* est une monnaie fictive comme la livre sterling. Ils s'en servent uniquement pour établir une échelle de valeurs entre les différents objets, mais ils échangent directement ces objets : tant de nègres pour tant de miroirs.

Nous n'essaierons pas de donner une analyse de cet

itinéraire. Par la multiplicité de ses recherches, la rapidité de son récit, il échappe à toute analyse. C'est un ouvrage de science, d'érudition, de style et de poésie. C'est un recueil complet des mœurs, des cérémonies des Arabes, de l'organisation et de la marche d'une caravane. Ce sera un jour le bréviaire des nouveaux Caillé qui voudront franchir le Sahara, un de ces livres qu'il faut mettre dans sa bibliothèque, si l'on veut y mettre en même temps une des contrées les plus inexplorées de la mappemonde.

XVI.

PAGANEL.

HISTOIRE DE FRÉDÉRIC LE GRAND.

Le grand Frédéric était fils du roi Guillaume, qui portait une perruque ronde, un habit de drap gris garni de boutons de cuivre et ouvert sur la cuisse, pour ménager l'étoffe. Quand l'habit de drap avait loyalement achevé son service, il repassait sa garniture à un autre habit. Le même bouton de cuivre figurait ainsi à perpétuité sur la poitrine de sa majesté, par raison d'économie.

Guillaume buvait sec et gouvernait son marquisat de Brandebourg, comme sa famille, à coups de bâton. Bien boire faisait alors partie du talent de la royauté. L'Allemagne traitait encore la diplomatie le verre à la main, par respect pour la mémoire des chevaliers Teutons. Le plus habile diplomate cherchait à griser l'autre pour lui arracher son secret.

Le roi de Pologne et l'ambassadeur Grumkow luttèrent ainsi de finesse, un soir à souper. Ils vidèrent toute la nuit bouteille sur bouteille avant de pouvoir décider la victoire. Enfin, de guerre lasse, ils roulèrent tous les deux, sous la table, sans connaissance. Le roi de Pologne était mort, Grumkow était mourant. Il expira quelque temps après, pour aller renouer sans doute, dans l'autre monde, cette partie interrompue de diplomatie.

Guillaume marchait dans les rues de Berlin, la canne toujours levée. Lorsqu'il rencontrait une femme sur son passage, il lui déchargeait sa canne sur l'épaule.

— Va-t'en chez toi, gueuse, lui disait-il; une honnête femme doit toujours être dans son ménage.

Il pratiquait dans sa maison la même police, et bâtonnait sa fille, la margrave de Bareith, avec autant d'aisance qu'une bourgeoise de Berlin.

Il détestait particulièrement Frédéric, d'abord parce que c'était son fils, et ensuite parce que ce fils aimait la lecture. Un prince qui lit lui paraissait un héritier dangereux de la couronne.

Frédéric jouait de la flûte, pour chasser la mauvaise humeur de son père, et comme la flûte aime l'accompagnement, il invita une jeune fille à l'accompagner sur le piano.

Guillaume apprit ce duo mystérieux dans son palais. Il y vit un crime d'État. Il fit saisir la jeune fille et la fit fouetter en place publique par le bourreau.

Frédéric finit par perdre patience, et pour échapper au bâton, il complota un jour avec Keith, son compagnon d'enfance, de passer la frontière. Mais Guillaume veillait; il surprit son fils au moment de l'évasion. Il commença par l'assommer sur place et par lui arracher les cheveux; après quoi il lui retira son épée et l'envoya en prison.

Comme il soupçonnait la margrave de complicité, il la renversa par terre à coups de pied et la traîna ensuite sur le parquet pour la jeter par la fenêtre. Mais la mère retint sa fille par sa robe et lui épargna la culbute. Néanmoins la pauvre margrave en garda pour le reste de ses jours un talon de botte paternellement gravé sur la poitrine.

Guillaume fit condamner Keith à la peine de mort et le fit exécuter devant la prison, sous la fenêtre même de Frédéric. Pendant l'exécution, deux sergents tenaient, de vive force, la tête du prince tournée vers l'échafaud de son ami. Le bourreau parut, la hache brilla, Frédéric poussa un cri et tomba évanoui dans les bras des sergents.

Après avoir immolé Keith, Guillaume voulait encore immoler son fils, pour lui ôter à l'avenir toute pensée d'évasion. Il le livra à un conseil de guerre avec injonction d'appliquer au coupable la peine de mort pour avoir déserté. Le prince d'Anhalt présidait le conseil. C'était un homme de résolution et, de plus, un homme d'honneur. Au moment d'aller aux voix, il tira son sabre :

— Je vote, dit-il, l'acquittement du prince et je coupe les oreilles du premier qui votera autrement.

Le tribunal trouva ce plaidoyer suffisamment concluant, et il acquitta Frédéric à l'unanimité.

Guillaume cassa le jugement et renvoya son fils devant un autre tribunal, composé de conseillers intimes. Les nouveaux juges, déterminés d'avance à justifier la confiance du roi en leur habileté, trouvèrent cependant un obstacle à la condamnation.

La loi prussienne déclarait l'héritier de la couronne irresponsable. Ils allèrent confesser à Guillaume leurs scrupules. Guillaume les écouta tranquillement et sourit de leur embarras.

— L'héritier est inviolable, dit-il, cela est vrai; nous devons respecter religieusement son inviolabilité. Mais Frédéric n'est pas seulement prince héréditaire, il est encore colonel d'un régiment de dragons. Acquittez-le comme héritier du trône, rien de mieux, mais condamnez-le comme colonel. La tête du colonel tombera, la tête du prince restera intacte, — dans le libellé de l'arrêt.

Les juges applaudirent cette ingénieuse invention d'une même personne divisée en deux personnes, l'une sacrée, l'autre coupable. Ils motivèrent leur sentence sur cette distinction et condamnèrent Frédéric au supplice.

Mais, au moment de signer l'exécution, Guillaume sentit sa main trembler. Il commua la peine de son fils en simple détention. Il était triste, d'ailleurs, et fatigué de régner. Après avoir bâtonné la moitié de Berlin, il trouvait qu'un roi de Prusse n'avait plus rien à faire sous le soleil. Il tournait à la dévotion, il songeait même à la retraite.

— Je veux me retirer à la campagne, disait-il à la margrave, pour y prier Dieu et faire mon salut. Je tiendrai la ferme, ma femme tiendra le ménage ; toi, tu es adroite, tu auras l'intendance du linge, tu feras la lessive. Frédérique est économe, elle gardera la clef de l'armoire ; Charlotte est active, elle ira au marché.

Guillaume avait eu dans sa vie une seule passion. Il aimait les hommes de sept pieds à la fureur. Il ne voyait pas un homme de sept pieds dans la rue sans avoir envie de le marchander. Partout où il pouvait dépister un Titan de cette taille, en Europe, en Asie, au bout du monde, il le faisait acheter. Il paya quarante mille francs un Irlandais. Lorsqu'il ne pouvait pas acquérir la marchandise à l'amiable, il la volait, n'importe où et comment. Il vola un jour l'abbé Bastiani, en pleine Lombardie, au moment même où le malheureux abbé disait la messe à l'autel.

Guillaume avait enfin assouvi sa passion. Il possédait le

plus beau régiment de grenadiers. Il avait réalisé la plus haute ascension connue du plumet ; mais il lui manquait pour la symétrie de son armée un régiment de cavalerie à l'avenant.

Précisément le roi de Pologne avait un régiment de dragons de la plus haute venue. Guillaume proposa à son voisin de lui changer son régiment contre une douzaine de potiches du Japon. Le roi de Pologne accepta, et le régiment de dragons garda depuis, dans toutes les guerres de Frédéric, le nom de régiment des potiches.

Après avoir ainsi porté dans l'armée prussienne la taille humaine à son plus haut degré, Guillaume trouva sans doute sa mission finie. Il mourut ; mais avant de mourir il régla minutieusement la toilette de son cadavre.

— Je veux, dit-il, qu'après ma mort on me lave, on me rase, on me peigne et on me mette une chemise blanche. On me laissera quatre heures livré à mes réflexions dans ma nouvelle toilette ; au bout de ce temps on ouvrira mon corps en présence du major Bredow ; on examinera attentivement la cause de ma maladie ; on remettra le tout en place sans en distraire un atôme ; on me lavera de nouveau ; on me passera mon uniforme, mon chapeau, et on me couchera dans mon cercueil.

Il compta le nombre de cartouches que chaque soldat devait brûler à son enterrement, comme pour commander lui-même la manœuvre du fond de son tombeau.

A peine avait-il rendu le dernier soupir, que Frédéric envoya chercher le premier chambellan du défunt, le baron de Polnitz. Le baron accourut avec toute la solennité de l'étiquette allemande, sa clef de chambellan sur l'épaule.

— Monsieur le baron, dit Frédéric, le roi Guillaume,

mon père, vient de mourir. J'entends que vous l'enterriez magnifiquement, sans regarder à la dépense. Vous pouvez acheter autant d'aunes de drap, de crêpes et de galons que vous voudrez pour le catafalque. Je les paierai.

Le chambellan fit la révérence et sortit pour exécuter les ordres de son nouveau souverain.

Il avait à peine descendu la dernière marche de l'escalier, que Frédéric courait en chemise à sa poursuite, et que, le rappelant du haut de la rampe, il lui criait :

— Et surtout pas de friponnerie, monsieur le baron, pas de tour de bâton ; je ne vous le pardonnerai pas, je vous en avertis.

Frédéric respirait enfin ; il régnait. Pour imiter son père à sa façon, il chercha, lui aussi, son homme de sept pieds, et il invita Voltaire à venir partager avec lui la gloire de la royauté.

Voltaire accepta l'invitation. Le roi fit la moitié du chemin et attendit le poëte à deux lieues de Clèves, dans un mauvais château qui pouvait à peine passer pour une auberge.

A son arrivée, Voltaire aperçut dans la cour un petit homme égrillard, qui marchait à grands pas de long en large et soufflait dans ses doigts en marchant. Ce petit homme portait des bas sales, des manchettes de toile, un chapeau troué, une perruque de travers qui entrait d'un côté dans sa poche, et de l'autre arrivait à peine à l'épaule ; c'était le conseiller Rambonnet, premier ministre de Sa Majesté. Il méditait en ce moment un mystère d'État.

Le poëte trouva le roi de Prusse malade et couché sur un méchant grabat. Il lui tâta le pouls, et désormais l'intimité régna entre les deux génies.

L'accès de fièvre passa, et Frédéric invita Voltaire à souper. Ils soupèrent en bonne compagnie, parlèrent d'immortalité, de liberté, de Platon, du banquet et allèrent dormir là-dessus.

Pendant ce temps-là le conseiller Rambonnet montait sur un cheval de louage, chevauchait toute la nuit à travers la campagne, et le lendemain, à la pointe du jour, instrumentait contre la ville de Liége pour la contraindre à payer au roi de Prusse je ne sais quelle contribution. Un régiment parti de Cassel, le même jour, appuya la demande. Voltaire rédigea, par la même occasion, un savant manifeste contre l'évêque de Liége, ne doutant pas, comme il le dit lui-même, qu'un roi qui l'appelait son ami, ne dût toujours avoir raison.

Le roi de Prusse emmena Voltaire à Berlin et lui donna, pour la forme, une clef de chambellan. Les deux amis vivaient inséparablement sous le même toit, l'un au premier, l'autre au second étage du palais.

Ils correspondaient toute la journée par les petits escaliers. Le roi de Prusse rimait la grasse matinée et envoyait par un page sa poésie toute chaude à Voltaire. Voltaire redressait les vers de Sa Majesté, et la félicitait, par le même courrier, de son talent.

Le poëte adressait, en échange, au roi de Prusse, des notes diplomatiques sur la politique de l'Europe. Il alla même un jour jusqu'à lui poser cette question : Doutez-vous que les Autrichiens ne songent à vous reprendre au premier jour la Silésie? Frédéric renvoya la note à Voltaire avec cette réponse à la marge : *Ils seront reçus, Biribi, à la façon de Barbarie, mon ami.*

Voltaire retrouvait le soir Frédéric à souper. Alors la Prusse dormait. La porte de la salle à manger était fermée. Le roi soupait en comité secret. Aucun témoin, aucun domestique : à un signal donné, le plafond roulait ; le repas tombait tout servi du plancher.

Il n'y avait ensuite ni poëte, ni roi, ni chambellan, ni musicien, ni chanteur ; c'était toi, c'était moi, c'était Platon, c'était Denis. On buvait, on chantait, on parlait, on riait, on était philosophe, impie, athée, tout ce qu'on voulait, pourvu qu'on eût de l'esprit. Frédéric prenait surtout à partie le malheureux Polnitz, qu'il avait autrefois si durement interpellé du haut de l'escalier.

Il lui demandait d'un air affectueux s'il ne changerait pas volontiers de religion pour la quatrième fois, et il offrait de payer cent écus sa conversion.

— Mon Dieu ! mon cher Polnitz, ajoutait-il, j'ai oublié le nom de cet homme que vous avez volé un jour à la Haye, en lui vendant du plaqué pour de l'argent ; aidez donc un peu ma mémoire, je vous conjure.

Le malheureux Polnitz baissait la tête et gardait le silence.

Voltaire portait le nom de Frédéric jusqu'au huitième ciel de la philosophie ; mais c'était trop de deux rois dans un même palais ; le conquérant et le philosophe finirent par se brouiller. Voici à quelle occasion.

Maupertuis vivait aussi dans l'intimité de Frédéric. Il détestait Voltaire. Comme Voltaire savait toujours payer argent comptant la haine d'un ennemi, il écrivit contre Maupertuis le pamphlet du *Docteur Akakia*.

Frédéric apprit l'existence de ce pamphlet et voulut en arrêter la publication.

— Écoutez, mon ami, dit-il un jour à Voltaire, Maupertuis a eu les premiers torts envers vous, j'en conviens ; mais il est mon ami comme vous, il dîne comme vous à ma table, je ne puis le laisser injurier publiquement dans ma maison sans violer le droit sacré de l'hospitalité. Au nom de l'amitié que vous me portez, mon cher Voltaire, faites-moi le sacrifice de ce pamphlet.

— Qu'à cela ne tienne, répondit Voltaire, Votre Majesté demande ; elle ordonne ; je vais de ce pas jeter au feu le manuscrit.

Mais Frédéric avait la science du cœur humain ; il suspecta la sincérité d'un feu qui devait brûler hors de sa présence.

— Non, dit-il, allez plutôt chercher le pamphlet ; vous me le lirez pour que je puisse l'ensevelir dans mon esprit, comme dans un tombeau royal.

Voltaire apporta le manuscrit et commença la lecture, dans le cabinet du roi, sous le manteau de la cheminée. A chaque épigramme, le roi éclatait en admiration. Il prenait la main de Voltaire, il la baisait, et il criait, dans son enthousiasme :

— Non, jamais roi du monde n'a baisé la main d'un pareil génie.

Lorsque Voltaire avait achevé la lecture d'un cahier et l'avait livré à la flamme avec un geste de désespoir, alors roi et poëte sautaient en place, dansaient une danse héroïque, devant l'holocauste, en chantant une hymne improvisée : *O Vulcain, ô dieu cruel !*

Le feu avait dévoré le dernier cahier. Le sacrifice était consommé. Voltaire sortit avec une profonde expression de tristesse. Frédéric le suivit un instant du regard, les bras croisés sur sa poitrine, et lorsque le poëte eut refermé la porte sur ses talons :

— Tu m'as livré trop facilement ton manuscrit, dit-il, tu m'as trompé ; tu dois en avoir gardé une copie et l'avoir déjà donnée à quelque imprimeur de Berlin.

Et en effet, Voltaire avait trompé Frédéric. Il imprimait en cachette le *Docteur Akakia*. Mais Frédéric veillait. Au moment même où l'édition allait paraître, il la fit saisir tout entière, jusqu'au dernier volume, et, dans le premier mouvement de colère, il la fit brûler sur la place publique par la main du bourreau.

Voltaire assista à l'autodafé du haut d'une fenêtre. Lorsqu'il vit monter la flamme du bûcher, il cria à tue-tête : *Voilà l'âme de Maupertuis qui s'en va en fumée.*

Et prenant un air contrit il ajouta :

— Et ces quatre petits déserteurs qui courent la poste et qui arrivent maintenant en Hollande !

Ces quatre petits déserteurs étaient quatre exemplaires que le poëte avait préalablement sauvés de la main du bourreau, et envoyés pour plus de sûreté à son éditeur d'Amsterdam.

Dans ce duel de diplomatie, la victoire demeura, comme on le voit, au poëte. Mais Frédéric endurait difficilement une défaite ; il écrivit à Voltaire une lettre datée de sa chambre, uniquement pour lui dire : Vous avez un cœur aussi petit que vous avez un grand génie. Il chargea un page de porter ce compliment à son adresse.

Voltaire reçut avec indignation cette antithèse entre son cœur et son esprit, et apostrophant le page, dans sa fureur, il lui disait :

— Mais ton maître est un misérable, un coquin, un bandit, un scélérat ; mais je veux le mettre sous mes pieds, mais je veux le traîner par les cheveux devant l'Europe.

Le page cherchait à l'arrêter.

— Songez, monsieur, que l'homme dont vous parlez est mon maître, et que d'un mot il peut faire tomber votre tête, demain.

Cette simple parole éteignit subitement la fureur de Voltaire. Il prit le page par la main et lui dit d'un ton de componction :

— Je n'ai eu qu'un tort envers ton maître : je lui ai appris à faire les vers mieux que moi.

Après avoir cherché ainsi à racheter l'injure par la flatterie, il congédia le courrier.

— C'est un fou, dit Frédéric, en apprenant la réponse de Voltaire.

Les deux amis étaient déjà brouillés depuis longtemps. Les murs du palais ont l'oreille fine par métier. Or, un mur avait entendu dire à Voltaire, un jour qu'il corrigeait les vers de Frédéric :

— Je lave le linge sale de Sa Majesté.

Le mot était arrivé à Frédéric. Il y fit cette courte réponse :

— Je presse l'orange, et quand je l'aurai vidée j'en jetterai l'écorce.

La réponse revint à Voltaire, et dès lors il songea sérieusement à mettre l'écorce de l'orange à l'abri de tout accident. Il demanda son passe-port et partit, mais à la frontière un recors l'arrêta au nom du roi de Prusse, et le somma de restituer sur-le-champ les effets précieux qu'il emportait à Sa Majesté.

— Quels effets précieux, dit Voltaire, seraient-ce, par hasard, les diamants de la couronne?

— C'être, monsir, répondit le recors, l'œuvre de *poeschie* du roi, mon gracieux maître.

Voltaire avait laissé le ballot de *poeschie* à Leipzig, et il dut attendre en prison l'arrivée du ballot.

Après ce coup de grâce, le poëte secoua la poussière de ses pieds, et jura de ne plus prendre un roi pour ami.

Je demande pardon à M. Paganel de m'arrêter uniquement à un épisode du règne de Frédéric, mais, à mon avis, l'histoire d'un homme est tout entière dans l'étude de son caractère.

Que m'importe maintenant que Frédéric ait fait la guerre de Sept ans, la campagne de Silésie, gagné la bataille de Soor, la bataille de Rosbac, par une marche de flanc ou un quart de conversion, qu'il ait assiégé, bombardé, pris, perdu, repris Spandau ? Spandau, Dieu du ciel ! pourrait être encore attaqué, canonné, perdu et repris pendant vingt années, que je ne tournerais pas la page d'un livre pour le savoir.

Frédéric traitait admirablement la guerre, j'en conviens. Mais combien a-t-il tué d'hommes, en définitive ? Cent mille, peut-être. Le beau mérite ! Le choléra en fera autant quand il voudra, en une seule tournée.

Comment ! voilà le roi de Prusse, un homme d'esprit, assurément ! Il sort de sa capitale à la tête de quarante mille soldats et de cent médecins. Il fait casser des bras et des jambes toute une journée par ses soldats, à coups de fusil, et quand il trouve que les bras et les jambes sont suffisamment cassés, il les fait raccommoder à grands frais par ses médecins.

Tenez, si je suivais mon inspiration, je dirais volontiers qu'en changeant ses dragons pour des potiches, le roi de Pologne faisait un excellent marché.

Et après tout, la lutte de Voltaire et de Frédéric est peut-être la page la plus dramatique du dix-huitième siècle. Ils sont diplomates tous les deux, tous les deux intraitables dans leurs prétentions.

Ils combattent en apparence pour le *Docteur Akakia*, mais le *Docteur Akakia* est ici plus important qu'un royaume, car les deux champions représentent les deux royautés qui vont agiter le monde de leur querelle, l'épée et la pensée.

Qui l'emportera des deux? Sera-ce Voltaire, sera-ce Frédéric?

L'histoire ne peut encore le dire avec certitude, car Voltaire et Frédéric luttent toujours en Europe. Si Voltaire est parvenu à faire imprimer le *Docteur Akakia*, il a payé de sa liberté le lendemain sa victoire.

Et pourtant Frédéric était magnanime ; il pardonnait volontiers, même l'injure qu'il avait faite à autrui. Il écrivit le premier à Voltaire pour renouer avec lui une seconde amitié, à distance, sans danger pour le poëte. Il avait l'âme de César, supérieure à toute pensée de vengeance.

— Il y a pourtant, disait-il à table, un juge qui m'a condamné à mort, et qui dîne paisiblement à l'heure que voilà, ici même à Berlin.

Un homme tenait des propos factieux en public, la police l'arrêta.

— Le coupable a-t-il deux cent mille hommes à son service? demanda Frédéric.

— Non.

— Alors vous pouvez le relâcher.

Il laissait ordinairement sa tabatière sur la cheminée. Un matin qu'il avait le dos tourné au feu, pour faire sa toilette, il aperçut dans sa glace un page qui puisait abondamment dans la tabatière royale, avec la dernière effronterie.

Frédéric tourna brusquement la tête.

— Comment trouves-tu ce tabac?

— Bon, répondit le page.

— En ce cas, mon garçon, prends cette tabatière, je te la donne ; elle est trop petite pour deux.

Un pasteur de village prêcha un dimanche contre Hérode et attaqua le roi de Prusse sous cet ingénieux pseudonyme. Hérode connut à Berlin ce prône à son intention, et il cita le prédicant devant le consistoire de Potsdam.

Le pasteur obéit à la citation. Il n'y avait jamais eu de consistoire à Potsdam. Mais Frédéric avait prévu cet inconvénient. Il prit une robe et un rabat de prédicateur; il fit prendre le même costume à d'Argens, à Polnitz, qui avait changé quatre fois de religion, et à Lametrie, qui exerçait auprès de lui la charge d'athée.

Il mit un tome du Dictionnaire de Bayle sur une table, en guise d'Évangile, et il ordonna au grenadier d'introduire le coupable devant ce consistoire improvisé.

— Mon père, lui dit le roi, je vous demande, au nom de Dieu, sur quel Hérode vous avez prêché?

— Sur Hérode, qui fit tuer tous les petits enfants, répondit le bonhomme.

— Je vous demande, ajouta le roi, si c'était Hérode, premier du nom, car vous devez savoir qu'il y en a eu plusieurs.

Le pasteur ne sut que répondre.

— Comment! dit le roi, vous osez prêcher sur un Hérode et vous ignorez quelle était sa famille! Vous êtes indigne du saint ministère. Nous vous pardonnons cette fois-ci, mais sachez que nous vous excommunierons si jamais vous prêchez sur quelqu'un sans le connaître.

Alors on lui délivra sa sentence, dit Voltaire, et son pardon.

Frédéric était avare, et il poussait l'avarice jusqu'à oublier de payer les dettes de sa jeunesse. Il faisait à peine une pension de cent écus à la jeune fille que le bourreau avait fouettée pour avoir accompagné la flûte du prince sur l'épinette.

Il rencontra une fois un curé dans une rue de Berlin.

— Vous allez voir, dit-il à ses courtisans, comme je vais embarrasser ce cafard.

Il aborda brusquement le curé :

— As-tu lu le *Tartufe?*

— Oui, sire, et l'*Avare* aussi.

Frédéric aimait à rire, mais jamais à ses dépens. Il sentit un instant sa canne frémir dans sa main; mais il passa outre et oublia le curé.

A son retour de Prusse, Voltaire avait écrit un pamphlet contre Frédéric. Il lui reprochait preuves en mains le vice qui souille à tout jamais la gloire du héros.

Ce pamphlet resta inédit tant que vécut le patriarche de Ferney, mais à sa mort Beaumarchais l'acheta, et l'envoya au roi de Prusse.

— Je n'ai pas voulu, dit-il, publier cet écrit sans la permission de Votre Majesté.

— Publiez, répondit Frédéric.

Un libraire de Berlin connut sans doute cette réponse, il demanda au roi une audience.

— Puis-je vendre, dit-il, ce pamphlet?

— Vendez, répondit le monarque.

Frédéric laissa vendre ainsi, à la porte de son palais, la flétrissure éternelle de sa mémoire. Il était décidément plus philosophe que l'empereur Julien.

Il méprisait le genre humain et il citait volontiers à ce sujet un mot de Cromwell.

Cromwell entrait à Londres à la tête de son armée. Le peuple poussait sur son passage des cris d'enthousiasme.

— Entendez-vous les cris que pousse ce peuple? dit un courtisan.

— Oui, dit Cromwell, et je pense qu'il en pousserait bien davantage si l'on me menait pendre.

Je désire que cette biographie en courant, donne au lecteur le désir de connaître l'histoire de M. Pagañel. M. Pagañel est un historien selon mon petit évangile. Il est varié ; il passe de la guerre à l'économie politique, de l'économie politique à la biographie, de la biographie à la littérature, de la littérature à la philosophie, et de toute chose il cueille la fleur du sujet. Après avoir lu son livre, je suis tenté de dire que la véritable vocation du peuple français est d'écrire l'histoire.

XVII.

DOCTEUR TESTE.

MAGNÉTISME ANIMAL.

Galien dit oui, Hippocrate dit non. M. Gerdy est un médecin célèbre, il ne croit pas au magnétisme. M. Teste est un médecin qui pourra devenir célèbre, il croit au magnétisme.

Quel est donc ce magnétisme, qui soulève tant de controverses ? A la fin du dix-huitième siècle, un homme descendit en France, sur un brouillard d'Allemagne. Il tenait le grand arcane de l'univers. Il avait découvert que la vie était un fluide. Il nommait le gaz vital magnétisme. Nous étions des ballons gonflés. Toute maladie n'était qu'une fuite de gaz; pour nous guérir, il ne s'agissait que de ressouffler le ballon.

Mesmer rangeait ses malades autour d'un baquet et les emplissait de fluide absolument comme on emplit les outres de vin nouveau, et quand ils étaient tendus à éclater, de ce bienheureux fluide, il les lâchait dans une salle matelassée où ils bondissaient, sautaient, cabriolaient, et roulaient à la manière des épileptiques. Ils se relevaient ensuite tranquilles comme Baptiste et parfaitement guéris.

Les guérisons foisonnèrent. Les guérisons n'ont jamais manqué en ces sortes d'affaires. Les académies fulminèrent, à la file, des arrêts contre Mesmer. Mesmer n'en continua pas moins ses sabbats autour de sa fontaine de Jouvence. Il tint fabrique de fluide pour tous les malades, c'est-à-dire les corps déballonnés, sous la protection des belles dames et des jeunes seigneurs qui aimaient assez, vers ce temps-là, les cabrioles en commun.

Enfin Mesmer, dans un moment de générosité, voulut associer l'humanité entière à la connaissance de sa découverte. Il demanda au roi quatre millions pour son secret. Car, si le magnétisme est le premier fluide de vie, l'or, chez les magnétiseurs, en est toujours le second. Le roi ne donna pas les millions, mais quelques philanthropes se cotisèrent et acquirent le précieux secret pour quelques centaines de mille francs. Malheureusement le secret de Mesmer, en tombant de ses mains, se brisa en éclats, et l'incomparable élixir se volatilisa dans les espaces. Il fallut renoncer aux cabrioles et partant aux guérisons.

Après une absence de quelques années, le magnétisme reparut, sous forme de somnambulisme. C'était le même enfant, mais singulièrement changé en nourrice. Un gentilhomme de Picardie, M. de Puységur, avait trouvé le moyen d'endormir, à volonté, un grand nigaud de Picard, son domestique, qui se laissait jeter, d'une chiquenaude, dans le plus profond sommeil, et qui, une fois la paupière fermée, voyait, causait, parlait, répondait, se promenait comme s'il eût eu des yeux partout, des oreilles à tous ses membres, une lanterne à chaque main, et dix mille esprits à son service.

Le monde fut renversé. Un vieux proverbe avait dit que le bien ne vient pas en dormant. Il fut prouvé au contraire que science, prescience, omniprésence, tout venait pendant le sommeil. Il fut démontré que l'état de veille était l'état d'imperfection, et qu'on pouvait passer, en ronflant, à la position d'archange.

La philosophie avait assigné trois ou quatre conduits de sensations. Le magnétisme culbuta ces barrières, effaça ces sentiers, fit du corps le grand chemin où toutes les sensations pouvaient également passer, en long et en large, dans toutes les directions. Il prouva qu'on pouvait aussi bien voir par les oreilles et manger par les mollets, qu'entendre par les paupières ; aussi bien écouter par le gros orteil, que regarder par la cheville. L'homme n'était devenu qu'un cerveau. L'âme était tirée de sa cachette et répandue à la surface de l'épiderme.

Et ce n'est pas tout ; on avait cru jusqu'ici, sur la foi des psychologues, que l'esprit était un petit monde à part, qui cuisait à petits bouillons dans une marmite bien close, et produisait, en se vaporisant, des idées. Mais les idées étaient tenues pour choses personnelles, invisibles, insaisissables, inaccessibles, perpétuellement écrouées au secret.

Le magnétisme vient de prouver que rien n'est plus facile que d'aller se promener dans l'âme d'un autre, de savoir, sans avoir appris, parler aussi bien l'hébreu, l'anglais, l'allemand, qu'un Juif, un Anglais et un Bavarois.

Nous pouvons tous penser dans la pensée les uns des autres. Les individualités ne sont que des cloisons. Si nous pouvions nous endormir du sommeil magnétique, les cloisons tomberaient ; la fraternité serait réalisée. Il n'y aurait plus sur la terre qu'un seul homme, et cet homme se nommerait l'humanité.

Comme, à première vue, l'idée de voir par le genou et de flairer par le coude dérangeait passablement les idées reçues, cet être complet qui se compose maintenant du magnétiseur et du magnétisé, se crut tenu de donner la preuve de cette vérité, surtout aux médecins, les plus incrédules savants de toutes les académies.

Pour que l'expérence fût bien faite, il eût fallu que les médecins eussent commencé par se boucher les yeux, et dormir de leur plus profond sommeil; car on ne peut bien juger du magnétisme qu'en étant soi-même à l'état de rêve.

Cependant, les médecins tinrent à être convaincus de la puissance magnétique, en demeurant éveillés. Il fallut les satisfaire. On leur amena d'abord une jeune fille. Trois passes, et la voilà partie pour le royaume des songes. On lui placarda les paupières avec du taffetas gommé. On lui en mit en long, on lui en mit en large, on lui en mit en travers. A moins d'une insigne mauvaise foi, on ne pouvait s'empêcher d'avouer que mademoiselle Olympe n'eût la nuit éternelle sur sa figure. Le soleil en personne serait descendu dans la chambre que le plus subtil de ses rayons n'eût pu pénétrer ce bandeau.

Aussitôt la jeune pythonisse fut prise du malin, c'est-à-dire travaillée du fluide magnétique : ses seins frémirent, son front se plissa, le chaos encore indéterminé et confus qui nageait devant sa pensée se débrouilla et s'illumina... *Fiat lux.* Elle parla, elle vit, elle lut, à livre ouvert, des pages entières, et tint parfaitement sa partie de piquet.

Qui fut confus? la médecine.

Les médecins remportèrent honteusement leurs morceaux de taffetas; ils le tournèrent et le retournèrent, d'un air piteux, devant leurs rayons visuels, et aucun ne put voir au travers.

Cependant, M. Gerdy y mit un peu de patience, et il finit par voir, à travers un placard de taffetas, tout aussi bien et de la même manière que mademoiselle Olympe, je ne sais plus quoi de son nom de famille.

Le magnétisme fut donc obligé de renoncer au taffetas ; c'était bien en toute loyauté qu'il l'avait pris d'abord, et en ignorant que la colle de poisson, une fois détrempée, laissait passer la lumière ; mais cette fois-ci il prendra ses précautions pour qu'on ne puisse plus à l'avenir l'accuser de supercherie.

On recommença l'expérience sur nouveaux frais, et en changeant de pythonisse. On amena une jeune somnambule, mademoiselle Amanda je ne sais plus qui. Elle reçut bravement en pleine poitrine toute la charge de fluide ; elle s'affaissa au toucher de l'invisible torpille, s'engourdit, pencha la tête, et partit pour les espaces imaginaires. On profita de la circonstance pour lui mettre sur les yeux un tampon d'ouate qu'on maintint avec un mouchoir comme ceci, et un autre mouchoir comme cela. On devait voir aussi bien à travers cela qu'à travers un matelas.

A peine sentit-elle la pression du bandeau, que la jeune Pythie frissonna, et eut la vague aperception des objets. Car c'est le propre du bandeau d'aider à voir — en état de magnétisme.

La tête, insufflée de fluide magnétique, tomba sur les mains, et se mit à clapoter de même que l'eau dans une bouilloire. Puis le dieu intérieur s'apaisa, la jeune fille lut haut la main tout ce qu'on voulut bien lui donner à lire, joua aux cartes et compta couramment tous les boutons d'habits.

Cette fois-ci, M. Gerdy était obligé de s'avouer vaincu. Mais voilà que, par un véritable entêtement de médecin, il s'avisa de se mettre du coton cardé sur les paupières, de se laisser ensuite travailler par le dieu intérieur, de sourciller, de grimacer comme la jeune magnétisée. Il parvint à séparer le jour des ténèbres et à lire, lui aussi, à travers du coton.

Le magnétisme fut encore affligé du quiproquo. Certes, ses devineresses n'avaient jamais vu du même œil que nous à travers leur bandeau. Mais on pouvait les en soupçonner. C'était un soupçon qu'il fallait dissiper au plus vite.

Le taffetas était démonétisé, le coton était déconsidéré. Le magnétisme aura désormais recours à un genre de soupape qui ne doit plus laisser prise à la moindre velléité de soupçon. On alla chercher de la terre à potier. Ce n'est pas une chose diaphane celle-là, et susceptible d'être aisément soulevée par le mouvement fébrile des paupières. Un homme qui a le visage couvert de terre glaise est évidemment dans l'état le plus complet de cécité. Cela trouvé, on amena mademoiselle Prudence. On lui infusa le fluide à dose suffisante pour l'endormir. On lui appliqua d'abord du taffetas gommé, ensuite une couche de terre glaise qui couvrait les yeux, le front et les joues ; par-dessus la couche de terre, un bandeau noir, et par-dessus le bandeau noir une nouvelle couche d'argile. Il serait plus facile de voir à travers un mur qu'à travers un semblable appareil. Mademoiselle Prudence vit, lut et joua une partie d'écarté.

— Eh bien ! dit le magnétiseur aux deux médecins, MM. Peisse et Dechambre, qui assistaient à la séance, êtes-vous convaincus maintenant de l'efficacité du magnétisme ?

M. Peisse voulut expérimenter sur lui-même cet appareil d'occlusion. Il fit ces expériences conjointement avec le docteur Dechambre. Elles prouvèrent que cet appareil n'empêchait nullement de voir, et que la lumière pouvait facilement arriver à l'œil, dans plusieurs directions et de plusieurs manières. Ces expériences furent publiées. M. Frappart, c'était le grand apôtre du magnétisme, — les répéta sur lui, et s'exécuta de bonne grâce.

Ainsi, c'est par pur effet du hasard, que les thaumaturges du magnétisme n'ont trouvé encore qu'un système de bandage qui permet à tout le monde d'y voir aussi bien éveillé qu'endormi.

Et qu'importe, après tout, un bandeau plus ou moins contestable, plus ou moins imperméable aux rayons lumineux? Le magnétisme n'en est pas à cela près. Ne voit-il pas à travers les espaces, les montagnes, les murs, la planète elle-même, ce qui se passe à l'heure qu'il est en Chine, au Japon, au Canada, dans votre chambre, partout? N'a-t-il pas fait ses preuves à cet égard vingt fois, cent fois, mille fois?

Oui, les murailles tombent devant les magnétisés; et vous tous, gens de bon goût, qui cherchez le mystère, vous avez beau tirer le verrou, fermer vos rideaux, souffler vos lampes, oui, en ce moment même, messieurs et mesdames, il y a deux yeux ouverts, je veux dire bandés, qui vous écoutent; deux oreilles qui vous regardent. Hélas! hélas! les murs autrefois n'avaient que des oreilles, ils ont des yeux maintenant. Chacun de nous peut avoir un témoin qui, tout en demeurant à Strasbourg, à Nantes, à Toulon, et en y dormant de tout cœur, peut fort bien se promener dans notre alcôve. Le rêve de ce vieux Romain est accompli : nos maisons sont de verre.

Il est vrai que, pour enlever au magnétisme le privilége d'avoir le regard plus subtil que le feu, plus rapide que l'électricité, M. Burdin, — encore un médecin, — a offert un prix de trois mille francs au premier somnambule qui parviendrait à lire un seul mot à travers un corps opaque, dans une boîte de carton, par exemple, exactement fermée.

Plusieurs somnambules vinrent flairer le prix Burdin et aucun ne put consentir à le gagner.

Mais qu'importe? Pour le magnétisme comme pour la religion, la foi est indispensable. La première nécessité pour y croire, c'est de commencer par y croire. Il faut y aller, comme il va lui-même, les yeux fermés.

Sitôt qu'on le suspecte de supercherie, dam! tout fluide qu'il est, il en conçoit une vive indignation, et, comme le paon de Buffon, il replie ses trésors à qui ne sait pas les admirer. Mais, quand il est en compagnie d'amis, de gens bien disposés, sympathiques, coulants en affaires, alors il est généreux, complaisant, inspiré, intarissable; il prodigue les miracles, il guérit les aveugles, redresse les boiteux, voit tout, sait tout, lit tout, et vous porte à cheval sur sa jambe droite sans ployer le genou.

Vous rappelez-vous la légende des juments de Thessalie? Elles engendraient rien qu'en aspirant le souffle du matin. Eh bien! le magnétisme a la même puissance. — Que la jument? — Non; — mais que le souffle du matin. Un de nos amis connaissait une femme qui, en se faisant magnétiser, devint enceinte de l'enfant d'une autre femme qui était à côté d'elle, accoucha bel et bien à la place de sa voisine, et fait en ce moment, pour ce bel exploit, quinze années de galères.

Comment ne croirions-nous pas au magnétisme après cela? nous y croyons, pour notre part, de toutes nos forces, car le magnétisme, pour nous, est aussi ancien que le monde, aussi impérissable que l'esprit humain. Depuis l'ère chrétienne, il s'est nommé successivement démon, alchimiste, sorcier ; au XVII° siècle, il était dans les Cévennes ; au XVIII°, sur la tombe du diacre Pâris ; au XVI° ; Luther a eu l'insigne honneur de lui jeter son écritoire à la tête. C'est ce juif errant perpétuellement introuvable, qui reparaît toujours.

Comment pourrait-on nier le magnétisme ? Mais il est partout, dans l'air, autour de nous ; il est dans notre esprit lui-même. Il serait chassé du monde que nous lui donnerions encore l'hospitalité. Le diable couche plus près de moi que ma femme, disait un Allemand. Vous ne pouvez faire un pas en politique, en morale, en quoi que ce soit, que vous n'alliez heurter le magnétisme.

Quand vous avez écrit dans une loi : Le roi ne peut mal faire, et, s'il fait mal, on coupera le cou de son ministre : Magnétisme !

Quand vous avez voté dans ces dernières années millions sur millions pour la marine, et que plus vous avez voté de millions, moins on a construit de vaisseaux : Magnétisme !

Lorsque vous conduisez dans une de vos églises un vieillard de soixante-quinze ans et une jeune fille de seize ans, et qu'en leur mettant la main l'une dans l'autre, vous prenez vos lunettes, ouvrez un code civil et criez d'une voix nasillarde : Vous jurez de vous aimer, et qu'en effet l'homme de soixante-quinze ans et la jeune fille de seize ans finissent par s'aimer, parce que l'homme a cinquante mille livres de rente, et que la femme n'a que sa beauté ; c'est là pour moi, je l'avoue, le fait le plus extraordinaire de magnétisme.

Et quand, pour améliorer quelque pauvre diable, qui en passant dans la rue se sera peut-être avisé d'appliquer de travers, dans la poche de son voisin, quelque savante théorie du moi et du non moi, vous l'envoyez dans un bagne, où il devra nécessairement perdre son reste de bons instincts, n'est-ce pas là du magnétisme? n'est-ce pas là un fait qui dépasse aussi les lois de la raison?

Et quand M. Dumas, le savant, cette fois-ci, nous dit et nous prouve, qui pis est, que la création tout entière n'est que de l'air solidifié, que l'herbe est du gaz converti en feuilles, la chair de l'herbe convertie en chyle, et que la vie universelle n'est qu'un alambic, un tournoiement perpétuel de fluides qui passent de l'un à l'autre, se combinent, se jouent à travers les espaces, se déguisent sous mille formes, et finissent toujours par retourner à l'état de fluide ; que dites-vous de cette doctrine ? N'est-ce pas l'infini mis en magnétisme ?

Le magnétisme n'a donc rien qui doive effrayer notre imagination. Nous devons y être habitués. Si même nous avions voix délibérative au conseil, nous demanderions qu'on élevât le somnambulisme à la hauteur d'une fonction sociale. Autrefois papes, rois, empereurs, barons, généraux, seigneurs, ne marchaient qu'entourés de leurs astrologues. Pourquoi ne donnerait-on pas un somnambule au ministre des affaires étrangères pour lire plus couramment dans la pensée du voisin? Pourquoi ne remplacerait-on pas le cabinet noir par une commission de magnétiseurs? Pourquoi même, en cas de guerre, au lieu d'envoyer deux cent mille philosophes humanitaires chargés de porter aux autres peuples des arguments de haute politique au bout de longs fusils allongés encore de leurs baïonnettes, avec tout un attirail de canons, d'obus, de boulets, n'enverrait-on pas une centaine de magnétiseurs déterminés, bourrés de fluide jusqu'à la bouche, aimantés, électrisés, au point d'assoupir une planète, qui d'un seul geste coucheraient à terre toutes les armées ennemies et les endormiraient du sommeil de l'innocence? On en serait quitte pour les réveiller quand on leur aurait pris, bien entendu, quatre ou cinq provinces.

Le magnétisme nous semble donc appelé à de hautes destinées. Le saint Paul de la doctrine phalanstérienne, M. Hugh-Doherty, vient de l'élever à l'état d'arome, et d'en faire le fluide des fluides, et de l'appliquer, d'un bout à l'autre de la mécanique céleste, à la vie mondaine, supermondaine, amphimondaine de tous les êtres quelconques qui dansent dans les planètes. Nous étions en peine de nos morts, nous ne savions autrefois dans quel enfer ils étaient relégués. Toutes les générations écoulées sont retrouvées maintenant : elles nagent, elles flottent, elles passent dans la coque atmosphérique de la terre. Nous ne pouvons plus respirer, tousser, éternuer, que nous n'ayons respiré, toussé, éternué l'âme de quelque défunt.

Cependant nous devons faire nos réserves. Le somnambulisme autrefois était une religion qui n'avait que des prêtresses. De tout temps le droit de deviner appartint aux femmes par droit de naissance. Mais depuis quelques années on tend à remplacer les devineresses par les devins; et nous protestons, car, en ces sortes de choses, on aime toujours mieux les beaux yeux, dussent-ils être bandés. Rien ne vient en aide à la foi récalcitrante comme une jolie figure.

Le magnétisme nous a entraîné, hélas! et endormi, et, en nous réveillant, nous voyons que nous avons oublié M. Teste et son ouvrage. M. Teste a écrit un dithyrambe en l'honneur du somnambulisme. Il en a plaidé la cause avec chaleur, avec talent, à l'aide de toutes les raisons bonnes ou mauvaises qui lui tombaient sous l'esprit, allant bravement droit devant lui, sans tourner la tête à droite ou à gauche, un bandeau aussi, mais un véritable bandeau sur les yeux ; accusant, par exemple, Spinosa d'avoir attribué de moitié avec Broussais la pensée à la matière.

Si M. Teste avait eu la précaution d'endormir d'avance un de ces somnambules qui savent tout, à l'état magnétique, même la philosophie de Spinosa, il aurait su que Spinosa, loin d'attribuer la pensée à la matière, ne reconnaissait, au contraire, que l'existence de la pensée sous le nom de substance. Le spinosisme, en bonne logique, aboutit précisément à la négation de la matière : ce qui est juste l'opposé des doctrines de Broussais. Mais pour être magnétiseur on n'est pas obligé d'être philosophe.

XVIII.

LOUIS BLANC.

HISTOIRE DE LA RÉVOLUTION.

A son pas rapide à travers la galerie du Palais-Royal, j'aurais cru qu'il allait renverser les promeneurs. Il ne heurta cependant personne. Il semblait passer à travers les corps. Il avait la mine éventée, l'habit ouvert, les basques flottantes derrière lui, la culotte courte, les souliers à boucles, le chapeau rond à larges bords, l'aile droite retapée où s'épanouissait une cocarde tricolore. J'étais étonné de ce qu'autour de moi, la foule ne se retournait pas, pour le voir passer.

Il y avait quelque chose d'étrange dans cette apparition. Ce revenant du dix-huitième siècle portait un énorme paquet de breloques qui s'entrechoquaient fortement avec un bruit de carillon. Il tenait à la main un livre dont il lisait chaque page d'un coup de pouce, tout en marchant. De temps en temps, il s'arrêtait, mettait le poing sur son front comme pour rappeler ses souvenirs, et continuait sa promenade.

Après une de ces méditations intérieures, il m'aperçut, et, venant droit à moi, il me mit la main sur l'épaule :

— A ta mine, dit-il, tu dois être journaliste.

— Vous êtes bien bon, et vous?

— J'ai quelque peu brodé sur feuilles volantes, il y a soixante ans passés.

Je regardai mon interlocuteur; il me parut avoir tout au plus une trentaine d'années.

— Cela t'étonne? reprit-il.

— Un peu; car il me semble qu'à ce compte vous auriez dû tenir la plume avant votre naissance.

— Non, j'avais le même âge qu'à présent; à peu près celui du sans-culotte... Tu connais sans doute mon histoire?

— Vous êtes donc... ?

— Tu l'as nommé dans ta pensée ; Camille Desmoulins.

— Je vous croyais...

— Guillotiné, ajouta-t-il en souriant. C'est une petite difficulté; mais ce n'est pas un obstacle à ce qu'on se revoie, de temps à autre, entre morts et vivants.

En punition de certains méfaits que j'ai pu commettre, dans le paroxisme de mon enthousiasme, je fus condamné à venir acheter ici, au Palais-Royal, ce premier théâtre de ma gloire, tous les ouvrages qui se publient sur la révolution. Je les porte ensuite à ceux qui ont pris part, comme moi, à la mêlée, et nous les lisons. C'était là autrefois notre supplice. Il était mérité. Nous avions méconnu notre temps, notre temps à son tour nous a méconnus.

Mais, maintenant, la mesure des expiations est comblée. L'histoire commence à nous rendre justice. Cette justice, cependant, n'est pas toujours pesée à une bonne balance.

Même chez ceux-là qui, dans cette grande déshérence de la démocratie, ont bien voulu accepter notre héritage, chez ces fils non de notre chair, mais de notre esprit, il y a encore bien des erreurs. Ils se trompent comme nous nous sommes trompés. Voici, par exemple, le second volume de M. Louis Blanc. Certes, si je suis disposé à prélever pour quelqu'un la dîme la plus précieuse, la gerbe la plus mûre de mes sympathies, c'est pour ce jeune écrivain, si souple, si dispos, si prompt à saisir toutes les analogies d'homme à homme et de doctrine à doctrine.

Je l'aime, pour tout l'amour qu'il y a en lui, si profond et si éloquent parfois, des classes ouvrières. Je lui reconnais volontiers la mise en scène habile et savante des événements, l'étincelle toujours pétillante du fluide électrique, un style vif et rapide comme un reflet de soleil sur une armure. Cela brille et cela marche. Cela ressemble à ces spectres de fonte, qui vivent de braise et courent maintenant sur vos chemins.

Il y a là, sur le magnétisme et sur l'illuminisme, des pages mystérieuses comme le sujet, haletantes comme l'incertitude, qui vous promènent les yeux bandés, terrifié ou ébahi, à travers tout un monde inconnu. Il semble qu'on entre par le couloir du Dante, dans les limbes de la révolution. Et, cependant, je dois le dire, dans cette révolution qu'il affectionne, qu'il défend à outrance et qu'il veut expliquer, M. Louis Blanc voit plutôt ses idées que nos idées à nous, qui l'avons préparée, qui l'avons faite, qui l'avons entraînée avec nous, hélas! et engloutie dans le panier de la guillotine.

Quand il nous dit qu'à la fin du XVIIIe siècle la France était divisée en deux écoles : la première, l'école de Voltaire, de la bourgeoisie, de l'égoïsme, du matérialisme et du plaisir; la seconde, l'école de Rousseau, du peuple, du dévouement, du spiritualisme et de la fraternité; quand il nous montre, au frontispice même de son volume, Voltaire expirant sous les couronnes et Rousseau dans l'abandon, il établit entre nous autres, serviteurs de la révolution, des catégories que nul d'entre nous n'a jamais soupçonnées.

C'est son époque qui se reflète ainsi dans notre époque. On peut me croire sur parole, car j'y étais, car j'ai vu ce qu'il raconte, il n'y avait pas, au moment de l'explosion révolutionnaire, deux nations tranchées, l'une qui sortait de Rousseau, comme le brahmane sort du front de Brahma, l'autre qui sortait de Voltaire, comme le veyssia sort du nombril de Brahma. Nous avions dans la tête ce qui avait été dit, pensé avant nous, autour de nous, du Voltaire et du Rousseau, du Montesquieu et du Condorcet, du Necker et du Turgot, mais surtout du Plutarque et du *De Viris*, le tout mêlé à une plus ou moins forte dose, selon le tempérament de chacun. Tous tenaient à tous, et tous avaient bu à la même coupe si mélangée du XVIIIe siècle. Le XVIIIe siècle n'était ni un homme ni deux hommes; il était le monde entier. Mille courants d'idées avaient traversé notre esprit, et dans ce composé chimique, dans ce sédiment qui était resté au fond du vase, il nous eût été impossible de faire la part exacte de tel ou tel penseur.

Nous n'étions donc ni peuple, ni bourgeois, ni ceci, ni cela, entièrement, exclusivement; nous étions, ou nous croyions être, de concert, en habit ou en carmagnole, les ouvriers de la république. Voilà tout. Mais nous ne mettions jamais le dévouement ou l'égoïsme, le spiritualisme ou le matérialisme, d'un seul côté. Le spiritualisme n'était pas plus chez le peuple que chez le bourgeois. Ils pensaient bien, ma foi, à ces choses-là; elles passaient par-dessus la tête des quatre-vingt-dix-neuf centièmes de la nation. La plupart n'avaient pas même ouvert un seul de ces livres dont M. Blanc leur repasse les doctrines. Les Girondins ne croyaient certainement pas accomplir Voltaire, en voulant arrêter la révolution sur les bords de la mer Rouge, et les Montagnards accomplir Rousseau en précipitant la république dans des flots de sang, où elle s'est noyée. Nous marchions sous l'impulsion des événements bien plus que sous l'impulsion des systèmes. Rien ne fut systématisé. Les uns ne songèrent pas plus à fonder une bourgeoisie que les autres à fonder la communauté. Nous ne discutions pas, comme dans un concile, sur un symbole. Nous nous frappions pour nos actes plutôt que pour nos principes. Nous étions des partis, et non des sectes ; nous ne cherchions pas à nous réfuter, mais à nous détruire, et nous nous sommes égorgés dans les ténèbres de nos idées.

Écoute, jeune homme, la mort apprend aussi bien que la vie. Ce que vous appelez résurrection dans un autre monde, n'est qu'une éducation continuée. Du haut des espaces où nous sommes relégués, nous vivons en vous, nous nous instruisons avec vous et de vos idées. Toutes les fois que vous vous élevez en vérité et en science, vous nous élevez en science et en vérité. Chacune de vos connaissances tire une de nos âmes du purgatoire. C'est là le lien que la Providence a voulu établir entre les morts et les vivants. Car, de même que beaucoup d'entre nous ont travaillé, sans profit pour vous autres, nouvelles générations, il est juste que le profit de votre travail remonte jusqu'à nous, pauvres ouvriers, qui n'avons pas encore touché notre salaire.

Eh bien ! en vertu de cette purification continuelle de mes idées par votre progrès, par votre expérience qui a rejailli jusque dans notre Élysée, je dois te le dire, la main sur le cœur, il y a dans le jeune historien que je tiens là sous mon bras, deux esprits, l'un équitable : c'est l'esprit de l'homme ; l'autre injuste : c'est l'esprit de parti.

A chaque instant on voit les deux esprits se livrer combat. Quand, par exemple, je surprends M. Louis Blanc à ramasser, dans l'arsenal équivoque des colères du moment, toutes les insinuations, toutes les anecdotes plus ou moins controuvées qui peuvent flétrir Marie-Antoinette, à les accumuler, comme à plaisir, sur sa mémoire, et à ne jamais lui faire grâce d'un doute, ni d'un soupçon, ni d'un bruit, ni même d'une légèreté, je m'arrête et je me dis : c'est l'esprit de parti qui a parlé. Et moi aussi, j'ai commis ces injustices. Dans le feu de l'action, je n'ai pas toujours regardé aux preuves de mes libelles. Mais maintenant que les haines sont refroidies, faut-il donc aller en rechercher, sous la cendre, les dernières étincelles ?

Mais quand, livré à ses vraies inspirations, le jeune historien jette en passant un blâme à Joseph « pour avoir » voulu bouleverser de fond en comble un vaste royaume ; » refaire un peuple par ordonnance ; ce qu'il faut à Dieu » des siècles pour accomplir, le terminer en un jour, et se » substituer à l'histoire, » alors c'est l'esprit de l'homme qui parle ; je reconnais le penseur, qui sent, qui sait que les systèmes ne font pas seuls les sociétés ; que les sociétés se développent aussi, en vertu d'une vie intrinsèque ; qu'elles évoluent en traînant après elles leur tradition et leurs précédents ; qu'elles ont une action personnelle souvent cachée aux plus habiles prophètes, toujours plus vaste que toutes nos petites théories.

Quand M. Louis Blanc fait de la bourgeoisie la personnification du génie du mal, qui veut toujours arrêter la révolution et la réaliser au profit de son égoïsme ; quand il nous la montre sans cesse du doigt, au milieu des scènes de meurtre, donnant en quelque sorte le diapason aux atrocités de la lanterne ; c'est encore l'esprit de parti qui lui a parlé.

Mais quand, à propos du magnifique holocauste que la noblesse fit de ses priviléges, dans la nuit du 4 août, brisant dix siècles en une heure sur le marbre de la tribune, M. Louis Blanc s'arrête sous le coup de l'émotion et s'élève aux réflexions suivantes : « On a écrit que cette décision » n'eut rien de volontaire ; que la peur l'avait conseillée ; » que la nécessité l'imposa. Pour nous, nous ne tenons pas » la nature humaine en si petite estime qu'il nous plaît de » n'assigner aux faits éclatants de l'histoire qu'une origine » avilissante. Nous rougirions d'avoir à reconnaître que » toujours, inévitablement, la justice est inférieure en puis- » sance à l'égoïsme ou à la peur. » Cela est beau, cela est vrai : l'esprit de l'homme reprend la parole.

Quand il ajoute : « La veille du 4 août, par une inspira- » tion qui sera l'honneur de sa mémoire, Malouet avait ad- » juré ses collègues d'aviser au sort des ouvriers, d'ouvrir » des bureaux de charité; d'établir des ateliers de travail : » une sourde rumeur s'éleva et on passa outre. » En écrivant cela, M. Louis Blanc nous renvoie au *Moniteur* pour plus ample information. Or, le *Moniteur* n'est pas précisément du même avis. Il dit : « Cette motion excite quelques » rumeurs, elle est renvoyée aux bureaux. »

Malouet n'avait fait qu'une motion d'ordre, et cette motion d'ordre, loin d'être repoussée, était renvoyée au contraire dans les bureaux, pour être examinée : esprit de parti.

Quand, s'élevant à la hauteur de la véritable philosophie sociale, M. Louis Blanc écrit : « La misère engendre non- » seulement la douleur, mais le crime. Voici un malheu-

» reux qui a pris naissance dans le désespoir et le vice ;
» son intelligence n'est pas sortie des ténèbres ; l'indigence
» lui a soufflé de funestes tentations. La main d'un ami n'a
» jamais pressé sa main. Pas une voix qui ait éveillé en lui
» les échos de la tendresse, de l'amour. Jeune, il a traversé
» sans en joûir l'âge des fleurs et du soleil. Maintenant, s'il
» devient coupable, criez à votre justice d'intervenir ; notre
» sécurité l'exige. Mais n'oubliez pas que votre ordre social
» n'a pas étendu, sur cet infortuné, la protection due à sa
» faiblesse. N'oubliez pas que son libre arbitre a été per-
» verti dès le berceau ; qu'une fatalité inique a pesé sur son
» âme ; qu'il a eu faim, qu'il a eu froid, qu'il n'a pas ap-
» pris la bonté. »

A la bonne heure, c'est l'homme qui parle ici, et d'une voix pathétique qui nous fait vibrer. Mais comment l'homme ne dit-il pas au parti : C'est précisément parce que ces classes ne connaissent ni l'amour ni la bonté, qu'elles sont abruties et perverties, qu'il ne faut pas les déchaîner dans les révolutions, avec la couronne sanglante du bonnet rouge, car elles ne pourront ainsi servir ni à leur propre amélioration ni à l'amélioration de l'humanité ; elles ne feront que rouler plus profondément, de crime en crime, dans le gouffre de leur misère ?

Quand enfin il s'écrie : « Mais quoi ! est-ce qu'une loi
» souveraine, une loi terrible n'a pas attaché le mal au bien
» comme une condition absolue, irrévocable ? Qu'est-ce
» que l'univers animé ? Le théâtre d'une lutte infinie...
» Dans la nature, les espèces ne subsistent que par la des-
» truction des espèces inférieures. » C'est le parti que je retrouve encore, toujours le parti.

Mais l'homme retire aussitôt cette théorie de manichéisme social dont il entrevoit les conséquences, et elles sont nombreuses. Car si la création est lutte et n'est pas harmonie, si les espèces *détruisent* les espèces ; que dis-je ! si comme dans la révolution, la même espèce se dévore elle-même, il est évident que le monde tout entier marche au néant. Le progrès, ou la suppression du mal par le bien, n'existant plus, l'homme, en travaillant, ne fait que changer de maux, comme le malade blessé de deux côtés ne fait, en se retournant, que changer de douleurs.

M. Louis Blanc a senti le danger, et, à une phrase de distance, il ajoute : « Ne vous hâtez pas de conclure ! l'ar-
« dente, l'invincible protestation qui sort des profondeurs
» de la conscience humaine, voilà ce qui montre que la
» nécessité du mal est un mensonge. »

Cette nouvelle assertion est vraie, assurément ; mais comment alors la nécessité du mal qui existe pour les faits, n'existe-t-elle pas pour la conscience ? Quelle est la raison de ce dualisme ? C'est que, par la première théorie, vous voulez excuser la terreur, et que, par la seconde, vous voulez rassurer l'avenir.

Non, non, pas d'excuses pour le sang inutilement versé des femmes et des enfants, des aristocrates et des bourgeois, des Hébertistes, des Fayettistes, des Brissotins, des Orléanistes, pour des crimes qui prenaient, la plupart du temps, le nom d'un homme parce qu'ils ne pouvaient prendre celui d'une chose. Ne cherchons pas d'atténuation. Il n'y en a point. Malheur à moi, enfant distrait, qui me suis appelé *procureur de la lanterne*, car ma mort n'a pas encore racheté cette parole ! Mais vous autres, qui êtes assez heureux pour être nés à une génération de là, pourquoi donc voulez-vous reprendre des querelles qui sont épuisées avec notre vie, évaporées avec notre temps, ressusciter des divisions créées par les événements, emportées avec les événements? votre œuvre, à vous, n'est pas de diviser, mais bien de réunir. C'est par l'amour et non par la haine que vous appellerez les diverses croyances politiques à une même communion. Soyez donc le pain et le vin de la démocratie, n'en soyez pas le fiel et le vinaigre.

Le Dieu qui lit dans mes deux vies sait si je crois, de cœur et d'instinct, à la rédemption des classes populaires, à leur élévation en droit, en bien-être et en dignité. Mais je n'admets pas de scission entre le peuple et la bourgeoisie. Je ne puis pas reconnaître à celle-ci le caractère absolu d'un égoïsme barricadé dans ses jouissances. Elle n'est pas l'obstacle, elle est le moyen de la liberté. En voulez-vous la preuve? Regardez sur la carte des institutions les peuples les plus avancés en liberté, ce sont ceux qui possèdent une plus nombreuse bourgeoisie. Comment, ces quinze siècles qui ont contribué à la fonder, de leur travail, de la poussière de l'histoire, n'auraient-ils fondé en elle qu'une nouvelle oppression, qu'une injustice plus criante, laborieusement et douloureusement édifiée sur les débris de toutes les autres injustices?

Un fait venu de si loin, à travers tant de vicissitudes, ne doit pas disparaître de sitôt. Il est là, non pour retomber dans le peuple, mais pour élever le peuple à son niveau.

Depuis quand donc ces questions de démocratie, de fraternité, de rachat des classes ouvrières, ont-elles été posées, et par qui ont-elles été posées? N'est-ce pas depuis l'avénement de la bourgeoisie et par la bourgeoisie? Crèches, salles d'asile, caisses d'épargne, colonies pénitentiaires ou colonies agricoles, institutions de bienfaisance, n'ont-elles pas été fondées par elle, depuis son intronisation à la supériorité sociale, c'est-à-dire surtout depuis ces dernières années? Et les doctrines mêmes qui ont prêché avec le plus de retentissement la cause des ouvriers, où ont-elles recruté leurs premiers apôtres? Enfantin, Carnot, Fourier, Victor Considerant, J. Reynaud, Michel Chevalier dans ses bons moments, Louis Blanc, Vidal, et nous autres tous, est-ce que nous ne sommes pas sortis des rangs de la bourgeoisie, élevés par elle, par sa force historique et providentielle, à l'intelligence qui comprend les idées, à l'amour qui les incarne dans les institutions de démocratie? N'est-ce pas parce que nous sommes des hommes de loisir, arrachés par trente générations au-dessus de nos têtes à la servitude du travail manuel, que nous pouvons méditer les principes de justice, les chercher par la science, pour les incliner ensuite comme des urnes, et les verser aux lèvres des affamés?

Pourquoi donc renvoyer à la bourgeoisie toutes les iniquités qui résultent de l'histoire, du travail lent et successif des siècles, qui n'appelle pas tous les hommes d'un coup et en un seul jour à la pleine possession de leurs facultés, mais progressivement, un à un, et qui fait des sociétés comme Dieu fait les montagnes, molécule par molécule.

L'école révolutionnaire met l'empêchement à la liberté du côté de la bourgeoisie; ne pourrais-je pas le mettre à mon tour de l'autre côté? Est-ce que le peuple, inconstant et aveugle, agit en vertu d'une théorie qu'il a trouvée? Il va comme il est poussé, souvent en sens inverse. La même classe qui faisait la révolution à Paris faisait la contre-révolution en Vendée : et quand, à Naples, la bourgeoisie avait fondé la république, n'est-ce pas le peuple, conduit par le cardinal Ruffo, qui l'a ensevelie dans le sang des républicains?

Renonçons donc à cet antagonisme de classes qui ne contient, pour l'avenir, que des discordes, qui rebute ceux-ci du bien, qui aigrit ceux-là, et qui les arme les uns contre les autres, au détriment de leur véritable progrès. Je le dis pour M. Louis Blanc parce que j'estime son œuvre, parce que je m'associe à son aspiration, parce qu'une telle pensée revêtue d'une telle puissance de style n'est pas faite pour vivre de la vie intérieure des partis et pour mettre, au service d'une exagération de socialisme, une pensée investigatrice, une imagination étincelante, évidemment égarée au milieu des rondes de la *Carmagnole.*

La société est arrivée à la dernière limite de morcellement. Morcellement d'opinions, morcellement d'intérêts. Faut-il encore subdiviser ce qui est déjà tant divisé? Faut-il que les successeurs de la Montagne, les représentants si exclusifs de l'unité, reprennent à leur compte le fédéralisme, et l'appliquent maintenant non plus aux provinces, mais aux classes, non plus au territoire, mais à la population? Vous n'avez pas à servir la bourgeoisie contre le peuple, ni le peuple contre la bourgeoisie, mais à les servir également pour leurs intérêts communs, solidairement associés. C'est la doctrine de M. Louis Blanc, je le sais; mais il faut s'entendre. Ce problème ne consiste pas à replonger la bourgeoisie dans le travail manuel, en éparpillant sur tous également la richesse produite, mais à dispenser, de plus en plus, les prolétaires du travail abrutissant, en créant de nouvelles richesses.

O mon fils, écoute-moi! travaillez tous et pour tous, sans distinction de parti, d'habit, de couleur ou de livrée, à la grande pacification de la démocratie. Faites-le en notre souvenir : car c'est désormais notre salut, à nous autres morts aussi bien qu'à vous autres vivants. Et pour te l'expliquer, laisse-moi te raconter la légende funèbre de nos expiations.

Après notre mort, nous fûmes tous jetés, nous autres hommes de la révolution plus ou moins coupables de ses fureurs, sur une planète vacillante, qui flottait comme une barque à la dérive, en dehors des attractions.

Cet enfer vagabond, porté sur les vents de l'espace, n'était éclairé que d'un rayon perdu, dissous à travers une brume sanglante. Robespierre était là, Marat y était, Vergniaud, Danton, Barbaroux, Saint-Just y étaient; j'y étais aussi. Tu aurais dit les hommes du Dante, car chacun de nous tenait sa première tête à la main, comme une lanterne. Sais-tu quel était notre supplice? Continuer de nous haïr. C'est la plus affreuse de toutes les tortures, lorsqu'on se touche, lorsqu'on se sent attiré par le besoin invincible de sa nature et que le regard repousse le regard. Et ce n'est pas tout. Nous étions condamnés à entendre le concert d'imprécations qui nous poursuit depuis cinquante ans sans relâche; et c'est pour cela que j'étais chargé de venir, chaque année, acheter ici les histoires de la révolution.

Notre supplice devait durer jusqu'au jour où il se trouverait un homme d'amour qui dirait : Victimes ou bourreaux, vainqueurs ou vaincus, pardonnons-nous les uns aux autres, unissons-nous dans une même sympathie, pour reprendre l'œuvre désormais purifiée de la révolution. Ce pardon de la terre devait nous absoudre, dans l'exil de notre expiation. Il a été prononcé, et le jour où il tomba une première fois des lèvres de Lamartine, il se passa une étrange chose : notre planète aborda dans une seconde planète, toute fleurie et toute parfumée de plantes et d'essences qui vous sont inconnues. Et nous fûmes ressuscités et transfigurés. Plus de suppliciés, plus d'ennemis. Nous tombâmes dans les bras les uns des autres, en confessant nos erreurs. L'ange des absolutions divines, qui pèse surtout les intentions, passa devant notre face, et laissa glisser sur nous un rayon de son sourire; Marat pleurait de honte, Robespierre de repentir, Vergniaud d'enthousiasme, et tous en chœur nous entonnâmes la *Marseillaise* de l'amour.

Voilà pourquoi, depuis ce temps-là, il est tant fait d'histoires à notre glorification. Mais, prenez-y garde, ne réveillons pas les haines passées, car nous serions immédiatement replongés dans notre enfer. La justice veut que nous soyons amnistiés en même temps que glorifiés ; sans cela, elle nous ferait payer les éloges immérités en nouvelles expiations.

La voix se tut. Je sentis un souffle passer dans mes cheveux, et j'entendis sur ma tête comme un léger claquement d'étoffe.

C'était Camille Desmoulins qui remontait dans sa planète.

XIX.

ROMIEU.

LE SPECTRE ROUGE.

Il y a quelque temps, M. Romieu publiait une brochure pour prouver la supériorité de la force sur l'idée. Il déclarait que l'intelligence humaine était irrémissiblement corrompue en Europe, depuis la venue de Luther. Il concluait de cette corruption que la force seule pouvait désormais apporter la vérité dans les esprits. On lut cette brochure et on répondit à M. Romieu : Si votre raison est corrompue du fait de Luther, et si la mienne l'est aussi, pourquoi alors raisonnez-vous et cherchez-vous à convaincre ma raison? Chargez la force de ma conversion, tirez-moi plutôt un coup de pistolet!

Je ne sais si M. Romieu a compris l'objection. Mais il a mieux fait que tirer un coup de pistolet. Il a crié : Aux armes! pour faire égorger, en théorie, Dieu merci! une partie de la France par l'autre partie.

Qu'un homme d'esprit sur le retour affirme, en style

d'apocalypse, que le progrès est un *mensonge, le germe d'une lèpre* de la pensée, et l'espérance, cette vertu du progrès, une dépravation par avance. L'espérance ? je me trompe, il l'admet sous forme de loterie. Il est généreux comme le désert. Ne pouvant donner l'eau au voyageur, il lui donne le mirage. Que cet homme-là prétende, par exemple, que la femme, d'abord violée, puis enlevée, puis achetée, puis épousée, puis fécondée en troupeau, puis reléguée dans le gynécée, puis fiancée seule à un seul mari, puis relevée de la servitude, puis associée au ménage, instruite à filer, puis récompensée de son affection par la morgengabe, puis par la dot, puis par le douaire, puis ressuscitée à son âme, rachetée de l'ignorance, restituée à sa nature, relevée de sa minorité, spiritualisée, initiée à l'art, à l'enthousiasme, à la poésie, égalée à l'homme, enfin, en droit, en justice, devant Dieu, devant ses enfants, ne porte pas témoignage d'une série constante de progrès qui prouve que cette éternelle victime de la force, — de la force, vous entendez, la vertu de M. Romieu, le viol plutôt que l'amour, — a toujours monté en dignité, en intelligence, en liberté, en grâce, en sympathie, O Béatrix ! j'en jure par ton ombre, cet ancien préfet est un blasphémateur.

Je ne continue pas la démonstration. Franchement, je n'espère pas pouvoir démontrer à M. Romieu que la substitution successive du droit de vie au droit de mort, de la servitude à la tuerie après le combat, de l'émancipation à la servitude, de la force mécanique à la force musculaire dans le travail, du droit des gens à la barbarie, du respect au sac des cités, de la tolérance à la persécution, de l'instruction judiciaire à la torture, de la publicité au secret des débats, du contrôle au mystère, de la lumière à l'ignorance, de l'aspiration à l'inertie, de l'anoblissement à la dégradation ;

que tout cela, n'importe à quel degré, n'importe dans quel pays, est un progrès, que j'appelle un accroissement de vie, un grade de plus dans l'être, un avénement à Dieu, qui est l'être des êtres, car tout cela est précisément la victoire de la faiblesse sur la force, de l'idée sur la violence, c'est-à-dire pour M. Romieu la déraison de la raison. On ne réfute pas en général un paradoxe. On s'en amuse, s'il est amusant, comme d'un habit de carnaval. S'il est simplement pédant, on le laisse passer.

Qu'un joyeux convive dégrisé de sa gaieté vienne déclarer, pour chasser l'ennui, que la force est supérieure à la raison, et, en vertu de ce beau principe, un bœuf préférable à M. Romieu le premier; qu'il ajoute même finement que la raison humaine, épargnée par Luther dans un petit coin du cerveau, peut raisonner assez sensément sur la science, sur l'industrie; que là, en tirant la porte sur elle et en fermant la fenêtre aux rayons du dehors, elle peut grouper, comparer les faits, et conclure; mais que si elle veut passer de la science ou de l'industrie à la législation et à l'histoire, grouper là aussi les faits, en tirer une loi, une conclusion, aussitôt elle se brouille, et s'évanouit en fumée; les faits ne sont plus les faits, Luther reparaît, la pensée retombe dans le chaos. « Car plus l'homme avance, » dit M. Romieu, dans la longue route de l'examen, plus » son guide, qui se nomme la raison, l'égare. »

J'accepte l'égarement sur parole, et je renvoie au Jardin-des-Plantes, pour son usage personnel, cette nouvelle théodicée du monde renversé, qui met la brute au-dessus de l'homme, et la force au-dessus de l'intelligence.

Qu'un honnête bourgeois comme vous et moi, racheté des étrivières de la noblesse par le sang de nos pères des communes, vienne un beau jour annoncer au soleil de l'histoire que la féodalité est la perfection idéale des gouvernements ; la féodalité ! la barbarie semée en petits paquets sur tous les points du territoire ; la féodalité ! ce coupe-gorge à l'infini, sous le beau nom de baronie ou de comté ; la féodalité ! la vie sauvage un peu mieux tatouée seulement sous les armoiries ; la féodalité ! une boucherie humaine en permanence sur toute la surface de l'Europe ; la féodalité ! ce métier de brigand par privilége, par droit de naissance ; le vol à main armée sur les grands chemins ; le pillage continuel égayé d'assassinats ; la féodalité ! l'escalade, la violence dans toute sa splendeur ; époque glorieuse, à coup sûr, où Cartouche eût été un héros de désintéressement ; la féodalité ! dont les derniers débris ont disparu sur la roue et sur la potence, il y a deux cents ans, aux grands jours de Clermont ; car Louis XIV, le second idéal de M. Romieu, avait honte le premier de ces habitudes par trop seigneuriales et par trop prolongées, de pages pendus, de femmes éventrées, d'huissiers bâtonnés, de vassaux foulés, rançonnés, dévalisés, assassinés ; et il fit fermer par son bourreau l'ère glorieuse des donjons. La féodalité !... ah ! si jamais on pouvait en écrire l'histoire, les pierres elles-mêmes se mettraient à pleurer. Lâchez les écluses de 93 pendant mille ans, et le niveau de la mer de sang montera encore moins haut que sous la terreur des barons.

Et M. Romieu a pù dire de ce temps-là que *le faible était assuré par le fort*. C'est dévoré qu'il a voulu écrire. Plaisantons, monsieur, puisque vous le voulez ; et aussi bien le temps porte à la plaisanterie. Mais ne pourriez-vous pas garder votre gaieté historique pour quelque saccageur d'imprimerie enrôlé dans la compagnie Vieyrat ? Nous ne pouvons guère, nous autres, en comprendre la finesse.

Qu'un apôtre du sabre en manchettes, qu'un pacifique

Attila, chevalier de la Légion d'honneur, dise dans une brochure, pour occuper ses loisirs, qu'une société purement militaire, où l'on ne pense pas, où l'on ne discute pas, où l'on n'écrit pas, où l'on ne nomme pas de députés, où l'on ne juge pas en public, où l'on bâtonne pour tout jugement, où l'on ne connaît ni Luther, ni Voltaire, ni la philosophie, ni même l'alphabet, est une société bénie, tranquille, paisible, heureuse, comme aux premiers jours de l'Éden; nous n'avons aucune objection à faire à cette magnifique découverte. Nous répondrons seulement à M. Romieu : votre société existe partout en Afrique, et quelque peu aussi en Turquie. Qui vous retient? que n'allez-vous jouir de votre Éden? Dans ce paradis de l'ordre, on ne discute pas la plume à la main avec son adversaire; on lui coupe la tête au premier mot, et on l'emporte pendue à l'arçon de sa selle.

On n'y soulève aucune question de propriété, par la raison que sous un perpétuel régime de razzias la propriété n'a jamais pu exister. Partez, vous trouverez là quelque chose qui pourra remplacer avantageusement la féodalité dans votre sympathie. Mais, avant votre départ, permettez-moi de vous rappeler certain petit discours que le général Sébastiani fit un jour à la chambre des députés. Le général avait été, comme on sait, ambassadeur en Turquie.

« J'ai habité, disait-il, un pays où l'arbitraire est dans
» toute sa beauté native; des entraves constitutionnelles
» n'y gênent pas la marche du gouvernement; les jour-
» naux n'y pervertissent pas les opinions; la justice y est
» prompte et expéditive, et cependant en moins de deux
» ans j'ai vu périr par des conspirations onze ministres, et
» ce qui est plus grave, deux souverains. »

Allez donc chercher la paix de votre âme à l'ombre du sérail, et tâchez de revenir intact.

Qu'un libéral blasé, autrefois serviteur d'une révolution, vienne faire la théorie de l'immobilité, de la contrainte, comme étant la plus haute expression de la vie humaine, et publie sérieusement, pour faire son éducation du genre sérieux, les quelques phrases que voici :

« Allez visiter quelque citadelle, celle de Vincennes, par
» exemple, qui est si près de Paris, vous serez saisi, j'en
» suis sûr, d'un solennel respect au premier coup d'œil
» jeté sur cette haute tour, qui représente les vieux *temps*
» *de force*. Puis, pénétrez dans les cours et voyez cette
» longue file de canons, les rangées de boulets, les gardes
» silencieuses qui veillent aux portes, ces saluts de chacun
» aux chefs qui passent, cet *ordre* enfin dont vous avez
» tant soif dans la vie civile, parce que le désordre s'y est
» jeté avec votre éducation, et si vous faites de sang-froid
» la comparaison, vous conviendrez que le faux est chez
» vous et le vrai dans la forteresse. »

Je demande pardon à M. Romieu; l'exemple est mal choisi. Une révolte de caserne peut éclater à Vincennes. Une poudrière peut encore sauter, comme sous la Restauration, et envoyer la haute tour qui représente les vieux temps de force à dix mille pieds dans l'espace. Le duc de Montpensier peut y tenir des conférences secrètes avec les députés de l'opposition. Enfin, la nuit, par un ciel sombre, un jeune homme peut en sortir les yeux bandés, une lanterne attachée sur la poitrine, pour aller expier mystérieusement, sur les glacis, le crime de représenter ce que vous appelez le principe d'ordre, par son nom de famille.

M. Romieu s'est donc trompé. Il est allé trop loin dans sa promenade. Il pouvait s'arrêter à moitié chemin. L'ordre comme il l'entend n'est pas à Vincennes : il est au Père-Lachaise.

Là, en effet, il n'y a ni pensée, ni parole, ni murmure, ni révolte. La lune, qui doit être pour lui supérieure au soleil, répand là-dessus sa pâle clarté, sans jamais sentir autre chose que l'herbe frémir sous son rayon. A peine de temps à autre un mort s'échappe de cette paix inépuisable, pour aller écrire chaque lundi un article de critique, sur d'autres morts, dans le *Constitutionnel.* Mais il glisse le long des murs, son pied ne retentit pas sur le pavé. N'était l'odeur de tombeau qu'il exhale sur sa trace, nul ne saurait d'où il est venu.

Mais vous n'y pensez pas, l'ordre que vous vantez, c'est l'ordre de la caserne, c'est l'ordre de la communauté. Seriez-vous communiste, par hasard?

Qu'un chrétien attardé qui n'a pas le temps de remonter le christianisme jusqu'à l'Évangile et s'arrête à l'inquisition, que celui-là dénonce à la colère des joueurs de bourse et à l'indignation des agioteurs le socialisme tout entier, comme étant un système prémédité de vol et de pillage, je dois baisser la tête, je l'avoue, sous cette accusation. Eh ! mon Dieu, oui, nous sommes des pillards par voie de prophétie. Vous pourriez peut-être encore en douter, monsieur Romieu. Mais puisqu'à vous entendre je suis socialiste, dans la confidence du socialisme, je vais vous dire notre secret. Gardez-le précieusement pour votre prochaine brochure.

Nous avons effectivement l'intention de prendre, en l'an cinquante-deux, toutes les terres, fermes, maisons, usines, toutes les propriétés, tous les châteaux, tous les canaux, tous les fourneaux, d'en faire un paquet, d'emporter le tout en Angleterre et de le vendre à l'étranger. Si donc M. Romieu a quelque bonne métairie, nous l'invitons charitablement à la cacher quelque part, car nous la mettrons impitoyablement dans le ballot.

M. Romieu devrait savoir pourtant que de toutes les choses les plus impossibles, la plus impossible serait, je ne dis pas d'exproprier le sol, mais de consacrer la nouvelle propriété improvisée dans les mains qui l'auraient usurpée ou reçue de l'usurpateur. Qui voudrait la cultiver? Qui pourrait la moissonner? Ce champ est à moi, je l'ai volé. Tu te trompes, il es à moi, je suis à mon tour le voleur.

Le bien national n'est devenu une propriété conservée, et par conséquent cultivée, que parce que la vente de l'État était une investiture qui mettait le propriétaire hors de comparaison avec tout autre rival. Une propriété spoliée, pour être convertie, émise en d'autres mains, ne serait donc qu'une chose précaire, une fausse monnaie du sol jetée dans la circulation, qui ne serait acceptée de personne. Malheur à l'imprudent qui voudrait la saisir! Il serait le premier puni. Il trouverait, dans son imprudence, sa propre ruine. Une loi aurait créé son titre, une loi pourrait le déchirer. Et, encore, il faut supposer que le sol, possédé par vingt-cinq millions de propriétaires, et monnayé dans vingt-cinq millions de familles, se laisserait paisiblement déposséder par cinq cents législateurs, assis à Paris sur leurs banquettes. Il s'ouvrirait plutôt jusqu'aux entrailles du globe, pour engloutir ces législateurs.

Si M. Romieu sait cela, il doit bien croire que nous le savons aussi, car, enfin, le parti socialiste peut avoir, comme lui, l'habitude de la pensée.

Et cependant, c'est sur cette belle vision de pillage évoquée de la région des spectres, que M. Romieu se fonde, quatre-vingts pages durant, pour effaroucher la nation propriétaire contre la démocratie. C'est parce qu'il a vu la propriété bouleversée jusque dans les derniers fondements, qu'il a roulé sa tête dans la cendre, et qu'il a couru autour de la ville en criant : Malheur sur toi, prostituée des révolutions ! Malheur du septentrion et malheur du levant!

Ah ! ici je vous arrête, et je revomis votre parole. Niez la raison, niez la philosophie, et en attendant étudiez-la pour ne pas confondre, par exemple, l'unité et la simplicité; l'unité qui implique le multiple, et la simplicité qui en repousse jusqu'à l'idée. Adorez la force si cela vous amuse. Allez même choisir votre César parmi les portefaix. Maudissez le progrès; le progrès sans doute en sera mortifié, mais il n'en continuera pas moins son chemin. Je n'ai rien à dire, je vous le répète; tout cela est matière à conversation, tout cela est thème à phraséologie. Le vent l'entend, le vent l'emporte.

Mais je ne sais pas si vous avez bien compris toute la portée du petit livre que vous avez écrit. Dans tous les cas, cette portée la voici, je la mets fidèlement sous votre regard :

Il y a, en ce moment-ci, sur le sol français, deux races, dites-vous, deux idées ennemies et irréconciliables à tout jamais; le sol ne peut les porter toutes les deux, à la fois, plus longtemps. Il faut que l'une ou l'autre disparaisse de suite, jusqu'au dernier homme, jusqu'au dernier souffle.

La nation est placée entre deux Saint-Barthélemy : l'une au profit de la conservation, l'autre au profit de la barbarie. Hâtez-vous donc, parti conservateur paresseux à l'action, de prendre l'avance du sang versé, si vous voulez échapper au massacre. Levez la hache, frappez; que craignez-vous? Je vous donne l'absolution. La force est la justice, la force est la Providence; le premier qui frappe, qui saisit la force, met immédiatement la Providence de son côté. N'attendez plus une minute, car *le canon seul peut régler notre so-*

ciété, dût-il venir de Russie. Tuez pour ne pas être volés ; tuez pour ne pas être tués.

Je ne veux pas forcer le sens d'une expression et croire que vous ayez pu tomber assez bas devant votre propre pensée, pour rêver, même à mot sous-entendu, pour appeler sur la patrie sacrée les assassinats en bloc de la Russie et de l'Autriche, et les immenses charniers de Brescia et de la Hongrie. Ne vous vantez pas, monsieur, d'une rudesse de fibre qui n'appartient pas à notre civilisation. Vous avez les nerfs trop délicats pour jamais flairer avec bonheur l'odeur des habits de Haynau.

Mais je suis bien obligé de voir dans votre brochure une réédition des théories de la terreur, retournées contre la démocratie. Nous avions hautement répudié ces théories, nous, la jeune république de 48, qui n'avons voulu prendre de nos pères que leur sublime principe, et qui avons laissé leur faute ensevelie, avec leur corps, au fond de leur tombeau. Nous les avions répudiées. Et cependant la terreur flottait, comme une ombre, sur le front de notre dernière révolution. Ce souvenir nous pesait. Mais maintenant vous avez pris la terreur au compte de votre parti. Vous avez fait passer 93 de votre côté. Vous êtes, à dater de ce jour, les terroristes. Vous nous avez débarrassés de notre fardeau. Merci.

Mais, imprudent que vous êtes, laissez-moi vous donner un conseil. Quand la Convention décrétait la terreur, elle avait derrière elle une nation fanatisée et frémissante de sa première heure de liberté, et qui eût déchiré plutôt ses entrailles que de laisser échapper cette liberté de la veille si laborieusement conquise. Mais vous, qui prétendez à l'héritage sinistre du comité de salut public, qui avez-vous derrière vous ? voyons. Comptez-vous, comptez-nous. Vous êtes cent mille, peut-être ; nous sommes dix millions. Et vous invoquez la force, et vous sanctifiez la force, et vous en appelez à l'extermination ! Vous parlez d'ouvrir la veine du peuple. Silence, malheureux ! car si dans quelque bas-fond quelque disciple perdu de Marat vous entendait ! Mais non, il ne vous entendra pas ; ce temps-là est à tout jamais passé.

Vous croyez donc bien à la puissance des baïonnettes, que le vent de Dieu courbe toujours plus facilement que l'herbe à l'instant des révolutions ! Eh bien ! écoutez. Je ne tiens pas à passer pour prophète. Mais voici ce que je vous prédis.....

XX.

DARGAUD.

LA FAMILLE.

Oui, la famille ! voilà désormais ce qu'il faut aimer. J'aurais lu ce livre rien que sur le titre, tant je suis convaincu de cette idée ; car la famille est la moitié de la morale, et pour un mot de plus je dirais la morale tout entière. Méfiez-vous de quiconque vit en pleine révolte contre la famille. Il lui manque quelque vertu, n'importe laquelle ; si ce n'est pas celle-là, c'est une autre, mais toujours une vertu. J'ai bien réfléchi avant d'écrire cette parole, et, après mûre délibération, je la maintiens.

Comment, malheureux ! tu n'as pas payé la dette de l'ancêtre ! tu n'as pas à ta droite, devant ton foyer, une providence visible pour t'enseigner la bonté, et à ta gauche une tête blonde, à peine sortie de la main de Dieu et toute fraîche encore du ciel d'où elle est tombée, pour t'enseigner la candeur ! tu ne vois personne autour de toi à aimer et à aider, à toute heure et à toute minute de la journée ! tu ne connais aucune occasion de dévouement, tu ne peux pas même faire l'apprentissage de ce suprême métier de l'humanité, tu vis seul, tu es seul, tu es ton seul but, ton être tient à peine sur la terre la place de ta semelle, et tu veux que je te donne mon estime, que je te salue dans la rue ! Non, par le Dieu vivant ! Marie-toi d'abord ; autrement, passe ton chemin.

L'homme, en dehors de la famille, n'est qu'à l'état de commencement. Pour le rendre complet, il faut qu'une mère lui ait versé tout un ordre de sentiments, et ensuite une sœur, et ensuite une femme, et ensuite une fille, et ainsi à l'infini, jusqu'à ce que, de toutes ces fleurs de l'âme, de toutes ces grâces, de toutes ces tendresses, de toutes ces poésies fondues entre elles, comme les grappes de la vigne dans son parfum, il ait réussi à se faire une âme suprême, immense comme la nature humaine, virile et rêveuse, forte et douce à la fois. Cette âme-là est la mystérieuse androgyne que la Grèce a vainement cherchée dans le temps, pour avoir manqué de justice envers la meilleure portion de l'espèce. C'est de la femme que je veux parler.

J'ai tellement foi, en un mot, dans la famille, que si le monde est sauvé, il le sera par les mérites du foyer. Donnez-moi une seule vertu privée, je vais en tirer mille vertus publiques, disait un philosophe. Avec la famille, je ne crains ni les luttes, ni les discordes, ni les lances, ni les épées; avec la famille, les lugubres tragédies jouées de peuple à peuple, dans l'histoire, ne sont plus possibles que par miracle. Notre conviction à cet égard est tellement arrêtée, que si jamais, à la requête de l'*Univers*, l'inquisition venait illustrer un jour la place de la Concorde de la flamme de son bûcher, nous lui passerions encore le fagot, à une seule condition cependant : c'est que l'inquisiteur prendrait femme et commencerait par avoir cinq enfants pour avoir le droit de brûler. Il comprendrait peut-être alors le prix de la vie humaine, et il y regarderait à deux fois avant de souffler son tison, dans la charitable intention de griller son semblable.

Pensant ce que nous pensons, nous devions lire avec une sorte de recueillement le livre de M. Dargaud. Ce livre en effet est, pour chacun de nous, comme un ami d'enfance. Il nous rappelle délicieusement la seule partie de la vie peut-être qui soit bonne à vivre, sur notre planète. Voilà bien la famille que nous avons tous, plus ou moins connue, ou seulement rêvée, hélas ! Voyez-vous là-bas devant vous, au dernier reflet du crépuscule, cette vieille maison sombre comme l'ombre du temps toujours debout ? Le seuil de sa porte a usé pour le moins le pied de huit générations. Entrez. Le souper est fini. La nappe est levée. Le feu flambe dans l'âtre à toute volée, et réveille mille esprits jaseurs dans la marmite de fonte suspendue à la crémaillère : le cercle est formé autour du foyer.

Celui-ci est le père, un digne homme ; vous pouvez lui donner la main en toute sûreté de conscience. Cet autre est l'oncle, voire même le grand oncle, un curé, mais un curé sorti en ligne directe de l'Évangile, à donner envie à Voltaire lui-même de prendre la soutane. Cet enfant est l'enfant de la maison ; approche, mon enfant ; si Dieu te prête vie, *tu Marcellus eris*, c'est-à-dire tu grandiras en force et en sagesse, car tu as été élevé à bonne école. Cette femme, à côté, est la tante Berthe, figure pensive et inclinée par le poids de son rêve, le doigt sur l'oreille, comme si elle écoutait l'ange intérieur. Cette dernière, assise dans l'angle de la cheminée pour fermer le cercle d'affection, est la femme bénie entre toutes, vous l'avez déjà nommée : la mère de famille. Penchée en ce moment sur son rouet, elle file sa quenouille. Le fuseau monte et descend sans cesse, en tournant, au bout de son fil, et accompagne, de sa note basse, la parole grave de la conversation. Enfin, pour que ce monde d'intimité soit au complet et que le nom de Dieu soit béni jusque dans le plus humble commensal, un chat couché dans la cendre et roulé sur lui-même se livre à je ne sais quelle hypocrisie de sommeil, les yeux moitié ouverts, moitié fermés. De temps à autre, une pendule, majestueusement élevée sur sa gaîne, jusqu'au plancher, prend la parole de toute sa hauteur, dans sa châsse de verre, et de son timbre lent, laisse tomber une heure longue, qui semble arriver, par une route infinie, du fond de l'éternité.

Eh bien! il se passe là, au fond de cette chambre séculaire, entre ce petit groupe de vies, métempsycoses de vies antérieures, toujours éteintes et toujours rallumées comme les flammes de ce foyer, — oui, il se passe là quelque chose de plus grand que tout ce que vous pouvez appeler grand, dans cette petite fourmilière de la société ; car ce père que voilà, ce curé homme de bien, — j'irai lui attacher, si je le retrouve ailleurs, les cordons de ses souliers, — cette femme rêveuse, cette autre ménagère, Marthe et Marie devant Jésus, sont réunies en ce moment. — Partout où vous serez réunis quatre en mon nom, je serai avec vous, dit l'Évangile, — pour instruire cet enfant, pour le dresser à la vie des justes, pour lui donner le bon exemple, pour lui apprendre à aimer, par la meilleure méthode, en l'aimant, en lui remettant, d'avance pour la vie, un trésor tout fait de sympathie qu'il pourra ensuite dépenser à sa convenance.

Celui-là qui élève ainsi un enfant bâtit en réalité un temple vivant au Seigneur. Car le Seigneur n'habite pas la pierre de la truelle, — qu'est-ce que cela pour lui? Il habite l'âme seulement, parce que l'âme est sa nature, et qu'il est là, lui aussi, en famille. Si vous cherchez encore Dieu sur cette terre, je vous dirai : il est présent dans chaque vérité de notre esprit. Tout ouvrier de l'intelligence est par cela même un hôte de la Divinité. Il n'y a pas de cathédrale au monde qui vaille un souffle du moindre penseur. Aussi, lorsque Pilate, ou à son défaut Caïphe, ces deux immortels comparses du drame de l'histoire, mettent par hasard la main sur une nouvelle idée, ils commettent un sacrilége ; ils frappent Dieu une seconde fois dans un homme : *Ecce homo.*

J'ignore si l'esprit de mon temps est assez recueilli pour lire dans l'ouvrage de M. Dargaud l'histoire de la formation d'une âme par l'étude ; quant à moi, je l'avoue, j'ai suivi avec un charme profond la pieuse initiation de cet enfant, de cet homme bientôt, qui entre pas à pas dans la vie supérieure de la pensée, entre son oncle et son père, entre la religion et la philosophie. C'est là le mystère des mystères. Rien qu'en ouvrant un livre sur ses genoux, et après ce livre un autre, le fils de la femme a le don du miracle. Il tire le temps à lui comme un manteau. Il revêt le génie de l'humanité tout entière. Il sait désormais tout ce que le monde a connu ; il pense tout ce que le monde a pensé ; il est plus qu'un homme : il est le genre humain.

Et ainsi j'allais rêvant sur les pas de M. Dargaud à cette mystérieuse communion de l'âme avec l'âme, à travers les siècles, que la philosophie appelle éducation. J'errais à son côté, avec une paisible volupté d'esprit sous les ombres délicieuses des allées de son verger. J'étais là comme dans la lumière sereine de l'Élysée, antique voyageur de la mort occupé à regarder passer les doux fantômes d'Homère et de Platon. Je faisais avec lui cette route en arrière, permise seulement aux poëtes depuis Dante et Virgile. L'oncle et le curé me montraient, l'une après l'autre, ces gloires assemblées de l'humanité. Ils m'en racontaient le génie, pendant qu'autour de moi les fauvettes chantaient dans la feuillée, et que les rosiers semaient leurs roses dans la brise, et je les écoutais avec déférence, bien que, possédé de l'ivresse du progrès, je fusse tenté par moment de protester contre leur admiration inextinguible de l'antiquité et de leur couper la parole. L'âge est porté par nature vers le passé. Il est un passé aussi. Il faut donc sous ce rapport avoir quelque indulgence pour la vieillesse.

Après avoir nourri l'intelligence de son héros de la moelle des Anciens, c'est-à-dire de la pensée de Virgile, de Tacite, de Thucydide, de Racine, de Fénelon, M. Dargaud ferme le livre pour un instant, et ouvre devant l'imagination, suffisamment vibrante du jeune homme, le second livre de la vie, je veux dire le sentiment. Une jeune fille est venue sur cette terre, qui portait le nom, désormais deux fois poétique, de Marguerite. Je l'ai vue passer, cette ombre d'un matin, emportée à la première heure de sa journée. Elle était plus languissante que la fleur sur sa tige, plus blanche que le sel du sacrifice; elle promenait autour d'elle, avec un vague étonnement, un regard d'un bleu profond, reflet égaré du ciel, comme si à peine réveillée d'un rêve inachevé elle cherchait à reconnaître, sur cette terre d'ici-bas, la patrie qu'elle venait de quitter. Et, lasse de chercher en vain, elle refermait l'œil aussitôt pour reprendre le rêve perdu.

Ah! je conçois qu'après le rapide passage de cette gracieuse figure de Marguerite, apparue un instant pour disparaître, M. Dargaud ait écrit d'une main de feu une hymne à l'immortalité. Quand une jeune fille vient à mourir emportant avec elle son trésor de perfection, le ciel est prouvé. Car où donc irait-elle déposer son divin fardeau? Il n'y aurait donc pas de place au monde pour ce qu'il y a de plus sacré ? Le moindre grain de poussière flottant au vent est toujours certain de trouver sa particule de l'espace. Et la vertu balayée dans la mort ne trouverait-elle que le néant ? Avez-vous jamais réfléchi à cela ? La pensée seule de l'immortalité donne à l'âme un tel coup d'aile et fait de l'homme quelque chose de si voisin de Dieu, que si la vie éternelle était une fiction, l'homme serait plus grand que la réalité. L'idéal serait à l'homme, le mensonge serait au Créateur. En vérité, la réfutation de la mort pousse au blasphème.

Marguerite est morte. Que dis-je, morte ? elle est immortelle ; le vieil oncle, le vieux père, la mère, la tante, vont la rejoindre à leur tour sur cette couche funèbre où la pioche remue sans cesse la poussière. La maison est déserte. Le dernier survivant de la famille est allé loin de là chercher le mot d'ordre du destin. Il a vécu, souffert, travaillé, fait comme chacun de nous son sillon. Maintenant son foyer est éteint, mais sous ce foyer éteint il a déposé de pieuses reliques, et, rassemblant tous les souvenirs de ceux qui ne sont plus pour lui que des souvenirs, il les a ensevelis là comme cette femme de la Grèce ensevelit autrefois les os du juste sous la pierre de son âtre en disant : La cendre de l'homme de bien est une bénédiction.

Voilà le livre de M. Dargaud. Commencé dans un sourire de printemps, il est triste en finissant et froid à la main comme le linge trempé de la sueur glacée de l'agonie. Il m'a ému, cela me suffit. Qu'on ne s'attende pas après cela à me voir discuter mon émotion. Une émotion est ou n'est pas, et quand elle est, elle a toujours raison. J'ignore si cette œuvre est composée dans les règles de l'art comme on l'entend, si la curiosité est suffisamment amorcée et tenue en suspens à l'aide d'épisodes habilement opposés et manœuvrés. Je vois là, j'en conviens, beaucoup de fleurs répandues à profusion ; je ne vois pas de bouquet. Qu'importe si ces fleurs sont plus douces à respirer l'une après l'autre, tant elles sont parfumées de célestes parfums ! Ce sera, si vous tenez au bouquet, par système, le bouquet d'Ophélie, d'autant plus pathétique par son désordre. Trempé des larmes de l'amour, il flottait encore au courant, que la chanson du saule était déjà éteinte pour toujours, sous le voile funèbre du ruisseau.

Une réflexion seulement. En thèse générale, la critique doit admettre que l'âme étant une, et composée à la fois de sentiment et de raison, l'œuvre de l'artiste doit être aussi à la fois idée et action pour étreindre l'âme tout entière et l'ébranler dans sa puissante unité. Aussi, lorsqu'un philosophe a la prétention de parler uniquement à ma réflexion, en laissant de côté l'autre partie de l'esprit, je me dis : Voilà un prédicateur qui commence par une impolitesse en renvoyant la moitié de l'auditoire. Cependant la critique doit admettre aussi certaine forme de littérature plutôt lyrique qu'intriguée ; langue directe de l'âme à l'âme, sans péripétie et sans allégorie. Cela est à la littérature ce que la symphonie est à l'opéra. Le drame parle à l'imagination des sens, le lyrisme parle à une autre imagination. Son vague même contribue à sa puissance, car le vague est le sourd murmure de l'infini.

Après tout, le livre n'est pas le théâtre. Le théâtre nous prend à son heure ; il nous place en face de quinquets, de décors, d'êtres réels, visibles, nommés, costumés, allant, venant, parlant, gesticulant, remplissant la scène du bruit de leur pas et de leur parole. Évidemment là il faut l'action et toujours l'action, sans pitié, sans répit ; car l'âme du spectateur voulût-elle rentrer en elle-même, pour travailler sur son émotion, que la voix, que le geste de l'acteur viendraient aussitôt à la secouer et à la distraire de sa rêverie, car, une fois sur la banquette, elle est purement passive ; le dramaturge a sur elle tout pouvoir ; elle écoute sans répondre ; elle reçoit l'émotion sans rendre l'émotion reçue. Froid baiser de l'Amour sur le front de Psyché endormie.

Le livre, au contraire, est un être abstrait destiné par nature à obéir plutôt qu'à commander au lecteur. On le prend à son heure, selon sa disposition d'esprit ; on le lit où l'on veut, devant la scène qu'on a choisie, au penchant de la colline, sur la litière dorée, au soleil couchant, des feuilles tombées, ou bien au revers de la dune semée des pâles fleurs du tamaris en face de la mer éplorée, condamnée de toute éternité à gémir. A mesure que vous lisez, votre pensée est en activité, elle réagit sur sa propre émotion. Il y a dans la page du livre palpitante sous votre doigt un souffle de Dieu, une puissance mystérieuse de magnétisme qui met involontairement votre âme en communication avec l'âme de l'auteur. Vous pensez avec lui, vous rêvez avec lui, vous écrivez avec lui, sous une autre forme, ce qu'il a déjà écrit ; vous êtes enfin avec lui en perpétuelle collaboration. Et après avoir lu son œuvre vous l'avez faite autant que lui-même peut-être. En un mot, le livre le plus parfait, à mon avis, est celui qui donne le plus à travailler au lecteur, comme le trait d'esprit le plus heureux est celui qui laisse le plus à deviner. Alors Psyché, réveillée de son sommeil, a rendu le baiser de son amant.

C'est là le mérite de M. Dargaud. Il avait déjà montré ailleurs un puissant talent de récit. Aujourd'hui, pour varier, il nous donne une œuvre intime dont toute l'action est en idées et en sentiments. Cela se passe aux dernières profondeurs de l'être, et pour le sentir il faut être en état de grâce, c'est-à-dire avoir beaucoup senti soi-même et beaucoup éprouvé. Alors on comprendra la poésie et la grâce des premiers chapitres, le parfum de tristesse et d'hysope répandu sur les derniers. Alors on aimera ce style qui est comme le son multiple de l'âme dans son inépuisable variété d'émotion : ici d'une simplicité et d'une onction charmante, là d'une vigueur et d'une âpreté tragique, ailleurs d'une fraîcheur et d'une langueur adorable, dans une autre moment d'une exactitude et d'une réalité descriptive qui en fait en quelque sorte le paysage parlé et présent à l'imagination.

Lorsqu'on demande à Chrysippe, dans les *Philosophes à l'encan*, quel est son métier, il répond hardiment : Faiseur de filets.

— Comment, faiseur de filets ?
— Oui, mais de filets de paroles.
— Et pourquoi faire, mon ami ?
— Pour prendre les poissons d'un genre particulier qu'on appelle des hommes, par politesse.

M. Dargaud a eu sur mon esprit la puissance de Chrysippe. Il m'a pris dans ses filets, sans reproche ; et à la manière dont je m'y trouve, je suis enchanté d'être poisson.

XXI.

GEORGE SAND.

LUCREZIA FLORIANI.

Vous rappelez-vous le philosophe Jouffroy? C'était un homme grand et blond, calme et triste, qui portait la tête sur la poitrine, et qui passait sa vie à penser — est-ce bien à penser que nous avons dit? — à mieux que cela encore, à se regarder penser. A force d'étudier au microscope le moi humain dans son âme, il avait fini par avoir la clef du premier moi venu. Quand il avait lu un livre, il avait confessé l'auteur. Il voulut appliquer un jour à George Sand cette merveilleuse puissance de pénétration, et suivre à la piste, de roman en roman, la pensée intime de l'illustre romancier. Mais il mourut à moitié chemin et il emporta son travail dans le tombeau.

A vrai dire ce travail était suspect par la raison que certains écrivains n'ont pas cette muse, à poste fixe, que nous appelons la personnalité. Ils ont du talent, parce qu'ils ont du talent, sans savoir pourquoi ni comment. Ils écrivent selon que le vent souffle, et le vent ne souffle pas toujours du même côté. Leurs œuvres, au jour le jour, leur échappent comme autant de distractions. Ils les sèment, au pas de course, à travers l'espace, et, à les voir aller indéfiniment d'un horizon à l'autre, on dirait qu'ils ont hâte de faire le tour entier de la pensée.

Qui ne connaît la légende du mécanicien de Nuremberg? Le digne homme avait trouvé la solution du mouvement perpétuel; c'était, nous croyons, sous la forme d'un soufflet terminé par deux échasses. Le soufflet jouait le rôle de poumon, et selon que la douille aspirait ou respirait, l'échasse de gauche faisait un pas, et l'échasse de droite en faisait autant. La première fois que le malheureux inventeur voulut tenter l'expérience de sa découverte, il oublia ce premier principe de physique, que la vitesse augmente en raison de la vitesse acquise. A cheval sur son soufflet, les jambes liées à ses deux béquilles, il alla d'abord lentement, paisiblement, mais peu à peu, il allongea le pas, et il l'allongea, de minute en minute. La vitesse était encore raisonnable et l'artiste triomphait de son invention. Mais bientôt il crut avoir le vertige. Les arbres se mirent à danser et les champs de blés à tourner, comme une roue peinte de diverses couleurs.

Ses jambes l'emportaient avec la rapidité du fluide électrique sur le fil d'archal. Il entendait bruire à ses pieds un léger frémissement : c'était un fleuve qu'il venait de traverser. Il voyait subitement se dresser, devant lui, une haute muraille qui tombait aussitôt; c'était une chaîne de montagnes qu'il venait d'escalader. Bientôt il perdit tout sentiment de l'espace. Il entendait seulement haleter, entre ses jambes, son terrible poumon factice qui avait mille pulsations à la minute. Il disparut ainsi. Quelques navigateurs ont bien cru voir, dans les brumes du pôle, glisser comme un squelette sur les arêtes des banquises. Mais était-ce bien sûrement le spectre du mécanicien de Nuremberg?

N'est-ce pas là l'histoire de la plupart des talents? Ne sont-ils pas tous ou presque tous liés à quelque manière de mouvement perpétuel? Ils vont tant qu'il y a de la marge, et, après, ils vont encore. Les morts vont vite, disait la ballade. Doucement, messieurs, beaucoup moins vite que certains vivants.

Voyez George Sand. Sur quelle belle machine de Nuremberg il fit son entrée dans la littérature. Jeune, impatient, bon compagnon, nullement philosophe, ne s'étant donné que la peine de naître, pour avoir le grand je ne sais quoi, il voyage, il conte, il raille, il traite cavalièrement ses idées et les idées de ses amis. Il passe sur la lisière de la république, mais sans vouloir y entrer. Allez, dit-il à son consul de l'Aquitaine, faites vos révolutions et vos constitutions, je vous tire ma révérence; ma véritable patrie est la Bohême, et j'y cours de ce pas. Mais, comme je ne veux pas frustrer la communauté, je vous lègue mes livres pour bourrer vos fusils.

Il disait cela sur tous les tons, et avec les formes les plus imprévues de la plus admirable fantaisie; il interpellait la réputation avec la même insouciance que la république. La fumée de la gloire, écrivait-il sur sa porte, ne vaut pas la fumée de ma pipe, et il avait raison.

Si, par hasard, il lui prenait envie de philosopher sur l'humanité, toute sa philosophie consistait à passer un jupon à Manfred et à l'appeler Lélia. Après quoi sa conscience était en repos. Mais en dehors de la métaphysique byronnienne, il ne voulait accepter la solidarité d'aucune opinion.

— Bah! répondait-il à quiconque lui reprochait un parti

pris d'idée, est-ce qu'un poëte, la plume à la main, dit tout ce qu'il veut dire et comme il veut le dire? La plume va, la main suit, et quand il lit ce que la plume a écrit, il en est étonné le premier. En un mot, il en est du poëte, et de moi en particulier, comme de Benvenuto Cellini. Il prenait une poignée d'argile, pour faire un vase, et à la fin de la journée il avait fait une figurine.

L'inspiration de George Sand à cette époque était l'indépendance. Plus tard, ce fut la résignation. Il passa de la révolte à l'abstinence, et reçut la bénédiction de l'abbé de Lamennais. De l'abstinence il se rejeta dans la doctrine de la revendication, revendication des droits de la femme, des droits du prolétaire, des droits du paysan. Républicain après avoir raillé la république, philosophe après avoir raillé la philosophie, et nous ne l'en blâmons pas, car le talent n'a pas le choix de ses œuvres ni de ses pensées : il n'est pas quelqu'un, il est tout le monde. Son esprit est un forum invisible où la foule tient séance. Comme Satan, il peut dire je me nomme Légion. Et ce n'est pas seulement tantôt tel philosophe, tantôt telle doctrine, ce n'est pas seulement le grand fait anonyme d'un siècle qui pense dans la tête des romanciers, c'est aussi l'univers entier, c'est tout ce qui les entoure, tout ce qui les approche, tout ce qui les touche de près ou de loin : l'habitation, la nourriture, l'atmosphère, le terrain, l'amitié. Vouloir juger la moindre bluette de George Sand, et ne pas tenir compte de toutes ces parties intégrantes de son talent, c'est vouloir, de gaieté de cœur, fourvoyer sa critique. Reprenons une à une toutes ces influences qui constituent le génie, et commençons par l'enveloppe de l'esprit : l'habitation.

Nous n'attachons pas une assez grande importance à la demeure dans la littérature, nous ne croyons pas assez à l'action continue, immédiate de tous nos compagnons d'existence : vases, tableaux, fauteuils, tabourets. Notre esprit se moule sur sa coquille. Dis-moi où tu habites, je te dirai qui tu es. Il faut n'avoir jamais tenu de conversation suivie avec son lit, avec sa pendule, avec sa tapisserie, pour prétendre que les morceaux de bois n'ont pas d'imagination. George Sand a trop le sentiment des choses pour commettre jamais une semblable erreur. Aussi le voyons-nous en toute circonstance adresser des remercîments à ses pantoufles et à ses fauteuils, et ne jamais écrire un roman sans le meubler avec la plus scrupuleuse attention. Première influence.

Seconde influence : la nourriture. Les plats ont aussi leurs systèmes de philosophie : les pommes de terre ne pensent pas comme les olives ; les unes inclinent vers Aristote, les autres vers Platon. Il n'est pas un talent un peu observateur qui n'ait toujours donné la plus grande attention à ses repas. Les Anglais ont perfectionné cette méthode, de faire des hommes sur les fourneaux de la cuisine : ils appellent cela *entraînement*. Non-seulement ils font ainsi des bœufs qui n'ont pas de jambes, et des chevaux qui n'ont que des jambes, des citrouilles grosses comme des tonneaux, et des hommes gros comme des singes ; mais encore chacun de leurs grands écrivains a un régime particulier approprié à son talent. Byron mâchait pendant quatre jours du tabac arrosé de vin de la Moselle pour écrire, avec des visions de jeûne, des poëmes ascétiques perdus dans le septième ciel ou le septième enfer. Qu'est-ce que l'esprit moderne ? c'est le café. La révolution arrive en ligne directe de Moka. Qu'est-ce que la résignation du peuple à sa misère ? c'est le tabac. Le tabac est l'opium de la pensée. Aussi nous verrons partout, dans les romans de

George Sand, par le grand nombre de dîners qui s'y donnent et les déductions qui en découlent, toute la puissance que l'auteur reconnaît à la nourriture sur notre pensée.

Mais nos plats et nos meubles n'ont pas seuls la parole dans notre organisation, il y a le vent qui souffle aussi à travers nos idées. Bien plus qu'on ne l'a imaginé, nos croyances sont des girouettes. Il n'est pas un homme, un peu habitué aux surprises de l'inspiration, pas un de ceux qui se mettent à leur table, sans savoir ce qu'ils vont dire ou écrire, et qui disent et qui écrivent, sous la dictée de l'archange invisible, toutes les sublimités de l'univers; il n'est pas un de ceux-là qui n'ait senti que le vent qui a passé sur les glaces et les neiges lui apporte d'autres élucubrations que le vent qui a passé sur les lavandes en fleurs de l'Italie, par exemple, ou seulement de la Provence. J'ai un de mes amis, poëte émérite, qui a fait de si profondes études sur la pression des différents rumbs, qu'il abandonne au vent le soin d'écrire telle ou telle scène d'amour, de tendresse ou de colère. Sa muse est sa boussole. George Sand ne récusera pas les vibrations de l'atmosphère à travers toutes les fibres de notre être, lui qui écrivait à son fils, dans une dédicace : *Quand le triste vent du Nord gémit autour de nos vieux sapins, quand la grue jette son cri de détresse au son de l'Angélus, je ne puis rêver que de sang et de deuil.*

Après l'air vient le sol. Au premier abord il semble qu'il n'y ait aucune analogie entre George Sand et le Berri, où il est né, où il a vécu, où il a rêvé. On connaît la Sologne, cette lande plate comme la main, eh bien! le Berri est à la Sologne ce que le dégel est à la glace : une campagne un peu plus dégourdie. Les collines y commencent tout doucement, montent avec beaucoup de précaution et s'arrêtent presque toujours à moitié chemin ; de bonnes petites rivières coulent au milieu de tout cela, si mollement, qu'elles pourraient aussi bien aller dans un sens que dans l'autre ; car, sur leur nappe étoilée de nénuphar, on n'aperçoit pas le moindre mouvement. Les arbres y semblent nés de toute éternité pour s'en aller en fagots ; car, à leur cime décapitée, à leurs branches menues et collées au tronc, à leur attitude piteuse et résignée, on voit qu'ils renouvellent, de temps à autre, connaissance avec la serpe : *Luxuriem compesce fluentem.*

Cette tranquille et prosaïque province, aux molles prairies, aux guérets noirs, était évidemment préparée, dans les intentions de la Providence, pour les moutons, ces actionnaires toujours dupés de la grande industrie, qui font de la laine et engraissent des côtelettes pour d'autres actionnaires infiniment plus habiles. Hélas! il semble au premier abord que George Sand, avec sa fougue d'imagination, n'avait rien à faire là, si ce n'est à secouer au plus vite la poussière de ses souliers. Il n'en est rien cependant. En y regardant de près, on voit que son esprit a un vigoureux parfum de terroir. Il lui doit en partie le rustique bon sens de son talent; aussi lui garde-t-il en toute occasion une invincible reconnaissance. Toutes les fois qu'il a besoin de se recueillir, de se retremper, de se ressaisir, de se refaire un point de départ, c'est là qu'il va s'asseoir, c'est à ses prés, à ses peupliers, à son petit ruisseau doucement tapageur sous la pelle des moulins, qu'il va demander d'autres conseils ou d'autres inspirations.

La dernière âme extérieure, enfin, dans laquelle nous pensons et nous sentons, c'est l'amitié. Nos amis ont sur nous la puissance incalculable de la familiarité. Il y a en nous une force de sympathie qui nous pousse à nous mettre en équilibre avec notre voisin, quand même il serait notre contraste vivant. Les époux les plus opposés de figures finissent, à la longue, par avoir des traits communs, comme si, à force de se regarder l'un l'autre, ils devenaient réciproquement l'un pour l'autre un miroir. Les amis, ces époux indépendants, ont au contact la même faculté d'assimilation. Ils se repassent leurs idées, leurs gestes, leurs façons de dire et de penser. Quoi qu'ils fassent en particulier ou ensemble, ils sont toujours inévitablement des collaborateurs, car ils ont tous une part secrète dans la pensée de chacun. George Sand a subi la loi commune à cet égard : poëte quand son ami était poëte, tribun quand il était tribun, philosophe quand il était philosophe. Chez lui le style est l'homme, écrivait quelqu'un. Le mot est vrai, soit dit sans épigramme ; ce qui n'ôte rien d'ailleurs à l'originalité de cette puissante organisation qui prend tout sans doute, mais qui refond tout à son creuset.

Ceci dit pour l'acquit de notre conscience, nous pouvons aborder en pleine sécurité le roman de *Lucrezia Floriani*. Toute femme qui le lira y brûlera ses doigts, nous l'en prévenons d'avance. Tant pis pour elle après cela, car l'auteur n'est pour rien là-dedans, il n'a pas d'opinion ou n'a qu'une opinion apportée du dehors, par le vent ou par un ami. Son âme n'est qu'une plaine continuellement traversée par des doctrines errantes. D'où viennent-elles? où vont-elles? Demandez-le plutôt aux grues emportées sur les vents d'automne. On ne saurait donc, en bonne justice, lui faire personnellement la moindre imputation. Si son livre pense de telle ou telle façon, ce n'est pas sa faute ; aussi la critique est-elle toujours à l'aise avec le romancier ; elle peut admirer ou blâmer la pensée ou la tendance de l'ouvrage, sans blesser en rien la modestie, la conviction de l'auteur. Sa personne, après tout, comme celle de tous les grands écrivains, n'est que l'effigie d'une monnaie.

Ceux qui chercheront dans ce roman un intérêt, une intrigue, une action avec tous ses contrastes, ses imbroglios, ses ajournements et ses incidents, seront certainement trompés et fermeront le livre au premier chapitre. L'auteur a voulu simplement descendre dans l'âme d'une femme, pour s'y livrer à de fines, à de profondes analyses de psychologie. C'est l'étude attentive et minutieuse d'une passion qu'il a voulu tenter, ou plutôt d'une situation. Et il veut si peu faire de surprise au public, qu'à chaque pas il l'interpelle pour le rebuter de sa lecture. Cher lecteur, ami lecteur, tu vas faire tout à l'heure une sotte figure. Je t'en avertis charitablement, tu n'es pas ici à ta place, vide les lieux, ou rabats ton bonnet sur tes oreilles, car tu vas entendre certaines choses qui pourraient bien faire trembler sous ton pied les pierres de ton foyer. Ceci est une manière ingénieuse que l'auteur a prise, de choisir son public et de renvoyer les profanes. Car, une fois maître de son auditoire, il se hâte d'aborder les thèses les plus ardues, les ascensions les plus périlleuses, à travers la métaphysique des amours.

Lucrezia Floriani est une comédienne riche et célèbre, qui a eu, pardon du mot, plusieurs passions. A trente ans, elle a quitté le théâtre et le reste, pour se retirer, avec les quatre enfants de quatre pères, dans une villa, sur les bords du lac de Côme. Lucrezia porte sa vie lestement et le front levé. Mais elle est bien décidée à n'y plus revenir, et, comme les gens qui écrivent sur les finances par la raison qu'ils n'ont pas le sou, elle passe le reste de sa jeunesse à faire des théories sur les affections. Tu peux être fort tranquille, dit-elle à son interlocuteur, je n'aurai plus d'amour. Tiens, ajoute-t-elle en lui prenant la main et en la plaçant sur son cœur, il y a là une pierre désormais.

Elle va d'autant plus rondement dans sa philosophie érotique, qu'elle se sent plus rassurée contre le démon. Elle se jette à corps perdu dans des dissertations où elle confond à outrance le platonisme et l'Évangile, sainte Thérèse et je ne sais quoi encore. Elle fait hardiment sa confession, et cependant, au milieu de ces défis qu'elle jette au monde, du haut de ce système qu'elle élève comme un piédestal, pour y glorifier le droit indéfini de l'amour, on entend gronder du fond de l'abîme comme une voix sourde qui monte et qui éclate dans ce cri : si je m'étais couchée, dit Lucrezia, je ne me serais pas souvenue du passé... Ah ! le passé, c'est mon ennemi !

Et cependant, malgré tant d'otages qu'elle avait cru prendre contre les affections, Lucrezia aime de nouveau, eh ! mon Dieu, par la raison que de nouveau aussi elle est aimée. C'est un Allemand, quelque chose de léger et de subtil ; un spiritualisme en cheveux blonds, le prince Raoul de Rosewald, qui vient la relever de ce vœu perpétuel de veuvage. Et ici, pour le dire en passant, la logique des choses se retourne victorieusement contre la logique des dissertations, et contre ce que George Sand appelle le droit divin, et que Fourier appelait tout uniment la papillonne.

Cette femme, qui s'est fait une si savante jurisprudence à l'endroit de ses passions, ne peut plus être aimée, saintement du moins et pleinement, parce qu'elle a été trop aimée. Elle amène trop de rivaux au jeune prince, du fond de son passé ; des jalousies rétrospectives viennent continuellement s'interposer entre ces deux affections pour les railler et pour les briser. C'est alors surtout que Lucrezia Floriani peut s'écrier dans toute la douleur de son âme : Ah ! mon passé, c'est mon ennemi !

Elle en meurt. Injustice ou expiation, cette mort, malgré tout le pathétique dont le romancier l'entoure, la funèbre, la douce et triste idylle à travers laquelle il promène sa victime, n'en contient pas moins une grave leçon pour toutes ces natures de femmes mobiles et révolutionnaires, qui courent de noces en noces, chercher le dernier mot du cœur humain.

Ce roman n'est donc pas, à proprement parler, un ouvrage d'art qui promène le lecteur ébahi à travers les péripéties d'un drame savamment ordonné. C'est un thème à méditer. Une femme ne peut guère le lire et surtout le comprendre avant quarante ans passés. Aussi George Sand, le magicien peut-être qui a la baguette la plus puissante pour mouvoir les âmes et poétiser les scènes, s'est-il gardé de prodiguer, dans cette dissertation grave et douloureuse, l'inépuisable magie de son talent. A l'inverse de Platon, qui s'est ruiné en frais d'art pour le banquet, George Sand s'est contenu dans ce dernier ouvrage ; il a brusqué l'action, raconté les caractères au lieu de les montrer, dialogué les sentiments au lieu de les faire agir, interpellé le lecteur au lieu de le laisser sous l'illusion de la lecture ; et, pour ma part, je ne saurais l'en blâmer. Évidemment le vent soufflait du Nord le jour où il a écrit son roman.

XXII.

H. B.

✳✳✳✳

Cette brochure contient la biographie d'une initiale racontée par un anonyme ; elle a été imprimée à Paris et distribuée sous le manteau de la cheminée. Je ne sais quelle main mystérieuse a glissé sous ma porte cette énigme en seize pages sur papier vélin. Je n'ai pu d'abord déchiffrer, à première lecture, le double incognito de l'initiale et de son biographe. Les noms propres sont partout laissés en blanc pour dérouter la curiosité. On dirait une société secrète où tous les personnages sont masqués. La brochure commence ainsi :

« Il y a un passage d'Homère qui me revient souvent en
» mémoire. Le spectre d'Elpénor apparaît à Ulysse et lui
» demande les honneurs funèbres : *Ne me laisse pas sans*
» *être pleuré, sans être enterré.*

» Aujourd'hui l'enterrement ne manque à personne,

» grâce à un règlement de police; mais nous autres *païens*,
» nous avons aussi des devoirs à remplir envers nos morts
» qui ne consistent pas seulement dans l'accomplissement
» d'une ordonnance de voirie. J'ai assisté à trois enterre-
» ments *païens* : Celui de... qui s'était brûlé la cervelle.
» Son maître, grand philosophe... et ses amis eurent peur
» des honnêtes gens et n'osèrent parler; celui de......; il
» avait défendu les discours; celui de B.... enfin. Nous
» nous y trouvâmes trois, et si mal préparés, que nous
» ignorions ses dernières volontés. Chaque fois j'ai senti
» que nous avions manqué à quelque chose, sinon envers
» la mort, du moins envers nous-mêmes. Qu'un de nos
» amis meure en voyage, nous aurons un vif regret de ne
» lui avoir pas dit adieu au moment du départ. Un départ,
» une mort, doivent se célébrer avec une certaine cérémo-
» nie, car il y a quelque chose de solennel. Ce quelque
» chose, c'est ce que demande Elpénor ; ce n'est pas seu-
» lement un peu de terre qu'il réclame, c'est un sou-
» venir. »

Ainsi, cette brochure est l'oraison funèbre d'un païen, prononcée à mots couverts par un autre païen. Mais quel est le nouvel Elpénor qui demande un souvenir à ses amis du fond de son tombeau? Le biographe garde là-dessus le plus profond secret. Il nous dit bien qu'Elpénor faisait des livres à ses moments perdus, et, ce qui est plus merveilleux, qu'il acceptait volontiers les critiques. Mais quels ouvrages a-t-il écrits? Je n'en trouve à aucune page le titre, égaré par mégarde. Cependant l'initiale, tournée en héros d'Homère, avait du talent, s'il faut croire l'opinion très-compétente, assurément, de son ami.

« Je m'imagine, dit-il en finissant, que quelque critique
» du XXe siècle découvrira les livres de B..... dans le fatras

» de la littérature du xixᵉ, et qu'il leur rendra la justice
» qu'ils n'ont pas trouvée auprès des contemporains. C'est
» ainsi que la réputation de Diderot a grandi au xixᵉ. C'est
» ainsi que Shakspeare, oublié du temps de Saint-Evre-
» mond, a été découvert par Garrick. Il serait bien à désirer
» que les lettres de B..... fussent publiées un jour; elles
» feraient connaître et aimer un homme dont l'esprit et les
» excellentes qualités ne vivent plus que dans la mémoire
» d'un petit nombre d'amis. »

H. B. est donc un auteur incompris, qui attend qu'un nouveau Garrick, en train de naître pour la circonstance, lui restitue, dans cinquante ans, tout l'arriéré de son génie. Cette première révélation nous aidera peut-être à retrouver le nom clandestin qui est resté au bout de la plume du biographe. Le talent, même méconnu, n'est pas tellement prodigué à la génération de nos aînés, que nous ne puissions, à la longue, avec un peu d'inspiration, compléter l'initiale d'une immortalité, en expectative, destinée à grandir pour nos neveux.

Cherchons donc courageusement, peut-être finirons-nous par trouver le spectre caché sous une initiale.

Est-ce par hasard Ballanche? Non; Ballanche était un austère chrétien qui est parti pour la gloire, accompagné d'une nuée de discours. Est-ce Honoré Balzac? Il a eu de son vivant toute la réputation qu'un écrivain ici-bas peut raisonnablement attendre de son talent. La postérité n'aura rien à lui restituer sous ce rapport. Est-ce Barrère? Mais Barrère n'a jamais été qu'un dramaturge en action qui faisait de la littérature au jour le jour dans le panier de la guillotine. Il n'a nullement besoin d'être une seconde fois enterré. Est-ce mon pauvre défunt ami Babinot, si spirituel après boire, qu'il aurait pu donner la contagion de l'esprit à tout le pays? Mais mon pauvre ami Babinot n'a jamais rédigé que des ordonnances. Est-ce enfin M. d'Arlincourt, de romanesque mémoire? Mais M. d'Arlincourt ne s'écrit pas par un H, encore moins par un B. Il n'est B sous aucun rapport. Il n'est pas assez mort d'ailleurs pour vouloir être pleuré. Je ne le soupçonne pas païen ; il est simplement dévot.

Mais à force d'interroger la brochure dans tous les sens, et de tourner vingt fois l'initiale sur ma langue, j'ai fini par découvrir çà et là, à cette ligne, puis à cette autre ligne, qu'Elpénor avait été auditeur au conseil d'État, commissaire aux armées, protégé de M. D... sous l'empire, et enfin diplomate sous Louis-Philippe, avec une si merveilleuse finesse, qu'en écrivant au ministre, il mettait le chiffre dans l'enveloppe de la lettre chiffrée, pour éviter sans doute à la police étrangère le souci d'aller chercher trop loin un Champollion pour l'explication des hiéroglyphes.

Eh bien ! de tous les noms propres possibles, qui aient pu figurer au conseil d'État, à la retraite de Moscou, dans la diplomatie, dans la littérature, je ne trouve qu'un seul nom au passé qui ait pu remplir ces quatre conditions, et laisser à toute force une réputation inférieure au talent. Ce nom est lui-même le nom d'un autre nom ; ce nom est Sthendal. Sthendal, l'auteur de *Rouge et Noir*, de la *Chartreuse de Parme*, de *Rome et Florence*, et que sais-je encore ? Mais Sthendal est le talent, Beyle est la réalité. H. B. est donc Henri Beyle, successivement auditeur, commissaire, client de M. Daru, consul en Italie. L'initiale de la brochure se trouve complètement justifiée.

Après avoir recréé avec des bribes un nom de toutes pièces, par la méthode de Cuvier, je crois pouvoir ajouter, pour satisfaire la curiosité du lecteur, que le premier païen qui se brûla la cervelle était Sautelet, et que le grand philosophe, son maître, qui n'osa cérémonier sur sa tombe, était M. Cousin.

Mais pourquoi venir en ce moment, à pas de loup, dans la nuit profonde de l'anonyme, évoquer l'ombre du romancier de *Rouge et Noir*, pour la faire parler discrètement des limbes de la mort, à un petit comité de vingt-cinq intimes? Le biographe nous l'a dit d'avance : parce qu'un départ, une mort doivent se célébrer avec une certaine cérémonie, et qu'il y a là quelque chose de solennel. Mais comme le solennel peut être quelquefois dangereux dans la bouche des païens, je prie les dames honnêtes, c'est-à-dire toutes mes lectrices, de ne plus continuer la lecture de ce chapitre.

Maintenant que les dames sont sorties, je puis vous dire, dans le creux de l'oreille, que cette brochure, écrite avec amour et imprimée avec luxe, qui circule à cette heure même, confidentiellement et subrepticement, dans les salons du faubourg Saint-Germain, contient les plus incroyables débauches d'esprit que le scepticisme entre deux vins ait jamais aventurées dans les ruelles, à travers les pétards des bouteilles de champagne. Vous allez en juger.

« B..., dit l'auteur — lisez Beyle, — n'avait aucune idée
» religieuse, ou s'il en avait, il apportait un sentiment de
» colère et de rancune contre la Providence : *Ce qui*
« *excuse Dieu*, disait-il, *c'est que Dieu n'existe pas.*

» Une fois chez Mme P..... — j'imagine que c'est Mme
» Pasta, — il nous fit la théorie cosmogonique suivante :
» Dieu était un mécanicien très-habile. Il travaillait
» nuit et jour à son affaire, parlant peu et inventant sans
» cesse, tantôt un soleil, tantôt une comète. On lui di-
» sait : mais écrivez donc vos inventions ! Il ne faut pas

» que cela se perde. — Non, répondait-il, rien n'est en-
» core au point où je veux. Laissez-moi perfectionner mes
» découvertes, et alors... Un beau jour, il mourut subi-
» tement. On courut chercher son fils unique qui étudiait
» aux jésuites. C'était un garçon doux et studieux, qui ne
» savait pas deux mots de mécanique. On le conduit dans
» l'atelier de feu son père. — Allons, à l'ouvrage ; il s'agit
» de gouverner le monde. Le voilà bien embarrassé. Il de-
» mande comment faisait son père. Il faisait ceci, il faisait
» cela, il tourna la roue, et les machines vont tout de tra-
» vers. »

Nous nous rappelons tous l'explosion de colère qui accueillit, dans le temps, je ne sais plus quelle déplorable boutade d'athéisme, déplorable surtout sur la lèvre d'un républicain, car, s'il n'y avait pas de Dieu, que resterait-il donc au peuple? mais que pense maintenant la société élégante de cet athéisme en brochure, à son adresse, de cet athéisme en goguette, qui, après avoir touché ses appointements et confortablement dîné, court chez les danseuses injurier, par manière de passe-temps, la Providence? Ce qu'elle pense? je vais vous le dire, moi qui attrape quelquefois les éclaboussures de son opinion. Elle pense que M. Beyle est un homme de beaucoup d'esprit. Seulement, si M. Beyle ressuscitait à l'état de représentant, elle voudrait qu'il votât, avec les autres païens, la restauration des jésuites.

Assurément, je ne veux pas surfaire ce délit. Je ne pense pas qu'une mauvaise lubricité de parole, qu'un esprit de troisième ordre s'est permise contre Dieu, derrière le paravent, pour égayer un philosophe en jupons, un philosophe de cavatine, mérite sérieusement les frais d'une indignation. M. Beyle a dit cela sans le vouloir, sans y songer, pour être gai sur le moment aux dépens de son intelligence. Il avait confiance dans la miséricorde du temps, pour balayer à l'oubli cette bouffonnerie d'impiété. Il n'y a donc pas lieu de faire un procès à sa mémoire, sur une polissonnerie de petit souper.

Mais comment se peut-il que plusieurs années après, un ami, un parent, vienne sous le prétexte de renouer pieusement le pacte solennel des morts avec les vivants, reprendre un mot tombé et le perpétuer sur vélin ? De sorte que la conversation à huis-clos du salon de Mme Pasta court à toute vitesse certains salons, commentée et applaudie, d'un sourire, par de brillantes compagnies habituées à prêcher officiellement, sous le satin, le respect de la religion, sans oublier, pour cela, le respect de la propriété.

Et cependant M. Beyle n'observait pas plus les convenances pour la propriété que pour la religion. Il était un socialiste de la pire espèce, avant même l'invention du socialisme.

« Il était difficile de savoir ce que Beyle pensait de Na-
» poléon, reprend le biographe ; presque toujours il était
» de l'opinion contraire à celle que l'on mettait en avant.
» Il convenait de la fascination exercée par l'empereur
» sur ce qui l'approchait. Et moi aussi, disait-il, j'ai eu le
» feu sacré. On m'avait envoyé à Brunswick pour lever une
» imposition extraordinaire de cinq millions ; j'en ai fait
» rentrer sept et j'ai failli être assommé par la canaille, qui
» s'insurgea, exaspérée par l'excès de mon zèle. Mais l'em-
» pereur demanda quel était l'auditeur qui avait fait cela, et
» dit : C'est bien ! »

J'admire la magnanimité à certains moments du parti de la propriété. Certain gouvernement voisin fabrique, à ciel ouvert, une monnaie de papier, et il emprisonne le commerçant surpris en flagrant délit de toute autre monnaie. Il décrète l'impôt forcé, et, en cas d'insolvabilité, la confiscation des biens des contribuables, et, solidairement, la confiscation des biens de toute la famille ; et le parti de la propriété ne laisse pas même échapper, dans les journaux, un murmure, une protestation contre ce système impérial et royal de spoliations à main armée, jusqu'au douzième degré.

Enfin, un homme d'esprit, un Gascon de mauvaise action, j'aime à le croire, se vante étourdiment, dans l'intimité du tête-à-tête, d'avoir pressé l'éponge d'une capitation de guerre jusqu'à lui faire rendre sept millions au lieu de cinq millions ; et la société élégante, idolâtre avec raison de la propriété, se passe de la main à la main cette anecdote ; elle admire cette concussion tournée en facétie. Mais continuons. Nous n'avons pas achevé cette leçon de morale. Il y a encore la famille.

Hélas ! je dois déclarer, sur la foi du biographe, que Beyle traitait encore plus irrévérencieusement la famille que la religion.

« B.... (lisez Beyle) m'a toujours paru convaincu de cette
» idée très-répandue sous l'empire, qu'une femme pouvait
» toujours... »

Je passe ici une expression.

« Et que c'est pour tout homme un devoir d'essayer.
» *Ayez-la d'abord, c'est ce que vous lui devez*, me disait-il
» quand je lui parlais d'une femme dont j'étais amoureux.
» Un soir, à Rome, il me conta que la comtesse... »

Je suppose que c'est la comtesse Cinni :

« Venait de lui dire *voi* au lieu de *lei*, et me demanda
» s'il ne devait pas... »

Je passe encore une seconde expression qui ferait dresser les cheveux sur la tête d'un grenadier :

— 276 —

« Je l'y exhortai fort, » reprend le biographe.

Vous l'y exhortiez fort, Monsieur, vous lui donniez un mauvais conseil ; vous aviez donc oublié que ce crime est prévu par le Code criminel et puni des travaux forcés à perpétuité ?

« Jusqu'à trente ans, il voulait qu'un homme se trouvant
» avec une femme seule... »

Vous devinez le reste ; je ne veux pas achever, et aussi bien pourquoi ? Une citation suffit. Je veux être plus respectueux pour la tombe de Beyle, que les amis après coup de sa mémoire.

Assurément, si cette oraison funèbre qui pleure Elpénor, le rire sur la lèvre, avait été écrite par quelque malheureux affamé de réputation qui cherche le scandale à défaut de talent, nous ne l'eussions pas arrachée à son mystère pour la traîner devant la publicité.

Mais cette brochure n'est pas l'œuvre du premier venu. Quelle que soit la prudence de la main qui l'a écrite, on reconnaît facilement le style d'un écrivain de renom, qui a un fauteuil à l'Académie. Que disons-nous, à l'Académie ? Plus haut encore.

Peut-être même cet académicien qui s'appelle à voix basse, dans l'intimité, un païen, a-t-il été plus ou moins rédacteur des journaux de la religion et de la famille. Je dis peut-être ; je ne veux rien affirmer. Mais, à coup sûr, il est l'ami de M. Thiers, et il a voté à l'Académie pour M. de Montalembert. Il défend énergiquement le parti de l'ordre ; il dîne à l'occasion avec les évêques ; il décerne le prix Montyon ; il couronne des rosières.

Et après cela, vous pourriez vous étonner de ce que nous, les persécutés d'une idée, nous venions, sous le coup de la persécution, raconter les secrets de nos adversaires ?

Nous nous croyons, nous qui ne sommes pas dévots, des hommes religieux, et nous travaillons selon nos forces à faire entrer la pensée de Dieu dans les intelligences. Nous pratiquons modestement, sans nous en vanter, nos devoirs de famille, et cependant nous sommes dans la société des proscrits, des Gaulois, nous n'avons droit ni à la fonction publique gagnée souvent, à la sueur du front, par des années de travail, ni à l'urne électorale payée cependant de nos efforts en février. Nous avons droit seulement aux procès en cour d'assises; eh! mon Dieu, par une simple raison, parce que les pouvoirs trompés, je ne soupçonne jamais l'injustice préméditée, nous croient des intraitables ennemis de la famille et de la religion.

Il est donc temps de crier à tous de quel côté les âmes de bien doivent se tourner pour découvrir cette profonde démoralisation que l'on veut dégager à toute force de nos doctrines. Nous voulons combattre, à visage découvert, et contraindre nos adversaires à se nommer hautement, comme nous, du nom de leurs croyances. Le siècle où nous vivons est trop sévère pour se complaire indéfiniment à des combats de mascarade.

Nous prenons donc l'engagement vis-à-vis de nos amis de dénoncer en toute circonstance les païens déguisés qui cumulent les bénéfices de la foi et de l'incrédulité, de l'adultère et de la famille. Nous rappellerons leurs œuvres patentes ou désavouées, et entre eux et nous le public jugera.

Nous avons la lassitude de cette comédie qui intervertit tous les rôles et dénature toutes les opinions. La vieille réputation de sincérité française périrait à une pareille épreuve si elle pouvait durer plus longtemps.

Comment! ce financier bouffi viendra, au sortir d'un

baiser à prix d'or de Ninon de Lenclos, réciter publiquement son chapelet!

Comment! ce Voltaire de poche, qui a passé sa vie à gesticuler à la tribune contre les jésuites, viendra, au jour de la mystification, livrer la pensée de la France à Loyola!

Comment! ce révolutionnaire ardent qui appelait, au nom du Christ, le feu du ciel sur les rois, viendra maintenant appeler la colère des rois sur les révolutions!

Comment! ce libéral bilieux, qui voulait confisquer hier les biens du clergé, viendra maintenant livrer, pieds et poings liés, à ce même clergé, toutes les nouvelles générations!

Comment! cet épicurien facétieux, qui ne ferait peut-être sa première communion, comme le cardinal Dubois, que le jour où on lui donnerait un évêché, viendrait maintenant recommander à la société l'observation du dimanche!

Et nous, les impies, nous, les réprouvés de tous ces partis menteurs, à double pensée et à double parole, nous laisserions jouer paisiblement sous nos yeux ce sixième acte de Molière!

Qu'avons-nous donc fait à la destinée, nous, les derniers venus du siècle, pour être perpétuellement condamnés à voir les hommes d'hier tour à tour croyants, incrédules, déserteurs de leur propre conviction pour une autre conviction à prix fait, servir les partis qu'ils avaient combattus, combattre les idées qu'ils avaient servies, et, les mains pleines de causes trahies, tâter encore l'ombre pour y chercher de nouvelles trahisons. Ces hommes ont tué dans les âmes le respect des aînés. La Providence sans doute a voulu nous donner par leur exemple un éclatant enseignement de moralité. Mais ne pouvait-elle accompagner cette leçon de moins de tristesses? Nous n'avons pas assez l'esprit de parti, pour prendre plaisir à l'humiliation des consciences. Lorsque l'humanité vient à tomber quelque part, nous ressentons en nous le contre-coup de sa déchéance. Mais du moins, puisque le hasard de la vie nous a placé en avant et donné la parole en public, nous ne prendrons pas part à ces débauches de l'âme par la complicité de notre silence, et nous ne laisserons pas passer sans protestation ces mascarades impies d'hommes dévots en habit brodé et impies en petite tenue.

Cela n'est pas possible ; nos adversaires ont trop compté, je les en avertis charitablement, sur la générosité de notre silence. Nous assistons à la liquidation de toutes les idées ; nous ferons le compte de tous ceux qui ont tenu un jour ou l'autre la parole.

XXIII.

THIERS.

LA PROPRIÉTÉ.

M. Thiers croit au dogme de la propriété, nous y croyons aussi. La propriété est pour lui une doctrine, elle est pour nous une vérité. Elle est entrée si avant dans la chair et dans l'instinct de l'humanité, que M. Cabet, multiplié un million de fois par M. Cabet, pourrait décréter sans danger le communisme. A la lecture d'un pareil décret, le plus pauvre chevrier des Pyrénées sifflerait son chien pour fuir au fond des montagnes. Il préférerait sa chèvre à lui, son bissac à lui, son morceau de pain à lui, au paradis de la gamelle.

Ainsi donc M. Thiers et nous, nous sommes également croyants, également circoncis à l'endroit de la propriété. Dieu est Dieu et le Code civil est son prophète. Mais si nous nous entendons complétement sur le principe, nous différons légèrement sur la démonstration. Voici pourquoi :

M. Thiers pense que la propriété a une existence personnelle, physique en quelque sorte, identiquement et perpétuellement frappée à tous les âges et chez tous les peuples du même caractère. La propriété est pour lui cette seconde édition de la parole : *Je suis celui qui suis.* Elle n'est pas particulière à l'homme, elle est générale à toute la création. Elle est invariable comme une espèce ; elle est, ainsi que le dit M. Thiers, la permanence.

La permanence soit, mais la permanence ne suffit pas. M. Thiers y ajoute encore l'universalité. La propriété n'est pas seulement une faculté humaine, elle est encore une faculté animale, et comme M. Thiers tenait à mettre, dans cette question, les bêtes de son côté, il passe en revue toute la ménagerie de Noé, et il ajoute : Partout où vous verrez quatre pattes, soyez sûr que vous voyez un propriétaire. Le lion, dit-il, est propriétaire de son arrondissement de carnage, ce qui doit profondément toucher les moutons de respect pour la propriété ; l'oiseau est propriétaire de son nid, M. Thiers oublie le coucou, et le lapin est propriétaire de son terrier ; eh bien ! j'en suis désolé pour la moralité du lapin, il n'a nullement le sentiment du code civil. Le lapin est un disciple effréné de M. Proudhon. A la moindre alerte il va se terrer dans le premier trou venu. La possession pour lui vaut titre, et il reste là tant qu'il lui plaît, sans avoir besoin d'exhiber à aucun huissier son titre de propriété dans la patte qui a creusé le terrier.

C'est sur ces données d'histoire naturelle que M. Thiers a broché quelques centaines de pages à la justification de la propriété. Cela est écrit à bonne intention, cela est spirituel et superficiel, cela est attendrissant et pathétique parfois, on y sent à chaque instant le bon père et le bon époux. Cela est un lieu commun bien vivifiant et bien hospitalier où tout le monde peut tenir à l'aise ; c'est une argumentation irrésistible qui convertira, nous en sommes persuadé, tous les propriétaires au respect de la propriété. Cela prouve ce qui était prouvé, confirme ce qui était connu, redit ce qui était redit, mais ne jette aucune nouvelle lumière sur la question.

La propriété, sans doute, veut être glorifiée. Car elle n'est que la réalisation extérieure de la Providence dans l'humanité. J'expliquerai tout à l'heure cette pensée. Mais pour glorifier dignement la propriété, il faut aller en chercher l'intelligence ailleurs que dans l'histoire naturelle. C'est dans l'histoire humaine seulement, et siècle à siècle, civilisation par civilisation, que nous pouvons étudier ce grand problème.

Toute autre méthode est trompeuse. C'est pour avoir voulu traiter directement par la philosophie, ou par la jurisprudence, cette question, que philosophes, légistes, communistes, sceptiques, ont inutilement et dogmatiquement entrechoqué sans fin leurs syllogismes, dans les ténèbres, sans pouvoir en tirer une certitude.

Ils n'oubliaient, dans ce procès, qu'un seul témoin : le genre humain tout entier. Or, que dit ce témoin ? Il dit que la propriété, née avec la civilisation, développée par elle et la développant à son tour, augmente sans cesse et rayonne sans cesse dans le monde ; de telle sorte que plus d'hommes possèdent et que plus de choses sont possédées dans la société. Cela posé, qu'est-ce que l'histoire entrevue à la lampe de ce principe ? Une propriété nouvelle, naissant à chaque pas de la civilisation, et une classe nouvelle naissant à la propriété.

Et que venez-vous maintenant nous parler de je ne sais quelle propriété fictive, abstraite, métaphysique, immobile, éternelle, partout la même, qui confond dangereusement et ramène à une seule formule toutes les époques et toutes les formes de propriété, qui légitime, qui honore également la propriété dans le passé et la propriété dans le présent, qui les appelle du même nom et les entoure du même prestige ?

C'est là une fausse démonstration, et c'est de cette démonstration que le communisme s'est toujours appuyé pour combattre la propriété. Vous regardez, dit-il, la propriété comme étant une et invariable, dans tous les temps, chez tous les peuples ; mais l'esclavage était une propriété : l'admettez-vous ? mais le pillage était une propriété, Aristote l'inscrit parmi les moyens légitimes d'acquisition : l'admettez-vous ? mais le Jubilé, de cinquante ans en cinquante ans, remettait, au son de la trompette, le sol de la Judée en liquidation et le partageait par égales parties aux familles : l'admettez-vous ? mais à Sparte chaque citoyen possédait également l'esclave et le cheval de son voisin : l'admettez-vous ? mais au moyen âge le seigneur qui possédait le sol possédait aussi le travail du colon : l'admettez-vous ? mais dans la moitié de l'Europe, la primogéniture possède la plus grosse portion de l'héritage : l'admettez-vous ? mais dans des pays d'Orient le souverain a la propriété de la terre et le cultivateur n'en a que l'usufruit, si bien que les Anglais, qui se sont substitués dans l'Inde aux Rajas, obligent, de leur droit de propriétaires, deux cent millions de fermiers à cultiver l'opium, qui produit la famine, au lieu du riz qui produirait l'abondance : l'admettez-vous encore ?

Et cependant, si vous pensez que la propriété a partout le caractère un et inflexible que vous lui attribuez dans votre argumentation, vous êtes obligé d'admettre la justice, la légitimité de tous les modes de propriété, et c'est à cet aveu que vous attend le communisme.

Sortons donc de cette erreur, et posons cette question comme l'histoire, qui n'est que la Providence en action, l'a elle-même posée. Or, que voyons-nous dans l'histoire ? Nous y voyons chaque forme de propriété créant sa forme de civilisation, tombant avec elle, pour ressusciter sous une forme plus parfaite et réaliser une meilleure société.

L'homme commence d'abord par l'état chasseur. *Vagus eris,* disait la voix de la légende. Il n'a et il ne peut avoir alors d'autre occupation que la recherche de sa subsistance. Il dîne quand il tue, et il ne tue pas toujours, et quand il peut garder ce qu'il a tué contre tout autre convive de passage, toujours prêt à s'inviter au repas, du droit du poignet. Point de lien d'un individu à l'autre et d'une génération à l'autre par conséquent. La société est tout au plus une bande attroupée un instant pour la battue. La femme est une femelle.

Mais parmi les animaux qu'il poursuit, l'homme chasseur remarque certaines espèces de quadrupèdes indolents et débonnaires, proies ajournées, qu'il peut conserver et consommer uniquement aux heures de ses besoins. Alors commence pour lui la propriété. C'est l'état patriarcal. Le patriarche possède, dans le troupeau, le champ vivant qui lui donne sa nourriture. La société humaine est calquée sur l'image du troupeau, elle est errante comme lui, réduite comme lui à un petit nombre de têtes dans la tribu. La femme n'est plus la femelle du mari, elle en est la servante.

La production animale se consomme rapidement et se reproduit lentement; elle est une proie toujours disponible, mais limitée, qui ne saurait suffire à l'alimentation d'une nombreuse association. L'animal tué le matin est dévoré le lendemain, et il faut pour le remplacer deux, trois et quatre années. Que fait l'homme ? il cherche sur un sol une nourriture plus facile à réserver et à multiplier, il la trouve dans la graine incorruptible de l'épi, et il passe alors de l'état pastoral à l'état agricole. Ésaü vend son droit d'aînesse pour un plat de lentilles, et Rachel en est réjouie, car elle monte en dignité. Elle n'est plus servante, elle est une compagne.

Mais le champ cultivé appelle la tentation de celui qui ne l'a pas cultivé. Les cultivateurs, pour jouir du fruit de leur travail, sont donc obligés d'enclore leurs moissons, et de bâtir sur les hauteurs, pour leur défense, la ville primitive ou l'acropole. De ce jour la vie civile, la vie politique, la loi enfin, est née de la relation du citoyen avec le citoyen. Les droits sont fixés. Le mariage est établi. La femme est une épouse.

Mais dans cette société rudimentaire encore et barbare, tout homme doit nécessairement dépenser jusqu'à la dernière heure de son temps à l'unique soin de la subsistance. Nul ne peut monter au loisir de sa pensée. Pour que l'homme trouve le temps de penser, de créer la science, l'industrie, c'est-à-dire les armes mêmes de la civilisation, il faut que par une répartition artificielle des fonctions dans l'État, le législateur aille frapper d'un signe tout homme naissant, et dise à l'un : laboure, à l'autre fabrique, à l'autre porte l'épée, et au dernier enfin, nourri, servi par les trois premiers, médite et découvre la science. C'est ainsi que la caste, cette iniquité féconde en découvertes, a mis dans les mains de l'homme ses premiers instruments de rédemption contre la nature.

Le système des castes s'est ensuite simplifié en esclavage. L'esclavage lui-même s'est transformé en servage, mais toujours les évolutions de la propriété n'ont eu historiquement qu'une volonté : créer dans les sociétés humaines, chez certaines classes, par une dispense de travail manuel, une plus grande somme d'intelligence, pour reverser ensuite cette intelligence en affranchissement sur le travailleur. Voilà la loi de l'histoire. Il a fallu qu'un homme purement mécanique, en quelque sorte, tournât la meule pour moudre la nourriture de cet autre homme oisif qui inventait le moulin, et le moulin, une fois inventé, prenait la place de l'esclave.

Dans toutes ces transformations successives de l'humanité, qu'avons-nous donc vu ? la propriété dépérissant de plus en plus dans les mains de l'homme ? Non. Nous l'avons vue, au contraire, d'abord troupeau, puis troupeau et sol, puis bétail, maison et industrie, grandissant et grandissant sans cesse de plus en plus, jusqu'à ce que toutes ces propriétés diverses vinssent se résoudre et se fondre dans la suprême formule du capital.

Le capital est donc le dernier terme, le dernier progrès de cette propriété traditionnelle, séculaire, accumulée à nos pieds par la main des générations. C'est le legs de l'humanité passée à l'humanité présente; le trésor des siècles grossi de toutes les épargnes; la somme du travail à faire réduite de toute la somme du travail déjà produit.

Prenons, par exemple, le capital de la France. Que représente pour nous ce capital ? Il représente toute la quotité des économies réalisées par nos aïeux, et de tous les ouvrages multipliés sur le territoire : routes, villages, villes, fermes, maisons, usines, canaux, ports, colonies, défrichements, plantations. Il représente, en un mot, dix-huit cents ans d'efforts, de sacrifices, que se sont imposés les générations. Anéantissez de la pensée ce capital, et nous serons obligés de remonter un à un tous les siècles de la France et de repasser par tous ses travaux. Nous serons obligés de destituer des fonctions de la pensée autant d'hommes qu'il y a d'hommes émancipés par le capital pour en faire des manœuvres.

Traduisez ce fait, en classe, dans la société, et vous verrez que toute classe intelligente, lettrée, aisée, affranchie de la corvée manuelle est la représentation exacte du chiffre de toutes les économies, de toutes les œuvres, de toutes les créations et de toutes les productions entassées depuis deux mille ans sur notre territoire.

Le capital est donc le vrai rédempteur, le vrai médiateur, le vrai rémunérateur ici-bas de notre destinée. C'est lui qui a brisé les castes, l'esclavage, le servage, qui brisera le prolétariat. C'est lui qui de jour en jour, par son expansion, relève incessamment le travailleur, comme une sentinelle, de la nécessité du labeur musculaire, pour l'introduire dans sa destinée supérieure, la vie de l'aisance, la vie de la pensée.

Le capital n'a pas seulement la faculté de produire la jouissance par la richesse, mais bien encore de produire à l'infini la richesse et de mettre dans la main du travailleur le pécule qui le rachète du prolétariat. Le communisme, qui voudrait détruire le capital, ne ferait que précipiter l'humanité tout entière dans l'esclavage.

Ainsi le travail antérieurement épargné, accumulé, qui, dans son inépuisable variété, se nomme d'un seul mot : capital, en engendrant sans cesse des richesses, engendre sans cesse, au-dessous de lui, des propriétaires. C'est là sa loi. Ceux qui voudraient supprimer le capital pour enrichir le prolétariat voudraient supprimer la semence pour multiplier la moisson. En voulez-vous la preuve ? Voyez seulement combien de propriétés nouvelles, inconnues des anciens, découlent directement de la multiplication des fortunes. Aujourd'hui la pensée est une propriété, la poésie est une propriété, un air d'opéra est une propriété, le journal est une propriété, une méthode est une propriété, une invention est une propriété ; eh bien ! toutes ces propriétés existeraient-elles sans une classe affranchie par le capital, qui ait le loisir d'acheter des odes, de lire un journal, d'écouter la musique, de passer la moitié de sa vie à perfectionner sa pensée ?

Toute cette grande et difficile question tant débattue de nos jours, tant obscurcie de ténèbres, se réduit donc à ceci : l'histoire, par un arrêt de la Providence, ne réalise que siècle par siècle et classe par classe, à l'aide de la propriété, l'aisance, le bien-être et l'instruction dans l'humanité. Mais la propriété est indéfiniment expansible et progressive, elle corrige d'elle-même ses injustices, ou plutôt ses nécessités, pour admettre à son hospitalité un plus grand nombre de convives. Générations qui souffrez, posez le fusil et prenez confiance dans le travail : la propriété vous attend.

On le voit donc, nous partageons pleinement les opinions de M. Thiers sur l'inviolabilité, sur la légitimité, qu'on nous pardonne le mot, sur la sainteté même du capital. Mais son Dieu n'est pas tout à fait notre Dieu. Il ne voit dans la propriété qu'un fait fatal, éternellement constitué au même caractère. Son symbole n'est qu'un manichéisme. Il ne voit dans la société qu'un enfer et qu'un paradis, séparés en quelque sorte par un mur d'airain. Les pauvres ne sont que des paresseux châtiés de leur paresse, les riches des élus récompensés de leur vertu, et les choses iront toujours ainsi, tant que l'humanité tournera sur la rotation d'un atome. Voilà sa doctrine. Ce qu'il adore sous le nom de propriété, c'est ce Dieu-Borne que les anciens plantaient à la porte de leur jardin. Nous adorons, nous, au contraire, dans la propriété, cette puissance de progrès qui convie, de siècle en siècle, un plus grand nombre de déshérités à ses bienfaits.

Si la doctrine de M. Thiers pouvait passer dans les esprits, si, par je ne sais quel caprice de la destinée, la propriété est fatalité et n'est pas progrès, alors taisons-nous, et cachons à tout jamais une si effroyable vérité, car elle appellerait indéfiniment les révolutions sur la richesse.

Le problème du temps est donc bien moins de prouver la légitimité, la nécessité du capital, qui se justifiera et se défendra, de lui-même, contre toutes les discussions et toutes les agressions, que d'ouvrir aux classes laborieuses des perspectives d'épargnes et de bien-être qui écartent du pavé de nos villes l'éventualité des jacqueries.

Eh bien ! loin d'ouvrir ces perspectives, M. Thiers les ferme au contraire aux regards du prolétaire, par sécheresse d'entrailles, nous ne voudrions pas le dire, mais par sécheresse d'esprit. M. Thiers a une immense qualité pour certains succès : il a cette perpétuelle banalité d'idées qui est la politesse du talent à l'ignorance. Il ignore lui-même, ou il oublie beaucoup, mais il rachète ce défaut en affirmant beaucoup. Un jour, par exemple, en réfutant les doctrines de M. Proudhon, il dit à la tribune : « Il faut bien tolérer toutes les doctrines, de peur qu'en voulant arrêter Spinosa on n'arrête Platon : » et il oublie que Platon a précisément enseigné le communisme.

Par son livre sur la propriété, il croit devoir donner une leçon à Montesquieu. « Montesquieu, dit-il, définit les lois les rapports des choses. J'en demande pardon à ce grand génie : les lois sont la permanence des choses. » Eh! mon Dieu, nous en demandons pardon à M. Thiers lui-même : il confond ici toutes les notions de philosophie. La permanence des choses est l'être même des choses, et n'a rien à démêler avec la loi, qui est la relation des êtres entre eux et de chaque être avec l'ensemble de la création. Ainsi, la pesanteur est la relation de la pierre qui tombe avec le centre d'attraction, et nullement la permanence de la pierre ou du centre de gravité. De même, dans la société, la loi n'est nullement la permanence de l'homme, mais le rapport des citoyens entre eux et de chaque citoyen avec l'État.

Une autre fois encore, M. Thiers affirme que toute association agricole est radicalement impossible, et il oublie les communes associées du moyen âge, les associations fruitières de Suisse, les corporations rurales de l'Agroromano, les colonies allemandes de Crimée, les associations pastorales de Lombardie, et enfin, les associations plus ou moins rudimentaires des vignobles de Bourgogne, des salines de l'Ouest, d'une foule de contrées où la part est substituée au salaire.

Nous pourrions multiplier les exemples de cette témérité d'affirmation que M. Thiers apporte à chaque instant dans sa polémique. Mais à quoi bon? M. Thiers a voulu défendre la pierre même du foyer. Nous lui savons gré de l'intention. Il aurait pu apporter à cette question plus d'étude, plus de modestie, plus de sérénité de pensée. Il aurait dû y apporter surtout une plus grande austérité de style, car il n'y a pas de mari si propriétaire de sa femme qui ait le droit de dire comme M. Thiers, veuillez, mesdames, ne pas lire cette phrase : *Après une journée de travail l'homme a besoin de satisfaire ses sens auprès d'une épouse choisie*. Mais enfin, M. Thiers irrité, indigné des folies de je ne sais quel babouvisme posthume, a cru qu'en un trait de plume il aurait raison de certains paradoxes développés de nos jours à coups de fusil, et il a écrit un livre tantôt bien, tantôt mal inspiré. Nous lui tenons compte des bonnes inspirations, nous oublions les mauvaises, et nous déclarons que cette grande doctrine de la propriété attend encore son philosophe.

XXIV.

GUIZOT.

LA DÉMOCRATIE EN FRANCE.

Dans la nuit du 24 février, M. Thiers fut appelé aux Tuileries pour prendre la présidence d'un nouveau ministère. Pendant qu'il entrait dans le cabinet du roi par un côté, M. Guizot en sortait par un autre côté. Cette simple rencontre, entre deux portes, résumait toute leur existence. Serviteurs de la même idée, il n'y eut jamais, entre leurs politiques, d'autre distance que celle d'une porte d'entrée à une porte de sortie.

Nous retrouvons toujours en eux le même fonds de doctrines. L'un écrit un livre sur la propriété, bien moins pour défendre le sol même de la civilisation que pour repousser toute charité de nos institutions ; le second écrit une brochure sur la démocratie, bien moins pour combattre les doctrines de la terreur que pour contester les plus légitimes conquêtes de la démocratie. Leurs esprits sont comme les deux coups alternatifs du balancier qui frappe la même cadence.

Nous avons entendu M. Thiers, écoutons M. Guizot. La guerre sociale existe en France, dit-il, dès le premier mot de son ouvrage. Passe pour la guerre sociale. Nous n'en voulons discuter ni l'intensité, ni l'étendue. Nous ne cherchons pas si cette guerre est bien intime, bien profonde dans la société; si elle n'est pas plutôt cette mousse qui monte à la surface de toute révolution. Nous acceptons l'affirmation. Le sang a coulé, la balle a porté la demande de la folie, et le canon la réponse de la société. Les cadavres ont passé par tombereaux. La guerre sociale existe. Mais après ces journées de funérailles, qui donc doit se frapper la poitrine et dire son *miserere?* Je ne veux pas remuer le passé, M. Guizot?
mais n'est-ce pas un peu tout le monde, à commencer par

Car savez-vous le jour où vous avez appelé la guerre sur la propriété? C'est le jour où vous en avez arbitrairement faussé le caractère; c'est le jour où vous lui avez donné plus que les droits éternels qu'elle tient de sa nature; c'est le jour où vous l'avez marquée, par le cens, d'un signe de privilége; c'est le jour enfin où vous l'avez irrévocablement fiancée à la politique. Oui, ce jour-là, vous l'avez tirée de son inviolabilité pour l'associer aux révolutions. Vous avez dit dans vos lois capricieuses, passagères, soumises à toutes les vicissitudes des partis : La propriété est la seule vertu, la seule sagesse, la seule capacité politique d'une nation. Et alors, qu'est-il arrivé? C'est qu'à l'heure fatale où votre politique, qui n'est pas sacrée comme la propriété, a, par ses fautes, ses erreurs, ses malheurs, si vous voulez, amené une révolution, certains idéologues du parti vainqueur ont retourné votre argument, et ont dit : La propriété est la corruption, est le privilége, est l'oppression politique ; et, confondant ainsi deux choses parfaitement distinctes que vous avez liées par je ne quel mauvais adultère, ils ont reporté sur la propriété les haines qu'ils avaient amassées contre la politique. Ce parti les a injustement impliquées comme vous, l'une et l'autre dans la même solidarité, et, concluant en sens inverse, il les a enveloppées du même anathème.

Eh ! mon Dieu, ce qui est arrivé à la propriété est aussi arrivé à la religion. On a voulu, en d'autres temps, la faire descendre, du haut de son éternité, dans les coulisses de la politique. Elle s'égara dans les cours, dans les antichambres, dans les ruelles, dans les intrigues. Elle couvrit, de sa pourpre, des ministères, des ambassades, des humiliations nationales et des prévarications. Son habit fut un privilége à certaines faveurs, à certains emplois, à certaines dignités, à certaines richesses. Aussi, qu'arriva-t-il ? C'est que l'Église, ainsi amalgamée à l'État par une déplorable promiscuité d'idées, perdit sa sainteté dans les esprits. Quand la première révolution éclata, la religion se trouva, contre sa propre nature, complice de certains abus ; elle fut frappée dans ces abus.

En épousant la faute, elle épousa l'expiation. Elle fut arrachée vivante des âmes, avec les débris des priviléges. Elle fut insultée, déchirée, frappée, traînée aux échafauds. Ses autels furent brisés, ses cloches fondues, ses croix jetées aux vents, ses dogmes effacés des mémoires. Elle disparut sous le flot de sang de la Terreur. Il semble qu'il n'en devait plus rester trace humaine, ni sur la poussière, ni dans la conscience.

Et cependant elle s'est relevée du milieu de ses ruines. Mais elle s'était régénérée dans ces épreuves. Elle avait dépouillé l'alliance de la politique ; elle avait laissé ses langes dans son tombeau. Elle n'avait que la forme incorruptible et lumineuse de sa transfiguration. Elle reconquit les âmes, qu'elle s'était aliénées, et avec les âmes le respect des populations. Elle tendit un instant, sous la restauration, la main à la politique, et ce contact de la politique la rendit de nouveau suspecte au libéralisme. La révolution de juillet, dans ses heures d'emportement, l'effleura de sa colère. L'expérience lui servit, elle rentra dans le sanctuaire, et la révolution de février, qui ébranla tant de choses, tant d'idées, ne toucha pas un cheveu du clergé et ne brisa pas un crucifix. Elle respecta, elle honora, au contraire, partout la religion, l'appela à toutes ses fêtes, la convoqua à la pâque civique du scrutin, et inclina en toute circonstance le front de la république sous la bénédiction de l'Église.

Si donc la religion s'est rachetée des révolutions en se séparant de la politique, la propriété s'en rachètera aussi en secouant toute apparence de privilége. Du jour où elle n'aura plus rien usurpé sur les droits des citoyens, elle ne sera menacée d'aucune usurpation. Le droit, en elle, ne sera plus mêlé à ce qui n'est pas le droit, et il ne se fera sur son compte, dans les esprits, aucune confusion d'idées; elle sera inviolable. En l'attaquant désormais, on n'attaquera plus la justice douteuse à certains regards, parce qu'elle était obscurcie d'une ombre d'injustice ; on attaquerait le droit des droits, la pierre sainte du foyer.

Une pareille guerre n'a pas de danger. Elle ne serait plus qu'une chouannerie de rues, attisée par le vent des théories. En donnant le suffrage universel, et en faisant tomber toute équivoque, la révolution de février a rendu un immense service à la civilisation. Elle n'a plus mis en face de la propriété que le communisme, et elle a ainsi intéressé, bien plus énergiquement que par le cens, toutes les classes propriétaires, c'est-à-dire vingt millions d'hommes, à la défense de la société.

Voilà ce qu'a fait la révolution de février ; voilà ce que M. Guizot n'a pu voir clairement à travers les brouillards de la Manche. Car savez-vous ce qu'il propose par je ne sais quelle réminiscence de sa douce Argos ? Il propose de reconstituer, au profit de certaines classes aisées, ce privilége politique qui compromettrait de nouveau la propriété. Il demande la réédition d'une pairie. Pour pacifier les classes entre elles, il ne trouve d'autre moyen que de constater, d'écrire leur antagonisme, de le réaliser en pouvoir, et de le pétrifier au sommet de la constitution.

Ah ! sans doute, nous croyons comme lui que la société n'est pas seulement une collection d'hommes isolés, groupés, additionnés à la suite les uns des autres comme autant de chiffres qui ont tous la même valeur. Sans doute la société est un fait complexe, multiple, varié, incidenté, qui se compose d'hommes, de choses, d'idées et d'intérêts. Mais hommes, choses, idées ou intérêts se meuvent, selon nous, harmonieusement d'après leur proportion et leur nature, dans le vaste sein de la nation. Vouloir les extraire arbitrairement de la société, pour les particulariser et les personnifier en un ou dix grands pouvoirs, c'est briser leur harmonie et leur proportion naturelle pour les immobiliser et les perpétuer dans une fausse symétrie.

A quelle balance, en effet, le législateur pourra-t-il mesurer, dans une pairie républicaine, la part d'influence qu'il doit faire à ce qu'il nomme l'esprit de conservation, ou à l'esprit de progrès, à l'agriculture ou au commerce, à l'illustration ou à la roture, à la philosophie ou à la religion? Ensuite faut-il admettre, comme M. Guizot, que toute société est irrévocablement scindée en deux forces contraires, en deux entités hostiles : conservation, mouvement; instabilité, progrès; noblesse, démocratie; tradition, innovation, que nous devons atteler en sens inverse dans une constitution, de façon que la société, également tirée en avant et en arrière, reste dans la plus parfaite immobilité?

Nous ne croyons pas à ce manichéisme. Nous repoussons cette dualité. Pour nous, la conservation est le progrès, l'expansion est la stabilité; c'est l'aspiration et la respiration de la poitrine des États.

Les sociétés n'ont pas besoin de la bascule des constitutions. Elles sont admirablement pondérées, mais d'une pondération vivante, par la main de la Providence. Voulez-vous avoir la réalité de tous les besoins, de tous les intérêts, pesés à leur véritable poids et à leur véritable influence? ne la demandez qu'à la nation tout entière, consultée par le suffrage universel, mais laissez et ne faites pas parler la nation.

On s'était mépris sur le suffrage universel. On n'y avait vu qu'une puissance variable, mobile, houleuse, inconsistante comme le sable, et emportée à tous les vents de l'opinion. On interpellait, pour le prouver, l'exemple de l'antiquité. Mais dans l'antiquité, il n'y eut pas suffrage universel. La démocratie, concentrée dans une ville, n'appartenait qu'à une multitude, et cette multitude, pressée, entassée sur un même espace, sans correctif, sans contrepoids, toujours ébranlable d'un souffle ou d'un mot, n'était que l'anarchie en permanence.

La démocratie a-t-elle le même caractère dans une nation de trente millions d'hommes, disséminés sur trois cents lieues d'espace, mélangés et pétris de races et d'idées diverses, les uns agriculteurs, les autres industriels, les uns ouvriers, les autres laboureurs, les uns catholiques, les autres protestants ?

Ne voit-on pas que toutes les forces, que toutes les influences se hiérarchissent à l'infini et s'harmonisent dans une opposition et une limitation réciproques, de mœurs et d'intérêts ? Ne sent-on pas que les coups de vents d'idées sur cette masse compacte et profonde de toutes les croyances, je dirai même de tous les préjugés, ne sauraient courber d'un bout de la France à l'autre toutes ses volontés ? Ne remarque-t-on pas que toutes les vraies puissances de la société, la gloire, la réputation, la richesse, l'instruction, le clergé, l'école primaire, y exercent leur part relative d'autorité ? Tout homme peut avoir dans le suffrage universel le chiffre de sa valeur. Tel n'y a qu'une voix, tel autre y a deux mille, trois mille, quatre mille bulletins. Les intérêts les mieux gardés sont toujours les intérêts de tradition.

Ainsi, loin d'être le flot mouvant qui ballottera sans cesse la politique du pays à tous les caprices du moment, le suffrage universel sera toujours la vraie, la seule, l'invincible force de conservation. Car, pour le tromper, pour l'entraîner, pour le pervertir, il faudra commencer par séduire, par suborner, par convertir des millions de citoyens, tous les intérêts, toutes les idées, c'est-à-dire remuer le granit du sol jusqu'à ses dernières profondeurs.

Cela n'est pas possible. La voix du suffrage universel, éclairé et contrôlé toutefois par une instruction suffisante et par la liberté de la presse, est donc véritablement l'opinion publique, cette moyenne exacte de la pensée d'un pays. Elle est donc l'unique représentation vraie de la nation. Elle est plus encore, elle est la justice, en ce sens qu'aucune idée, qu'aucune nuance d'idée, pour peu qu'elle compte dans le peuple, ne peut être exclue d'une assemblée ; et comme le grand jour de la tribune est le meilleur crible des vérités, toute erreur qui arrive à l'assemblée y est rapidement vannée au grand van de la discussion. Les utopies viennent d'elles-mêmes afficher leur impuissance et n'ont plus la commodité de crier à l'ostracisme. Quand le suffrage universel donne naturellement, spontanément la conservation à un pays, pourquoi vouloir déplacer cette puissance, pour la transporter dans des fictions ?

Vous aviez cru donner une invincible frontière à la royauté de juillet, dans la pairie. A quoi lui a servi la pairie? Aux jours tranquilles, à accroître l'impopularité de la couronne ; au jours difficiles, à montrer un néant de plus dans la monarchie.

Mais en introduisant dans le République une seconde assemblée pour être la personnification d'intérêts privilégiés, on ne créerait pas seulement une impuissance, on créerait un danger. La France n'a plus de classes, car elle n'a plus dans sa législation ni droit d'aînesse, ni substitution, encore moins de délimitations marquées par la naissance, de voûtes en quelque sorte superposées, qui coupent la société en deux ou trois étages, et cloîtrent inflexiblement chaque destinée dans sa cellule. Non, la France, grâce à ses diverses révolutions, n'a plus rien de tout cela, elle n'a plus que les inégalités nécessaires, inévitables, naturelles, diverses, qui résultent de la marche des temps, de la différence des travaux, des développements de la civilisation, des diversités d'aptitudes. Mais sur l'escalier sans fin de cette hiérarchie providentielle, mobile et progressive, chacun peut se mouvoir à l'aise, et à chaque pas de son talent monter d'un degré : l'éternelle aspiration n'est arrêtée à aucun étage.

Eh bien ! que ferait-on en reconstituant un privilége politique aux intérêts de la richesse ? On ressusciterait une classe légale, on marquerait d'un signe toute une catégorie de citoyens pour les dénoncer aux révolutions. Ce serait rentrer dans les desseins de l'anarchie. Quelle est, en effet, sa tactique depuis la révolution de février ? C'est de créer, par un mot, une classe privilégiée qui n'existe plus depuis l'abolition du cens électoral. Elle sépare continuellement, dans ses journaux, le peuple de la bourgeoisie. Elle cherche à susciter, entre le peuple et la bourgeoisie, un antagonisme qui n'existe ni dans le fait, ni dans la Constitution. Car peuple et bourgeois n'ont entre eux ni opposition, ni barrière, ils ont la même fibre, la même substance, la même origine, le même intérêt. La bourgeoisie n'est que l'ascension perpétuelle, la glorification du peuple, car, lorsqu'il monte en vertu, en intelligence, où va-t-il, où peut-il aller, si ce n'est dans la bourgeoisie ?

Et c'est cette admirable unité, si péniblement, si laboborieusement acquise par tant de révolutions qui ont détruit des inégalités factices, pour ne laisser subsister que des inégalités naturelles, que M. Guizot voudrait détruire pour rejeter la France dans la période des révolutions ! Ne laissons plus à nos ennemis l'arme dangereuse d'un prétexte, ne leur donnons plus le droit de venir dire, un texte de loi à la main : Vous voyez bien qu'il y a classe et classe, peuple et bourgeoisie ; vous avez marqué vous-mêmes dans la loi électorale la limite précise où le peuple finit, où la bourgeoisie commence.

Ce n'est donc point par une mécanique plus ou moins ingénieuse, plus ou moins pondérée des pouvoirs, que l'on attire ou que l'on écarte les révoltes dans une société. L'agitation des États tient à une cause révolutionnaire que la philosophie de la politique n'a pas suffisamment signalée. Cette cause la voici :

Il se produit dans les sociétés modernes, par le fait même de l'expansion des richesses, du progrès, du travail, de l'industrie et de l'instruction d'une part, et de l'autre part par la disproportion des besoins aux richesses, par la multiplication des enfants et le morcellement des héritages, un double déclassement d'existences. Chaque jour des hommes émergent des limbes du prolétariat, à une certaine instruction, sans atteindre l'aisance ; d'autres hommes retombent, au contraire, des bras de leur famille, dans une condition de fortune inférieure à leur éducation.

Or, cette classe, intermédiaire, mulâtre, qui ne vit ni de l'atelier, ni du revenu, qui porte extérieurement la livrée des classes supérieures, mais qui n'est ni peuple ni bourgeoisie, qui participe au peuple par ses privations, à la bourgeoisie par ses lumières, est précisément l'avant-garde qui mène partout les colonnes des révolutions. C'est elle qui fait les clubs, les journaux, les systèmes de l'anarchie. Elle ne voit dans la propriété qu'une injustice et une tentation. Quand elle s'agite, sur un espace limité, dans un État fermé, elle secoue cet État de continuelles convulsions. C'est ainsi qu'à Venise la petite noblesse indigente et dégénérée des cadets, alliée à la bourgeoisie, exclue par le livre d'or de toute participation aux emplois, constitua le redoutable parti des Barnabotes. Ce ne fut que par un déluge de sang que Venise éteignit cette insurrection perpétuelle qui remua toujours sous les pieds de sa noblesse.

Avez-vous jamais cherché l'énigme des horribles mystères de la politique vénitienne ; de cette bouche de fer qui recevait toutes les dénonciations ; de ce pont des Soupirs où le criminel d'État, frappé par derrière, dans la nuit des souterrains, comme sur la dalle d'un abattoir, mourait sans savoir où ni comment, mêlant obscurément son sang aux eaux du canal; de ces plombs brûlants qui incendiaient la raison dans le cerveau des prisonniers; de ces gondoles qui, au milieu des sérénades et des illuminations, emmenaient ténébreusement, dans les lagunes des victimes enchaînées que des bourreaux masqués jetaient à la mer, un boulet au pied? Le flot, un moment entr'ouvert, se refermait, passait et repassait, roulant sur le secret de la justice humaine une éternel murmure. Le pêcheur, égaré sur ces eaux de malédiction, levait ses avirons et voguait en silence, car il lui était interdit de jeter ses filets dans cette lagune.

Avez-vous étudié le profond calcul de cette politique à deux parties, qui cherchait aux révolutions une diversion dans les orgies, qui s'appuyait à la fois sur le supplice et sur le carnaval? Eh bien! cruauté ou volupté c'est le danger permanent des Barnabotes qui dicta toutes les pensées de ce système.

L'Angleterre écoule ses Barnabotes dans les Grandes-Indes; l'Amérique du Nord écoule les siens dans les forêts vierges de l'ouest; la France, sous la monarchie, les réléguait dans les sinécures du clergé séculier. Mais la France actuelle, quel débouché ouvre-t-elle à ces classes désemparées, flottantes, oisives et lettrées qui ébranlent, a coups redoublés, les portes de la société? Elle leur livre en pâture les cent mille places de l'administration, et cela ne suffit pas, car les candidatures se multiplient mille fois plus que les emplois. Elle crée chaque jour, par ses colléges, des milliers de nouveaux Barnabotes, et elle les jette ensuite sur le pavé, affamés et haletants à tous les désirs. Or, ces hommes, dépossédés même de toute espérance, font la théorie de leur situation : ils écrivent le communisme.

Si donc nous voulons détruire le communisme dans sa racine, nous devons ouvrir au dehors, au dedans, non plus la guerre, comme autrefois, non plus le droit de mourir, mais la colonisation, mais le travail, et la somme que la France prélèvera chaque année sur son budget, pour dégorger au dehors la société obstruée, sera sa prime d'assurance contre la révolution. Fermez les clubs, faites des patrouilles, créez des dictatures, amassez du canon, tout est bien si vous le voulez ; faites des constitutions, faites des lois, écrivez des opuscules contre Babœuf, tout cela est mieux encore ; mais surtout, mais avant tout, ouvrez des avenues à la société, car là seulement est le salut.

Loin de dire comme M. Guizot aux classes aisées : Si vous voulez être tranquilles, faites-vous une pairie ; je leur dirai : Abonnez-vous plutôt à la tranquillité. Vraiment il faut désespérer en ce monde de l'expérience. Voilà un homme éminent à bien des égards, un philosophe, un penseur, un historien, qui vient d'échouer dans un naufrage, et qui, à peine sauvé de l'orage qu'il n'a pas su conjurer, se redresse sur un débris, pour faire dogmatiquement la leçon à la tempête !

XXV.

PÈRE VENTURA.

CONFÉRENCES.

Voyons, mon père, discutons et ne nous fâchons pas. Vous prétendez qu'il y a dans le monde deux espèces de raison. Deux espèces? C'est peut-être beaucoup; mais soit, puisque vous y tenez; la raison du père Ventura et la raison du philosophe; soit encore. Naturellement l'une est la vérité, et l'autre est l'erreur. On peut le dire assurément, à charge de revanche. Vous voyez que je suis accommodant. Mais vous ajoutez par la même occasion que le philosophe est un animal, un sot, un niais, un imposteur, un charlatan, un comédien, un menteur, un provocateur de crimes, un tueur d'âmes, un hypocrite, un voleur de grand chemin, et, finalement pour abréger, car nous pourrions ainsi aller jusqu'à demain, un blagueur. Le mot y est en toutes lettres.

Eh bien! là, entre nous, mon père, la main sur la conscience, cette manière de parler, n'est-ce pas? est tout simplement une manière abréviative de prouver que la philosophie a tort et que le père Ventura a raison ? Elle est une preuve par anticipation qui dispense de toute autre preuve et ménage agréablement le temps de l'auditoire, car lorsque vous avez dit à un penseur : Tu es un sot! vous lui avez signifié son congé ; et s'il n'est pas un sot fieffé jusqu'au bout, il mettra son titre dans sa poche et il tournera les talons. Que pourrait-il en effet vous répondre, en sa qualité bien connue, qui ne fût d'avance une sottise ?

Tu es un sot ! Quand cela est dit d'une certaine façon et en rabat, cela tranche de suite une question. Je prends à mon compte, je l'avoue en toute humilité, une partie du compliment. Que voulez-vous ? on est quelque peu philosophe, et si on ne l'était pas déjà, on le deviendrait, pour porter plus patiemment tout ce qu'on entend.

Et pourtant je voudrais ici, une fois en passant, puisque le père Ventura m'en donne l'occasion, débattre avec lui la question de la philosophie. Nous la débattrons, s'il veut bien le permettre, de bonne amitié. On peut différer d'opinion, mais on sait vivre après tout, et parce qu'on n'a pas, sur l'essence de la raison, précisément la même doctrine, on n'est pas obligé d'en venir aux gros mots pour cela. Nous ne parlerons jamais entre nous de charité, j'en prends d'avance l'engagement ; le mot porte malheur, il attire infailliblement l'injure. Depuis que je lis le journal le plus confit de charité par métier, je me défie énormément de cette vertu. Elle est toujours pour moi la précaution oratoire d'une impertinence. Nous nous contenterons simplement de la politesse. La politesse est une vertu mondaine, il est vrai ; profane, il est vrai encore, mais elle est plus facilement comprise, et, à ce qu'il paraît, plus facilement pratiquée.

Le père Ventura recommence le procès tant de fois plaidé de la raison. Il déclare, sur nouveaux frais, que la raison humaine est incapable de concevoir la vérité, parce qu'elle est, par tempérament, variable, éparse, diffuse, morcelée en autant de cerveaux qu'il y a d'hommes sous le soleil. Jacques a sa raison, et en vertu de cette raison il proclame le dogme que voilà; mais Pierre a sa raison aussi, et en vertu du même droit, il affirme justement le contraire. Qui croire dans le débat? Jacques a dit oui, Pierre a dit non. Oui et non ne peuvent être également vrais dans le même moment. La vérité est donc une et universelle par nature, car si elle peut changer d'une porte à l'autre, elle cesse d'être la vérité. Mais la raison étant essentiellement individuelle, comment peut-elle embrasser l'universalité? essentiellement diverse, comment peut-elle contenir l'unité? Donc elle doit donner sa démission et recevoir, pour prix de sa docilité, la vérité toute faite en cadeau. Voilà l'argument dans toute sa nudité. Il a quelques années de service, comme vous le voyez. Néanmoins, je dois avouer que le père Ventura l'a rajeuni de tout le charme de son accent italien. La vérité, dites-vous, est universelle. Je suis volontiers de cet avis. Mais prenez garde, mon père, de vous blesser, car, en cherchant on pourrait peut-être trouver quelque chose qui n'est pas universel à Madrid et à Berlin. Là, cependant, n'est pas la question. Passons.

La philosophie ne trouve à ce raisonnement, parfaitement irréprochable d'ailleurs, qu'un léger défaut, et ce défaut suffit pour frapper de nullité toute l'argumentation; c'est que la raison humaine, prise en elle-même, n'est ni individuelle ni diverse, comme le père Ventura veut bien le dire ou plutôt le redire. Qu'est-ce qui fait, par exemple, qu'une science, n'importe laquelle, est partout la même science, sinon que la raison humaine est partout la même raison? Bon gré, mal gré, Pascal pense en géométrie comme Descartes, et Newton en astronomie comme Galilée. L'âme de celui-ci a donc avec l'âme de celui-là une partie commune qui lui permet de communiquer sa pensée, et lorsque cette pensée est vraie, de l'imposer immédiatement, au contact de la parole, comme une vérité. Vous en doutez. Veuillez alors écouter ceci : Vous avez entendu parler sans doute de cette preuve à part que la philosophie appelle l'évidence. L'évidence, vous le savez, est la vérité première et immédiate de la raison; elle est tellement intime et conforme à la raison, qu'aussitôt proclamée, elle est partout acclamée, et cela irrésistiblement, d'un bout à l'autre de l'humanité, sans réflexion, sans possibilité de réflexion.

L'évidence traverse comme la foudre le monde entier de la pensée et l'inonde de sa clarté. Au contre-coup de l'axiome, l'esprit humain vibre involontairement à l'unisson. Pourquoi? Parce que dans ce cri direct de la raison humaine, chacun a reconnu le cri de sa propre raison. Or, je le demande au père Ventura lui-même : cette indomptable sympathie de l'intelligence dans une vérité *à priori*, à travers le temps et l'espace, serait-elle possible si l'intelligence humaine n'était partout frappée au même type, revêtue de la même nature, indépendante du lieu et de l'homme, impersonnelle enfin et universelle, pour dire toute notre pensée? L'universalité de l'impression reçue, au choc de l'évidence, prouve l'universalité de la raison, de même que l'universalité de la secousse électrique prouve l'omniprésence de l'électricité.

Il y a donc au fond de l'âme une partie commune, indivise, en dehors et au-dessus de chaque homme en particulier. Cette partie-là constitue seule, philosophiquement parlant, la raison.

La raison, ce n'est ni toi ni moi, c'est tout le monde, c'est plus encore, comme nous verrons. Nul ne la contient et ne l'absorbe tout entière. Toujours plus vaste que le plus vaste génie, elle marche d'un pas impassible, comme la nécessité. Aucun bruit de la terre ne peut la détourner de son chemin. Elle a devant elle son itinéraire tracé d'avance. Elle parle, et à peine envolé de sa lèvre, le mot est un destin. On dit que l'homme croit ce qu'il veut. Où a-t-on vu cela? L'homme croit invinciblement ce que veut la raison. On dit encore que le premier venu, pour peu qu'il ait la parole en partage, fait à son gré la vérité ou l'erreur. Que celui qui le dit essaie donc un instant, pour joindre la preuve à l'affirmation, de remonter n'importe quel courant d'idées, de réfuter n'importe quelle vérité acquise de la science, de décourager par exemple l'humanité de la croyance invétérée à l'existence de Dieu! Eût-il le don du miracle, il ne ferait pas ce miracle-là, je puis en donner la garantie; car pour détruire cette croyance générale, et par là même identique à la nature de la raison, il devrait commencer par détruire la raison la première, et supprimer l'humanité. Or la mère de l'homme en possession d'un pareil secret, n'a pas encore accouché à ma connaissance.

Eh! mon Dieu! si la langue humaine avait cette puissance illimitée de conversion pour le bien comme pour le mal que l'ignorance lui attribue à tout propos, le monde vivrait continuellement ballotté d'illusion en illusion. Il serait mort depuis longtemps. L'erreur, à la longue, aurait fini par prendre le dessus. Car il n'y a pas un jour d'un siècle qui ne produise sa petite chimère, et ne la souffle sous forme de prédication à l'oreille de l'humanité. Si l'humanité était autant de fois convertie qu'il y a de gens pour la convertir en sens divers, elle n'aurait plus même le temps de changer d'opinion. Car lorsqu'on revient sur la trace de l'histoire, on trouve la terre jonchée à l'infini de débris d'idées qui ont eu toutes la prétention, à leur jour, de posséder pleinement la raison. Mais la raison a passé majestueusement sur cette litière de théories contradictoires, sans daigner même se baisser pour les regarder. Et, après avoir passé, elle secoue ses pieds, et, une heure plus loin, elle a déjà oublié la poussière qu'elle a foulée. Que voulez-vous? Le monde est ainsi fait : l'homme propose et la raison dispose ; et, si j'en crois le livre vivant du progrès, elle dispose toujours avec une parfaite sagesse.

Elle est donc, en réalité, une puissance une, unique, générale, partout la même, partout constituée au même caractère, partout soustraite au caprice de l'individu, involontaire, inviolable, immortelle, infaillible et seule infaillible pourrait-on ajouter. La vérité n'est pas pour elle une croyance facultative, une compagne résignée qu'elle peut à sa fantaisie appeler, éloigner, rappeler et renvoyer. Lorsque la vérité et la raison se sont une fois rencontrées, elles se précipitent, à première vue, dans les bras l'une de l'autre, pour ne plus se quitter. La raison étend son manteau d'immortalité sur cette fille de son adoption, et c'en est fait pour toujours. Vainement vous tenterez de lui arracher cette hôtesse sacrée. Elle trouvera, tout à coup, pour la défendre, une force inconnue. Elle affrontera mille fois, s'il le faut, la douleur du martyre. Le martyre! vous entendez, le miracle de la raison, le suicide pour l'idée, l'héroïsme de la conviction. Et lorsque, par une défaillance de volonté, en face du supplice, elle vient à renier, dans un jour d'angoisse, son dogme intérieur, elle entend éternellement au fond de sa conscience la voix gémissante de la foi trompée protester contre cette apostasie. Tant il est vrai que l'erreur lui est odieuse, lui est antipathique par nature. Elle peut sans doute la laisser entrer de contrebande, à son insu, non pas parce qu'elle est l'erreur, mais parce qu'elle est l'ignorance ; et à peine l'a-t-elle reconnue, qu'elle la rejette aussitôt. L'erreur, dit-on, a une puissance de propagande. Qu'un professeur de mensonge ose donc encore écrire sur la porte : Ici on enseigne la fausseté, et il me dira le lendemain le nombre de ses auditeurs.

Dieu a donné la raison à l'homme, être social, et il l'a faite universelle pour découvrir universellement toute vérité nécessaire à la société. La raison est donc la part de Dieu dans l'homme; — à genoux ! — la place qu'il s'est réservée à notre banquet, son point de contact avec nous, sa présence en nous, car il est présent à notre âme par la raison, comme l'ouvrier est présent à son œuvre par son génie. Toutes les fois que l'homme vient à penser, il pense réellement en Dieu, de compte à demi avec Dieu, puisqu'il pense en vertu de la constitution que Dieu a imposée à la raison, et de la route qu'il lui a tracée. La raison est donc une révélation vivante que l'homme porte en lui, de toute éternité, pour diriger sa destinée. Il y a donc une grave imprudence à vouloir la congédier de l'humanité, pour lui substituer je ne sais quel fantôme sous le nom de supernaturalisme. Si la philosophie du découragement en arrivait jamais à opposer le supernaturel au naturel, savez-vous ce qu'elle ferait en dernière analyse ? Elle mettrait Dieu en contradiction avec lui-même, elle lui dirait : Tu as donné la raison à l'homme, Seigneur, pour comprendre la vérité, et en même temps tu lui as donné une vérité impossible à comprendre ; et toi qui as partout mesuré l'aile du moucheron à la résistance de l'atmosphère, partout proportionné l'acte à la faculté, tu as brisé pour l'homme cette loi d'harmonie, tu lui as donné à résoudre un problème insoluble, à choisir entre cette doctrine, qui est la parole, et la raison qui est la parole aussi. Voilà deux routes; où ira-t-il? Chacun, je le crains bien, ira de son côté.

Celui qui aura pris parti pour la raison aura du moins cet avantage que, pour le convaincre d'erreur, il faudra encore invoquer la raison; car on a beau décréter la raison d'indignité, elle est, en dernière analyse, la seule audience où l'on vienne plaider à notre soleil. Il y a quelque chose de plaisant à voir le supernaturalisme comparaître devant la raison, et lui dire à sa barre : Tu es juge, c'est vrai, du moins pour le moment; mais juge que tu n'es pas le juge, car, par toi-même, tu es incapable de proclamer aucune vérité, excepté une cependant, précisément celle-là, que tu es incapable ; tu as le droit d'être une fois, mais uniquement pour cesser d'être. Nous te laissons la main libre une minute, mais entendons-nous bien, libre pour te suicider. Nous te couronnons reine du monde pour te donner l'occasion d'abdiquer. Abdique donc, je t'en conjure; parais pour disparaître, interviens pour t'abstenir, et, si l'on t'appelle, réponds que tu n'y es pas, afin qu'au son de ta propre voix, le passant sache bien que tu n'y es pas, en effet. Meurs enfin à toi-même, nous t'en aurons une obligation infinie. En vérité, la raison a l'ironie cruelle pour venger son injure. Lorsque par hasard elle rencontre le supernaturalisme, elle le force à raisonner du matin au soir, pour prouver quoi ? L'inutilité de la raison. Le malheureux ne voit donc pas que, plus il raisonne, plus il proclame le raisonnement, la seule mesure possible de la vérité. La raison est corrompue, dites-vous? Vous vous trompez, elle est rachetée. Vous n'avez donc pas lu l'Évangile? L'Évangile est venu probablement effacer le péché originel.

Et à ce sujet, je dois relever ici une parole du père Ventura, spécialement à mon adresse, quoique le révérend père n'ait jamais peut-être effleuré du pied l'herbe de mon sentier. Il dit quelque part, avec son intrépidité habituelle de jugement :

« L'ignoble fable en particulier que l'état primitif et
» originaire de l'homme a été l'état sauvage; que c'est
» l'homme qui d'abord inventa les mathématiques, en vertu
» de son instinct de l'utile; qui, en second lieu, inventa
» les lois et la société civile, en vertu de son instinct du
» juste; qui, en troisième lieu, inventa les beaux-arts, en
» vertu de son instinct du beau; qui, en quatrième lieu,
» inventa le culte, en vertu de son instinct religieux; qui,
» enfin, inventa la raison, le langage, la philosophie, en
» vertu de son instinct du raisonnement; cette ignoble fa-
» ble, dis-je, où il y a *de la poésie, de la niaiserie, de la*
» *bêtise, de l'absurdité*, où il y a tout, hors de la philo-
» sophie, a été traduite mot à mot des livres des épicuriens
» allemands, qui l'avaient à leur tour retrouvée dans la
» boue des épicuriens de la Grèce. »

Voilà assurément la poésie en bonne compagnie. Elle ne s'était jamais trouvée à pareille fête jusqu'à présent. Mais dites-moi, mon père, comme je crois quelque peu à l'ignoble fable, non pas précisément telle que vous la formulez, mais enfin telle que je la comprends, ne pourriez-vous me faire un rabais, et me passer tout cela à meilleur marché? car peut-être il n'y a entre vous et moi que la différence du moment. Vous dites :

« Le jour où Adam a été créé, il a dû se trouver parfait
» dans toutes ses parties, et par rapport au corps, de sorte

» qu'il pût tout de suite devenir père, et par rapport à l'es-
» prit, de sorte qu'il pût tout de suite enseigner en sa qua-
» lité d'instituteur de tout le genre humain. »

Je ne vois, pour ma part, à cette façon de parler aucune objection. J'accepte volontiers qu'Adam n'a pas perdu son temps, et qu'à peine sur les jambes, il a songé à nous autres tous. Je croirais manquer de respect à mon premier aïeul si je pensais autrement. Je vous crois sur parole, d'autant plus que vous mettez votre doctrine sous la protection de l'incompréhensible. Or, quand on ferme la porte à la raison, la raison en prend aisément son parti : elle passe ; elle n'est pas curieuse du mystère, et pour savoir si Adam a été vraiment père, dès le premier instant, elle ne va pas regarder par le trou de la serrure.

Adam avait donc trente ans le jour de sa naissance, cela est convenu ; et en arrivant, il apportait sa grammaire, sa prosodie, sa géométrie, son arithmétique, son astronomie, sa chimie, sa physique, son architecture, sa peinture, sa musique, sa sculpture, sa mécanique, son industrie, toutes faites d'avance au bout de sa langue ; il n'avait qu'à parler pour savoir, et sa parole faisait elle-même l'éducation de sa pensée. Il était du premier coup, au saut du lit, Phidias, Euclide, Platon, Virgile, Keppler, Mozart, Michel-Ange, Raphaël, Lavoisier, Fulton, tout ensemble, en un seul homme porté à la suprême puissance. Il avait en lui tout le génie accumulé de l'humanité, et le meilleur emploi qu'il en a trouvé pour le moment a été de le perdre aussitôt. Ce n'était vraiment pas la peine, vous en conviendrez, d'avoir tant d'esprit en naissant, pour en faire un pareil usage. N'importe, je vous accorde qu'Adam avait la science infuse au débotté de la création. Vous m'accorderez bien en retour qu'Adam, en y comprenant Ève par-dessus le marché, ne pouvait constituer à lui tout seul un état social, car un état social, généralement, suppose une société. Mais puisque notre premier père avait perdu par mégarde sa science, dès le second jour, dans une allée du paradis, nous devons croire de part et d'autre que la race née de son péché, par conséquent née dans l'ignorance, a dû commencer par l'état sauvage et tirer lentement du sol, à force de sueur et de travail, le monde tout entier de la civilisation, depuis la charrue jusqu'à la vapeur. La philosophie du père Ventura et la philosophie moderne ne diffèrent donc que d'un degré de plus ou de moins. Mettons Adam de côté, elles sont d'accord. La différence, Dieu me pardonne, ne méritait pas, de sa part, tant de colère.

Mais le révérend père, tout brave homme qu'il est, ne peut garder son sang-froid avec la philosophie. Le nom seul de philosophie lui monte au cerveau, et après cela, tant pis! le mot est lâché. Il traite cette pauvre philosophie, que c'est vraiment pitié; il la tourne, il la retourne, il la brutalise, il la soufflette, il la fouette, il la dépouille, et lorsqu'il a déchargé sur elle tout son petit vocabulaire, lorsqu'il est à bout d'haleine et d'épithètes, il lui reproche de n'avoir rien inventé, pas même ses erreurs, de peur qu'elle n'ait par hasard un mérite d'invention. Mais si la philosophie n'a rien inventé, elle est innocente; pourquoi la frappez-vous? Adressez-vous à l'inventeur. Et ce reproche ne suffit pas encore. Le père Ventura l'accuse en outre de commettre, d'inspirer, de dicter, de prêcher le crime, le vice, le mensonge, l'ignorance; et enfin, qui le croirait? de persécuter l'Église. Regardez-moi sans rire, et dites-moi l'heure du xixe siècle où la philosophie a persécuté la religion. Quand vous m'aurez dit cette heure-là, confidence pour confidence, je vous dirai l'autre heure

Voulez-vous nous juger les uns et les autres à nos œuvres et non pas à nos ressentiments ? Je ne demande pas mieux, pour mon compte, et je suis prêt au débat. Voilà trois cents ans bientôt que la liberté de pensée tient dans l'humanité la tête de colonne, et dans ces trois siècles qu'a-t-elle fait? Voyons. Elle a substitué la méthode à la scolastique, la chimie à l'alchimie, l'astronomie à l'astrologie ; découvert la rotation de la terre, la gravitation, la pesanteur de l'air ; reculé à l'infini la borne de l'espace, chassé le démon de l'atmosphère, délivré la sorcellerie du bûcher ; régénéré la médecine, l'anatomie, la physique ; développé la mathématique, l'algèbre, la géométrie, créé la géologie, la botanique, la physiologie, la géographie, la minéralogie ; inventé le télescope, le télégraphe, le ballon, le chemin de fer, le gaz, le bateau à vapeur ; proclamé l'égalité civile, l'égalité politique, le droit des gens, la liberté de conscience, attendri la pénalité, brisé la torture, déshonoré l'inquisition, affranchi le servage, ennobli le travail, glorifié le mérite, multiplié l'instruction, centuplé la richesse, provoqué enfin la révolution anglaise, la révolution américaine, la révolution française et même la révolution italienne dans ces derniers temps ; vous devez en savoir quelque chose. Pour insulter encore la liberté de pensée, trouvez-moi donc derrière nous trois siècles mieux remplis. Quant à moi, je n'ose retourner la tête du côté du moyen âge. Je sens le froid de l'ombre me gagner. A vous la nuit, à nous la lumière !

Tenez, mon père, laissez-moi vous parler une fois pour toutes à cœur ouvert. Nous vivons, vous et moi, dans un temps où la force, égarée de main en main, flotte incessamment d'un parti à un autre parti. Ne semons pas l'injure, de peur de recueillir l'irritation. Ne nous jetons pas à tout propos la pierre du scandale. Ne nous nommons pas toujours par le nom de notre défaut. Ne nous renvoyons pas sans cesse le défi d'une rive à l'autre de la pensée. Ne nous montrons pas du doigt la robe sanglante de notre idée où chacun de nous a laissé la trace de sa colère. La vérité est affable de sa nature. Mettons dans notre parole un reflet de son sourire. Si nous ne pouvons nous convertir les uns les autres, ne nous jugeons pas du moins. Nous sommes mal placés pour nous rendre justice. Prêchons la liberté, nous en avons tous successivement besoin. Le monde nous entend, il nous jugera, et lorsqu'il aura prononcé, le débat sera fini; car le peuple est, en définitive, le véritable intéressé. En attendant, faisons-nous concurrence de bonne intention; aimons-nous dans le bien, qui est notre fonds commun. Vous dites que le bien n'est pas en nous, pas même à l'état de désir. Je vous plains de cette pensée, car le Dieu qui sonde notre cœur vous la comptera comme une injustice. Ah! si les nuits du moindre d'entre nous pouvaient parler et vous redire seulement la moitié de nos rêves et de nos aspirations, vous verriez combien la solitude de notre cellule vous a trompé sur notre croyance.

Voilà tout ce que j'avais à vous dire. J'ai fini.

XXVI.

★★★

LE POÈME DE LA FEMME.

Le sort de la femme, a dit un moraliste, est d'aimer et de souffrir. Elle est faite pour cela, et, depuis que le monde est monde, elle ne fait que cela.

Avec un peu de bonne volonté, ce moraliste pourrait avoir raison, non que la femme, à notre avis, souffre plus aujourd'hui que dans le passé : elle n'a jamais eu, au contraire, une meilleure place au soleil. Encore moins doit-elle mettre au compte du mariage le tort de sa destinée, car le mariage, à vrai dire, est son véritable sauveur, par ce fait si simple et en même temps si difficile à trouver, qu'un homme doit appartenir à une seule femme, et une seule femme à un seul homme. Elle a passé de l'état de chose à l'état de personne, et a fait partie, pour la première fois, de l'humanité. La vie à deux, sous la même tuile, lui a donné sa première heure d'indépendance, et, loin de vouloir relâcher le mariage pour la rendre plus libre, nous voudrions le resserrer au contraire précisément pour cela, en faire par exemple l'union de l'âme au lieu de ce que vous savez, et alors, aimée pour elle-même, épousée pour elle-même, elle serait suffisamment heureuse, trop heureuse peut-être comparée au mari.

Mais jusque-là, il n'en est pas moins vrai de dire que la femme porte encore sur le front un reste d'anathème de je ne sais où, pour une vieille histoire du temps passé. Et lorsque par hasard elle tombe sur le mauvais lot, elle en savoure plus cruellement que l'homme toute la tristesse.

Nous ne parlons pas ici de la femme plus ou moins restée à l'état de nature. Celle-là est toujours heureuse à bon marché. Voyez, par exemple, la paysanne de Normandie. Pour peu qu'elle ait du pain sur la planche et un mari satisfaisant, elle prend encore son mal en patience. Debout sur le pas de sa porte, son poupon dans les bras, forte et grasse, inondée de cidre et rouge comme la pomme de son pommier, l'âme en paix, bien avec le curé, moins bien souvent avec le bon Dieu, elle passe la moitié du temps à compter la richesse de sa basse-cour et à contempler d'un œil voluptueux sa vache, son poulailler, son âne et cet autre vaurien, bon tout au plus à faire du lard, qui, toujours attaché çà et là, trace toujours, à longueur de corde, un nouveau cercle autour de son pieu, pour refaire à sa manière la définition de Pascal. Or, une femme occupée par état à compter sa volaille et à écrémer son lait, échappe de plein droit à la mélancolie.

Tout au plus peut-elle être malheureuse au physique et du fait de la misère, mais alors, il faut l'avouer, elle l'est consciencieusement à sa façon. Voilà une jeune fille née sur la paille dans un village de Bretagne tout exprès pour être, sa vie durant, une âme à l'état d'attente dans un corps flétri d'avance par le travail. A peine en âge de force, elle doit gagner son pain au jour le jour, et pour cela, aller, venir, marcher, courir pieds nus, jambes nues, par la pluie, par le vent, à travers les ronces et les épines, garder le bétail, faire la moisson, faire la fenaison, faire la fournée, faire la lessive. Jamais de repos que le dimanche, jamais de sommeil que sur le bout du doigt. Allons, debout! le coq a chanté. Il faut traire la vache, il faut battre la crème et porter au marché le beurre et le fromage. Après quoi, si le cœur lui en dit, elle prend un mari, c'est-à-dire un supplément de misère. Elle souffre un peu plus, sans compter de temps en temps la gratification extraordinaire au retour du cabaret; et quand elle a satisfait à sa destinée et arraché une à une de son flanc douloureux d'autres existences destinées à prolonger après elle sa faim et sa fatigue, alors Dieu en a pitié, elle passe définitivement et sans remise à un dernier oubli. Un homme jette une pelletée de terre dans un trou; l'herbe pousse là-dessus et tout est dit : une chose est finie.

Cela est tout au plus la misère, et si la révolution française a déjà guéri la moitié du mal, elle pourra bien, avec le temps, achever la guérison. Mais cela n'est pas encore la souffrance, du moins comme nous l'entendons, la souffrance morale, d'autant plus cruelle que la victime est plus intelligente, car elle puise dans son intelligence même une nouvelle puissance de souffrir. Dieu nous préserve de dire que toute femme intelligente est nécessairement malheureuse. Loin de là. Plus d'une, Dieu merci, a tiré le bon numéro à la loterie; plus d'une vit en paix avec elle-même et avec la destinée. Mère et amante à la fois, épanouie en fleur et en fruit, elle répand son âme autour d'elle, comme une bénédiction. Tout ce qui l'approche en est changé, et le perpétuel sourire flottant sur sa lèvre lui revient de toute part en joie et en bonheur. Et le soir, lorsque, après sa journée de grâce et de vertu, elle poursuit à l'horizon la muette prière de la rêverie, le ciel tout entier, penché sur elle, la regarde par le regard de toutes ses étoiles à la fois, tant elle est grande et sainte par l'amour qu'elle a donné et par l'amour qu'elle a reçu.

Mais aussi, lorsqu'une âme d'élite a eu la main malheureuse, comme elle doit souffrir au centuple de tout ce qu'elle a rêvé et de tout ce qu'elle a perdu ! Voyez plutôt : une jeune fille est née dans la richesse ; elle sait l'anglais, l'italien, le piano, la botanique, le dessin ; elle a l'âme ouverte à tous les vents de la poésie ; elle entrevoit l'infini, elle attend. Un homme vient pour réaliser ce qu'elle attend, et un mois après, enveloppée de blanc de la tête aux pieds, elle va en grande cérémonie à un premier endroit où le maire lui lit un article du code, et à un second endroit où le curé lui passe un anneau, et la voilà unie pour la vie à un homme qu'elle ne connaît pas encore. Elle apprendra plus tard à le connaître. Et si par hasard il vaut mieux ici ignorer que connaître, eh bien ! à la grâce de Dieu ! Comme le mariage est à perpétuité, elle aura peut-être le temps d'y faire son esprit. On reprochait à une cuisinière d'écorcher ses anguilles toutes vives : Bah ! disait-elle, depuis que je les traite ainsi, elles ont fini par en prendre leur parti.

Cette femme est mariée de travers ; que Dieu lui prête la patience, car bientôt viendra la maladie la plus douloureuse de l'humanité, celle-là même qui consiste à perpétuer l'espèce dans les frissons et dans les évanouissements. A partir de cette heure où elle aura payé la dette de l'ancêtre, elle aura toute la charge et toute la fatigue de la couvée ; elle devra la garder nuit et jour, la façonner à chaque minute de la vie du cœur et de l'esprit. Aujourd'hui ce sera une indisposition à guérir, demain une colère à consoler. Elle n'aura plus désormais ni calme ni repos. Pendant ce temps le mari va au salon, au café, au bruit et au tapage. Il part de bonne heure et il rentre tard, pour échapper à l'ennui et au poids de la maison. La femme l'attend bien avant dans la nuit, près du berceau de l'enfant soulevé par le rhythme du sommeil, régulier comme l'hymne de l'innocence, à la lueur mélancolique d'une lampe voilée et la tête penchée sur la cendre refroidie du foyer. Pendant sa longue attente, elle lit peut-être quelque roman, ce muet consolateur et ce confident caché de toute âme trompée. Et de temps à autre, laissant sous son doigt la page à moitié tournée, elle lève le regard au plafond, pour suivre dans le ciel absent le fantôme évanoui de son amour. Puis sa jeunesse tombe, et avec sa jeunesse la gloire de son existence. Adieu l'empressement et le murmure flatteur ! Le jour du deuil est venu, et du deuil jusqu'au tombeau. Car la femme meurt deux fois : une première fois à la beauté, une seconde fois à la vie, et de ces deux morts la plus cruelle est encore la première.

Voici la vieillesse, c'est-à-dire, pour la femme, la désolation de la désolation. Le fils est placé, la fille est établie. La maison est muette et vide, et, dans cette maison désormais sans rayon et sans sourire, la pauvre mère abandonnée n'a plus ni fonction ni dignité. L'homme, du moins, monte en grade, par cela seul qu'il vieillit : il avance à l'ancienneté. Mais elle, après la vie la mieux remplie, elle a tout au plus la ressource de la dévotion. Elle sera dévote, quêteuse, patronesse, inspectrice d'une salle d'asile. Elle fera des chaussons, des scapulaires, des loteries, des broderies pour la fête du Sacré-Cœur, ou des recrues pour le couvent. Elle aura encore le droit d'intriguer par-dessus le marché, de protéger, de solliciter, et d'essuyer, de la frange des immenses volants de sa robe, largement répandus autour de son importance, la poussière des évêchés, des sacristies, des antichambres des bureaux, des journaux et des ministères. Et ensuite, un beau jour, une lettre sur papier satiné, entourée de bandes noires, apprend à un cercle d'intimes et de familiers, d'inconnus ou d'indifférents, que madame une telle, femme de M. un tel, et mère de M. un tel, et tante de M. un tel, et sœur de M. un tel, et cousine de M. un tel, a pris congé de ce monde dans sa soixantième année. Le dernier acte est joué, le rideau tombe pour toujours.

Il y a donc dans cette destinée exceptionnelle de la femme tout un monde nouveau d'inspiration. Et, pour notre part, nous avons annoncé que le poëte de cette destinée devait bientôt venir.

Il est déjà venu ; car, aujourd'hui même, un *Poëme de la femme* est paru. Vous entendez, le poëme de la femme, c'est-à-dire le poëme de sa vie, de son âme, de son cœur, de son espérance, de son aspiration, de son illusion, de sa tristesse, de son immolation ; et à en juger par le premier chant, l'auteur, quel qu'il soit, a parfaitement compris et traduit tout ce qu'il y a de dramatique et de pathétique dans son sujet. Il a suivi pas à pas la femme, à chaque étape de sa destinée, depuis la chaumière jusqu'au château. Il a commencé par la paysanne pour remonter ensuite à la duchesse, épisode par épisode, livraison par livraison. L'histoire de Jeanne est simple comme la réalité.

Jeanne est fille d'un pêcheur quelque peu ivrogne qui l'élève sur le pouce et qui la bat pour l'habituer au travail. Après cette éducation à la main, le pêcheur glisse un jour dans le Rhône et laisse Jeanne orpheline sans autre abri que le ciel et sans autre ressource que sa bonne volonté. Heureusement qu'un honnête garçon passe par là qui lui promet d'être son mari et qui lui paye même, hélas! les arrhes du mariage; mais il avait compté sans la conscription. Précisément, Napoléon faisait sa campagne de Russie. Il tenait médiocrement à un amour. Le fiancé de Jeanne partit pour le régiment.

Jeanne depuis lors regarda chaque soir du côté du nord la route poudreuse qui avait emmené son fiancé et qui devait le ramener. Mais l'année passa, et le bruit courut qu'elle ne devait plus le revoir. Un enfant vint pendant ce temps-là pour rappeler sans doute le père absent. Jeanne attendit encore et encore, et longtemps et toujours; et, de guerre lasse, pour avoir un morceau de pain, elle épousa un veuf sur le retour, Silène grisonnant du village. Celui-là partit aussi, pas précisément pour l'armée, mais pour quelque chose comme cela. Car pour n'avoir pas eu le bonheur de mourir d'une balle dans la poitrine, il n'en était pas moins défunt. Et la misère reprit Jeanne de nouveau. Folle et abandonnée, elle errait à travers les champs, jetant au vent, d'une voix chevrotante, le refrain brisé d'une chanson de bohême. Puis quand elle eut traîné le long des buissons sa vieillesse en haillons, pour montrer que la souffrance peut aussi vieillir, la parque implacable dit: En voilà assez! et la retira du monde des vivants. Quelque temps après, un homme revint de Russie, meurtri, brisé par l'âge et par l'esclavage, et la tête comme blanchie de la neige de la Sibérie. C'était l'amant de Jeanne. Hélas! il ne restait de celle qu'il avait aimée qu'une fosse déjà vidée pour faire place à un autre cercueil. Tel est le drame.

Là point d'effort, point d'effet. Tout est naturel et vrai,

ému et vibrant. Chaque page est une situation, chaque vers est un sentiment.

Ce poëme, ou plutôt ce premier chant d'un poëme, n'est pas signé. Le poëme lui-même n'est pas fini. Nous n'avons ici que le premier épisode d'une série d'épisodes destinés dans la pensée du poëte à représenter la vie de la femme à tous les étages de la société. Pourquoi ce mystère? Pourquoi cet incognito, dans un temps surtout où chaque talent cherche à mettre le plus possible son cadran au soleil? L'anonyme est-il dans cette circonstance un acte de modestie ou un acte de coquetterie? Le dira qui pourra. Quant à nous, nous disons simplement que cette poésie est digne d'un maître, et qu'un maître à l'état d'ébauche ou de consommation a dû l'écrire. Quel maître? Est-ce un homme? est-ce une femme? Il y a des moments où nous croyons reconnaître un homme à la puissance de l'expression, et d'autres où nous soupçonnons une femme à la profondeur de la sensibilité. Après cela, homme ou femme, peu importe. Cette œuvre est vigoureuse, émouvante. Lisez-la d'abord, et si ensuite vous tenez à savoir le nom de votre admiration, faites comme nous... cherchez.

Ou plutôt, non. Toute réflexion faite, nous croyons avoir trouvé. Une femme seule a pu écrire ce poëme, mais elle n'a pas osé le signer. On a dit et redit tant de fois : La femme ne doit pas avoir de talent, ou ne doit en avoir que pour le cacher. Celle-ci aura pris ce conseil pour argent comptant et aura gardé l'anonyme.

Autrefois on voilait la beauté de la femme sous prétexte sans doute que son sourire était un délit contre la société; maintenant on voile son intelligence sous prétexte, n'est-ce pas? que son talent serait un attentat à la pudeur; mais si elle a reçu par hasard, en partage, l'inspiration divine, devra-t-elle la porter comme une sorte de lanterne sourde, condamnée par état à cacher sa lumière? Ne pouvant lui retirer la haute poésie, on lui en contesterait l'usage. On lui dirait : tu as la flamme, mais pour l'éteindre ; tu as une voix, mais pour te taire. Passe, vêtue d'ombre, parmi les vivants ; si tu n'as jamais fait parler de toi tu auras bien vécu.

Mais le génie, à quelque degré qu'il soit, est le parfum de la fleur, et le parfum n'est pas fait pour être étouffé sur place, mais pour être respiré dans l'atmosphère. Le talent ne s'appartient pas à lui-même, il appartient à l'humanité. Ce n'est pas un égoïsme comme l'amour. Il est un plaisir public, et toute âme qui l'étouffe en elle fraude sa génération. Aussi prenant courage dans cette conviction, nous avons relu le *Poëme de la Femme*, et à certaine description de la Provence, cette gueuse parfumée, comme disait le président de Brosse, nous avons cru entrevoir une muse envolée de la patrie du roi Réné. Allons, madame, je vous ai reconnue ; je ne veux pas trahir l'incognito pour cette fois, mais si vous y revenez je vous nommerai sans miséricorde, ne fût-ce que pour l'exemple, car il faut que la femme prenne l'habitude d'être applaudie pour autre chose que sa beauté. Elle n'a eu jusqu'à présent qu'une espèce d'ambition, la coquetterie, la pire espèce d'ambition à notre avis. Mettons la gloire à portée de son esprit, et la femme aura acquis une vertu de plus pour porter dignement sa destinée.

XXVII.

LOUIS RATISBONNE.

LE DANTE.

Le jour de Dante revient de nouveau. Déjà M. Antony Deschamps avait donné en vers une admirable traduction, mais par malheur de quelques chants seulement et de quelques épisodes de la *Nouvelle Comédie*. Avant de mourir, M. de Lamennais a voulu traduire ce mystérieux génie trempé à la flamme de l'enfer, et faire de ce travail le testament de sa pensée. Voici qu'à son tour M. Ratisbonne vient de prendre corps à corps le grand maître de la poésie moderne, *il gran padre*, comme disait Alfieri, et d'en reproduire, vers par vers, chaque strophe, avec un merveilleux bonheur d'expression. Mais avant de parler du traducteur, parlons d'abord du poëte. A tout seigneur tout honneur. M. Ratisbonne nous pardonnera sans doute en considération de son héros.

Le 12 mai 1265, la femme d'un jurisconsulte florentin,

nommée Dona Bella, mettait au monde un enfant. Les entrailles de cette femme, il faut croire, étaient bénies de toute éternité, car elle avait rêvé que son fils naîtrait sous un laurier, comme étant prédestiné à une éclatante renommée. Elle avait bien rêvé, en effet. L'enfant a depuis tenu parole au présage. En attendant son heure, il prit leçon chez Brunetto Latini, le plus savant homme de son temps sur la langue latine.

Il était bien jeune encore lorsque son père l'ayant mené par hasard dans le quartier du Vescovo, il entrevit pour la première fois la fille de Foulque Portinari, à peine âgée de huit ans, et *brillante*, comme il l'a dit plus tard, de *douces couleurs*. Ce jour-là un enfant devint amoureux d'une autre enfant. L'un était Dante, l'autre était Béatrix. Le poëte devait rencontrer sa muse, presque au sortir des baisers de sa mère, comme ce dieu antique que la Ménade couronnée de pampres emporta tout endormi de son berceau. Le jour même de sa vision, Dante écrivit son premier sonnet.

La seconde fois que Dante vit Béatrix, c'était à la neuvième heure du jour, car il était écrit que cette neuvième heure du jour devait sonner pour l'immortalité. Elle était vêtue de blanc et suivie de ses compagnes, vêtues aussi de blanc, pâles étoiles perdues dans l'éclat de sa beauté. Dante la salua, et Béatrix, inspirée par un sentiment d'ineffable courtoisie, lui rendit son salut. Le poëte enfant courut aussitôt s'enfermer dans l'étroite cellule de son toit crénelé, et là, sous le regard de Dieu, dans ce silence troublé seulement d'un bruit de palpitation, les mains jointes et à genoux, il sentit vibrer en lui plus d'extase et d'adoration que n'en sentit jamais le martyr mourant qui, le regard de ce monde déjà éteint à la lumière, voyait de l'autre regard, au fond du firmament la Vierge lui tendre les bras et l'appeler du sourire. Il écrivit son deuxième sonnet.

Depuis ce jour Dante chercha partout Béatrix, la suivit partout, à l'église, au val d'Arno, quêtant un regard, un parfum, foulant l'herbe qu'elle avait foulée, passant dans l'air où elle avait passé, comme s'il pensait retrouver dans le vent quelque chose de sa divine essence. Il la revit encore et la salua, mais cette fois-ci Béatrix passa avec une majestueuse indifférence, en détournant la tête et en balayant de sa longue robe la dalle du pavé. Elle n'avait pas rendu le salut au poëte, elle ne l'aimait pas, elle ne voulait pas l'aimer, et l'infortuné rêveur, blessé d'un amour éternel, sans merci et sans espoir, ne revit Béatrix que longtemps après. C'était sous le voile blanc et à une table de festin. La fille de ses rêves, la vierge immortelle de ses vers était la femme de Simone Bardi.

Ne serait-il pas plus consolant de voir la femme qu'on aime passer à la lueur des cierges sous un drap noir que de la voir passer le front couvert du bouton d'oranger, aux bras d'un autre homme qu'elle appelle son seigneur? Dante pensait ainsi. Dieu soit loué pourtant de ce que Béatrix ne l'aima pas et ne l'épousa pas au lieu de Simone Bardi! Elle garda ainsi toutes ses perfections et laissa au poëte toutes ses mélancolies. Peu de temps après, quatre moines déposèrent dans une châsse le corps d'une femme ensevelie dans son printemps, et pendant que ses jeunes sœurs répandaient des fleurs sur son suaire, un homme s'avança, le plus triste de tous, le plus terrible dans sa tristesse, et la main étendue sur le cercueil, il dit ces paroles : *Désormais, si tel est le plaisir de celui par lequel toutes les choses vivent, que ma vie se prolonge quelque temps, j'espère dire de cette femme bénie ce qu'on n'a dit de per-*

sonne. Dante fit alors ce serment. Le monde sait comment il l'a tenu.

En attendant, pour faire acte de bon citoyen, il épousa Gemma Donati, qui lui donna consciencieusement neuf enfants dans l'espace de dix années. Dès lors, il crut devoir prendre part à toutes les luttes et à toutes les haines politiques de sa patrie. Les Italiens passaient leur vie, en ce temps-là, à guerroyer, du matin au soir, dans certaines villes privilégiées qu'ils appelaient des républiques. Le sang coulait incessamment de rue en rue : rivalité de porte à porte, de famille à famille. Guelfe ou Gibelin, Noir ou Blanc, on descendait sur le pavé, on combattait jusqu'à la nuit, on emportait les morts à la brune et on recommençait le lendemain. Pour se reconnaître dans la mêlée, le Gibelin portait le capuchon incliné à gauche, le Guelfe le portait incliné à droite, et, grâce à cette prévoyance, le coup d'épée ne se trompait pas trop souvent d'opinion. Et cependant, au milieu de cette perpétuelle agitation, Florence grandissait en prospérité. Conciliez cela. Plus tard, le repos absolu la tuera.

Le parti vainqueur proscrivait toujours le parti vaincu. C'était de droit, cela va sans dire à charge de réciprocité. Dante eut la mauvaise chance à ce jeu de hasard. Le conseil de la république le condamna à l'exil, qui le croirait? pour crime de concussion. Mais plus tard il eut honte de sa sentence, et il offrit au noble exilé de l'amnistier sous condition. L'histoire nous a conservé la réponse du poëte : « *Donnez-moi une voie qui ne soit pas contraire à l'honneur pour rentrer à Florence. S'il n'en est pas de semblable, jamais je ne remettrai le pied dans ma patrie. Partout je pourrai jouir du ciel et de la lumière, et contempler les vérités sublimes et ravissantes qui éclatent sous le soleil.* »

Exilez donc un tel poëte qui porte incessamment avec lui une bien autre patrie que cette patrie étroite qu'il laisse derrière ses talons !

Le voilà donc errant comme Caïn, *profugus eris*. Le voilà donc condamné à monter l'escalier si rude et à manger le pain si amer de l'exil ; mendiant la protection d'un condottiere du *gran cane*, sa pitié, son assistance ; relégué parmi les nains et les valets de la cour d'un brigand ; flétri par une sentence inique pour un crime qu'il n'a pas commis, et méprisé de ceux qui ne le connaissent pas ou ne le connaissent que par la calomnie de cette sentence. Vagabond magnifique, il avait eu les grandes ambitions des grandes âmes ; il avait jeté sa vie au sort dans les grandes luttes de son pays ; il avait rêvé l'unité de l'Italie ; il avait étreint cette espérance de toute l'énergie de son patriotisme. Le sort l'avait trahi, et il avait été vaincu. Il ne pèsera plus désormais d'aucun poids dans la balance de la destinée. Il ne recevra plus ni le baiser ni l'adieu de sa famille. Il ne sentira plus frémir sous ses pas la dalle posée sur ce qui était autrefois Béatrix. *O vous tous qui passez par les chemins, connaissez-vous une douleur comparable à la mienne ?* Ce fut là son gémissement. L'humanité l'écoute encore.

Nous ne le plaindrons pas pourtant. Les génies sont trop aimés du ciel pour être heureux comme les autres hommes et des mêmes bonheurs. Ils vivent à l'écart plus haut que nous dans le courant des vents et dans la flamme des orages. Leur âme est faite de douleurs, comme la corde de leur lyre d'entrailles tordues. Ils marchent, tristes, gémissants et courbés, sous le poids du dieu qu'ils portent ; ils traînent à travers les vallées, sous le soleil et dans la poussière, la mélancolique solitude de leur pensée. Ils ne doivent s'asseoir nulle part ni poser leurs pieds meurtris devant aucun foyer où la flamme brille et sourit sur des visages aimés. Ils ne doivent parler qu'au vent qui passe, qu'à la feuille qui tombe, qu'à l'ombre qui fuit, qu'à l'heure qui expire, qu'à la vague qui disparaît en fumée d'écume. Si un matin ils pressent leur fiancée dans leurs bras, le lendemain ils l'étendent dans le cercueil. Ils ne bâtissent leurs poëmes, ces indestructibles monuments des siècles, qu'avec des cendres trempées de leurs larmes et des lambeaux de leur cœur brisé. Tous ceux qui traversent la multitude anonyme des hommes, avec mission de diriger la marche de l'humanité par la science et par l'hymne, sont frappés d'un invisible tonnerre, et la pâleur de leur front est la seule trace, au regard, de la visite du Seigneur. Leur vie est une mystérieuse tragédie à laquelle il faut toujours une catastrophe. Lorsque la catastrophe n'existe pas, la fiction l'invente, tant elle est nécessaire à l'intérêt. Le jour où la Grèce fit Homère, elle le fit aveugle.

Ne nous attristons donc pas à contre-temps de la tristesse des poëtes. Jouissons-en, au contraire. La Providence leur envoie la douleur pour notre volupté, sauf à les rembourser ensuite en admiration. Leur part serait trop grande sans cela. Plus il y aura de tombeaux, d'urnes brisées, de poussières répandues, de gouttes d'hysope, d'éponges trempées de vinaigre, de soupirs, de blessures et de regrets dans leur vie, et par contre-coup dans leur œuvre, plus leur vie sera comptée et leur œuvre divine. Si vous voulez guérir la souffrance dans le monde, par pitié au moins laissez-la au génie. Loi inexplicable, mais en apparence nécessaire de l'histoire, tout ce qui naît de grand sur notre terre de boue a dû naître dans l'affliction. A chaque étape de la civilisation, le poëte du siècle, Homère, Virgile,

Dante, Shakespeare, Milton, est tour à tour venu à une époque de trouble, de cataclysme, d'enfantement, a chanté, vécu, passé dans les premiers ou les derniers mugissements de la tempête qui emportait le monde à sa mystérieuse destinée.

Allez au milieu du désert, là où le soleil verse un feu si ardent qu'il ne féconde plus mais dévore la végétation, et là, loin des fleuves, loin des brises qui chantent et s'enivrent avec les fleurs, leurs sœurs bien-aimées, vous trouverez l'aloès sauvage, âpre, solitaire, toujours dressé vers le ciel dans son armure d'épines. Mais sous les rayons du soleil et sous les vents de feu, l'écorce éclate, la rosée du ciel tombe sur les blessures, et il en coule en larmes d'or la myrrhe et l'encens, si merveilleuse moisson que nous l'offrons à Dieu et à Dieu seulement, par la main du lévite avec le sel de l'autel.

Dante a eu la bonne fortune de la douleur. Cette circonstance nous explique son génie. Homère, parce qu'il était aveugle sans doute, ne chante de la vie que le côté extérieur qui tombe sous le regard, le combat ou le festin. Dante, au contraire, laisse à l'écart le monde qu'il a connu pour raconter le monde qu'il a rêvé. Il transporte un drame imaginaire sur un théâtre impossible que personne n'a vu et ne verra jamais. Il crée, comme le Créateur, avec une idée. Il descend ensuite dans sa création. Il la peuple de ses passions et de ses fantômes. Il s'identifie si bien avec son œuvre qu'il se prend ensuite à la considérer, non plus comme une fiction, une fable, mais comme une réalité positive et certaine, et à jurer devant Dieu et devant les hommes, dans toute la sincérité de son âme, qu'il a bien vu, bien entendu ce qu'il imagine voir et entendre dans son épopée.

Qu'importe? le poëte était sombre, terrible par tempérament, et sous l'impulsion de sa nature, il avait besoin d'épouvanter les autres et pour cela de s'épouvanter lui-même le premier. Il descend au milieu des gémissements et des grincements de dents, des pluies de soufre et des lacs de glace, tous les cercles de damnation creusés les uns sous les autres en spirale. Il y plonge tous ses ennemis; il y précipite indistinctement, pêle-mêle, les papes, les empereurs, les rois, les moines, les cardinaux. Il n'a de commisération pour aucune grandeur. Pour chaque crime, il invente un nouveau supplice : aux uns il ouvre le ventre et il arrache les entrailles ; aux autres il fait porter leur tête à la main en guise de lanterne ; à tous il attache son vers immortel, comme un écriteau brûlant. Il se trouvera, en fin de compte, que lui seul peut-être a fait un enfer éternel.

Enfin, lorsque son œuvre est achevée, livrée aux hommes, lorsque le sublime proscrit, maudit des siens, le front pâle encore des choses sans nom qu'il a entrevues dans la nuit de son âme, la lèvre encore abaissée et frémissante de l'anathême qu'il vient de secouer sur les morts et jusque sur les vivants; lorsque, disons-nous, il passe, silencieux et impénétrable sous son masque osseux et son long profil fortement repoussé en dehors, dans son chaperon rouge, couleur de flamme, les jeunes filles effrayées se pressent contre leurs amants, et disent en le montrant du doigt : *Voilà celui qui revient des enfers !*

Et cependant ce terrible rêveur sentait par moments s'ouvrir dans son âme des abîmes de tendresse pour toute existence qui avait aimé comme lui et souffert comme lui : pour Françoise de Rimini, *qui ne lut pas ce jour-là plus avant;* pour Pia Tolomei, condamné à mourir du souffle de la maremme. Puis quand ce monde funèbre de vengeance et de terreur est épuisé, Dante gravit la montagne mystique, transition de l'enfer au paradis, où l'âme n'a d'autre supplice que l'attente, d'autre travail que la purification. Une fois au sommet de cette montagne, le poëte perd terre, il flotte dans l'espace. Il a vu Béatrix, et Béatrix l'attire dans le ciel rien que par la force de son regard. Il s'enfonce sans fin dans la mer, sans fin, de l'immensité. Il assiste à toutes les gloires et à toutes les splendeurs du paradis ; il contemple toutes les pléiades d'étoiles, âmes glorifiées des élus qui poursuivent éternellement, dans le vent d'une ineffable harmonie, leur mystérieuse évolution autour du Seigneur. Et là, ivre, éperdu d'amour, il reste comme foudroyé devant l'image de Béatrix et pétrifié d'une perpétuelle extase. Alors il a terminé le grand poëme du christianisme ; il a tout dit, il n'a plus qu'à mourir. Un soir les pâtres, assis sur la colline de Ravenne, virent une étoile, au long sillage d'argent, plonger du haut de l'espace, dans la vague de l'Adriatique, et ils entendirent dans l'air comme un bruit mystérieux de robes flottantes : c'étaient les immortelles symphonies, filles du Dieu vivant, qui emportaient le poëte dans le ciel qu'il avait chanté.

Voilà le rude jouteur tour à tour sombre, tendre, gracieux, pathétique, mystique et amer, avec lequel M. Ratisbonne allait essayer de lutter de poésie, de grâce, de vigueur et de désolation. Au premier abord, nous ne le cachons pas, nous avions défiance d'une pareille tentative contre l'impossible. Un moment M. Antony Deschamps avait paru réussir, mais il avait succombé à l'épreuve, et il a été obligé de poser sur la pierre, comme Oreste, sa tête troublée des spectres de l'enfer. Eh bien ! nous le disons sincèrement, notre prévision a été trompée. M. Ratisbonne a vaincu la difficulté de l'entreprise. Il a su prendre non-seulement l'allure simple et grandiose du Dante, mais encore sa forme vive et concise. Sa traduction est moins une ombre qu'une métempsycose de la *Divine Comédie*. Quand on traduit ainsi, on est soi-même poëte. On peut travailler pour son propre compte désormais. Il faut que l'heure actuelle soit bien morte à la poésie pour n'avoir pas donné à cette œuvre plus d'attention. Franchement, elle a été pour nous une surprise. Dans tous les cas, nous en sommes persuadés, Dante en aura été content. Car le génie entré dans sa gloire ne quitte pas, pour cela, son œuvre du regard. Loin de là, toutes les fois qu'on l'admire, il descend, du haut de son apothéose, dans l'âme de son admirateur. Nous croyons l'avoir senti dans le vers de M. Ratisbonne. Pour qu'il ait trouvé un vers pareil, il faut que le vieux Florentin se soit mis de la partie.

XXVIII.

HARRIET STOWE.

LA CLÉ DE LA CABANE.

L'esclave est un homme destitué de son âme, lui et sa race, jusqu'à la dernière postérité, et condamné par conséquent, de père en fils, à penser par le cerveau et à vouloir par la volonté d'autrui.

On pourra dire, écrire, argumenter, subtiliser, repasser sur cette définition, tant que l'on voudra, aussi longtemps et avec autant de finesse ou de gentillesse que l'on voudra : l'esclave n'en sera pas moins, en fin de compte, un être mutilé au moral, un être dénaturé de sa nature, décapité de son intelligence, dépossédé de la part du Seigneur, un bloc de chair mû à distance, un simple corps, comme disait la Grèce, un monstre artificiel, en un mot, d'un autre genre, mais par le même crime, que le castrat. Seulement Rome châtrait l'enfant pour le faire chanter, et l'Amérique le châtre de plus haut, pour le faire travailler. Voilà toute la différence.

Si pour changer un homme en esclave, il fallait préalablement lui couper un bras ou une jambe, la vue perpétuelle du couperet et du moignon finirait sans doute par émouvoir la pitié, et la pitié une fois émue, — qui sait? un jour, et sinon celui-là, un autre jour, le blanc, fatigué de tailler et de trancher dans le vif, voudrait peut-être laisser le nègre au complet. Malheureusement, pour travestir le fils de Dieu en esclave, il suffit de lui arracher l'âme en douceur, et comme cela ne demande ni couteau ni opération, que cela ne fait ni couler ni crier le sang, le monde en prend aisément son parti et dort là-dessus en toute sûreté de conscience. Et pourtant, si, comme nous n'en doutons pas, l'âme est la vie de la vie, ne vaudrait-il pas mieux perdre une jambe que son intelligence, et un bras que sa volonté?

Oui, quoi qu'on dise au pays de la fièvre jaune et de la canne à sucre, il y a plus de cruauté à mutiler l'homme au moral qu'à le mutiler au physique, à le diminuer de la pensée qu'à le diminuer de toute autre manière, et pour le prouver par le fait et par l'action, une femme, une sainte, on l'a nommée ainsi et on l'a bien nommée, a écrit le roman de la *Case de l'oncle Tom* et montré une à une toutes les tortures intimes, intimes, entendez-vous bien, et non pas seulement corporelles, de l'esclavage. Brisé dans sa chair, par le travail forcé ou par le fouet, au moindre délit, le nègre l'est mille fois plus dans son âme à chaque instant par la dispersion continuelle et la disparition de tout ce qu'il aime ici-bas et de tout ce qu'il peut aimer, hélas! Il a une femme, elle sera mise à l'encan; un fils, il sera vendu.

Il est trop tard pour parler de ce roman, car si tu sais lire, toi qui m'écoutes, tu l'as déjà lu, et si tu ne l'as pas lu, tu t'es manqué à toi-même. Et qu'on ne dise pas : ce n'est qu'un roman, car le roman est le livre du siècle, car il a aujourd'hui le don de l'apôtre, car il convertit d'un mot la multitude, car il parle à quelque chose de mieux qu'à cet auditeur têtu qu'on appelle l'entendement, parce que sans doute il ne veut jamais entendre. Il parle au sentiment. Or, comme il n'est pas besoin d'apprendre à sentir, comme tout le monde au contraire sent plus ou moins par la seule éducation de la nature, tout le monde comprend le roman : de là son influence sur l'opinion.

Et comment, d'ailleurs, parler dignement de l'œuvre de mistress Harriet? En présence d'un pareil livre, on se contente de lever la main au ciel et de dire : Je jure que ce livre est beau. On pourrait sans doute ajouter pourquoi il est beau! mais à quoi bon, en vérité? Si quelqu'un, après avoir pratiqué ce pathétique récit d'une femme bénie, n'a pas eu envie d'être meilleur, d'être abolitioniste, dût-il être goudronné et rôti pour sa peine; n'a pas gémi, pleuré, maudit, soupiré, interpellé le ciel et l'enfer, passé par la gamme tout entière de l'émotion, par la pitié, la tendresse, la tristesse, la colère, l'indignation, la prière, l'anathème, celui-là n'a rien à faire sur cette terre, car il ne comprend ni le bien ni le mal, ni le vice ni la vertu, ni la joie ni la douleur, ni la justice ni la barbarie. On ne le connaît pas, on ne le salue pas, on le laisse aller. Il est un ennemi.

Cependant le roman de l'*Oncle Tom* a soulevé en Amérique plus d'une protestation. En vertu de l'axiome que tout mauvais cas est niable, on a nié la ressemblance des types et l'exactitude des tableaux. On a dit que, par un artifice de tout temps admis en poésie, l'auteur avait surfait l'esclavage pour accroître l'intérêt. Mistress Harriet a cru devoir repousser cette accusation, et, à cet effet, publier, sous ce titre légèrement cabalistique, la *Clef de la Case de l'oncle Tom*, une série de pièces justificatives à l'appui de son roman. Là elle prouve, avec une infatigable munificence de preuves, qu'elle a réellement pris la réalité sur le fait, rien que la réalité, sans ajouter une virgule à l'horreur de l'esclavage. Il faudrait être maintenant trois fois planteur pour mettre en doute la sincérité de mistress Harriet.

Oui, cela est certain, et la *Clef de la Case de l'oncle Tom* en fait foi à chaque page, à chaque ligne, à chaque syllabe, à chaque lettre, le nègre en Amérique est un être à moitié tué, un rebut d'humanité, un je ne sais quoi composé d'os et de muscles, uniquement destiné à servir du berceau à la tombe, à suer, à gémir, à pâtir, à souffrir, à recevoir le fouet, jusqu'à ce qu'enfin, de fatigue en fatigue et de douleur en douleur, il achève une fois pour toutes de mourir. Cela vit ou plutôt cela traîne, au jour le jour, sans avoir aucun droit, aucun bien, aucun bonheur, aucun espoir. Va, mange, respire, travaille et crève, voilà ton lot sur cette terre pour avoir eu dans le temps la sottise de naître avec une peau d'une autre couleur.

Tu ne déposeras pas en justice, car devant la loi tu n'es personne; tu ne posséderas pas, car tu es toi-même une propriété et tu figures dans le code de commerce, avec tes vices rédhibitoires, côte à côte des chevaux fourbus; tu n'épouseras pas, car une négresse est tout simplement une femelle, et quand elle a mis bas, le maître prend la portée et l'envoie au marché; tu n'iras pas à l'école, car à force de lire, tu finirais peut-être par savoir que tu es un homme, et c'est ce que nous voulons empêcher autant que possible, en mettant l'ignorance dans notre confidence. Autrefois, le Scythe crevait les yeux de l'esclave pour le garder plus sûrement dans sa cabane. Nous sommes, nous autres, infiniment plus humains que cela. Nous condamnons seulement ton intelligence à l'obscurité. L'esclave scythe était aveugle de corps, tu seras aveugle d'esprit.

Et surtout ne va pas prendre en mauvaise part ta destinée, car pour peu que tu manques de respect à notre autorité par ta négligence ou autrement, nous t'enverrons au bourreau du canton, avec un bon dans la main de cinquante coups de fouet à délivrer comptant au porteur, et le bourreau les soldera à vue, sans autre formalité. Ne t'avise pas surtout de lever le pied pour tâter une fois, dans ta vie, de l'air de la liberté, car nous avons là, sous la main, une meute de chiens courants pour te chasser et te traquer ni plus ni moins qu'un sanglier, et en outre, puisqu'il faut tout dire, nous avons sur toi droit de vie et de mort, et nous t'enverrons même au besoin une balle de notre carabine pour te l'apprendre par le plus court chemin.

Et la loi approuve cela, et la religion aussi, la religion sous toutes ses formes, dans toutes ses variétés, presbytérienne, catholique, méthodiste, anabaptiste, conformiste, non conformiste! Le clergé de l'Union a mis un beau jour ses lunettes sur son nez, a pris la Bible en grande cérémonie, l'a tournée, retournée, épelée, épluchée dans tous les sens, et après un mûr examen, mûrement pesé et débattu en commun, il a déclaré à la face de la terre, la main sur le cœur, que le christianisme était venu ici-bas pour confirmer l'esclavage, et que Dieu, dans la personne de son fils, s'était dérangé du ciel tout exprès pour cela. Le clergé, en Amérique, est complice du planteur. Et pourquoi non? N'est-ce pas un clergé aussi qui a écrit le code de l'inquisition? Or, ce code, dans son genre de mérite, vaut bien l'esclavage.

Machiavel a dit quelque part : la nature humaine est

ainsi faite qu'on peut prendre à quelqu'un sa femme, il l'oubliera; son père, il le pardonnera; son fils, il prendra encore son mal en patience; son frère, il glissera là-dessus; mais si jamais on lui prend un sillon de son patrimoine, oh! alors il n'y aura plus ni oubli, ni pardon, ni miséricorde, ni consolation qui tienne, il poursuivra, s'il le faut, le ravisseur jusqu'en enfer, et tant qu'il aura une âme pour haïr et une voix pour crier, il haïra et il criera vengeance. Eh! mon Dieu, oui, Machiavel a raison. Jusqu'à nouvel ordre, l'homme est tout entier là où est son intérêt, il veut comme son intérêt, il pense comme son intérêt bien ou mal entendu, n'importe, pourvu que ce soit ce qu'il suppose son intérêt. Aussi toutes les fois qu'il est question d'intérêt, on ne doit jamais attendre justice de la partie intéressée. Dieu préserve le monde du propriétaire menacé dans son droit de propriété! Celui-là donc est bien coupable qui attaque la propriété par légèreté d'esprit. Il prépare un jour terrible à sa patrie.

L'esclave n'est pas une propriété, Dieu merci, et dans aucun cas, pour aucune cause, devant la morale et devant la législation, il ne peut être une propriété. Mais comme par je ne sais quelle perturbation d'idées le planteur voit dans le nègre sa chose, et comme il veut conserver sa chose à tout prix, il a glissé de conséquence en conséquence, par l'irrésistible pente de la logique, à violer successivement toute loi divine et humaine, pour maintenir une première dérogation à la divinité et à l'humanité. Admirable attention de la Providence, en vérité, qui veut qu'un attentat à la nature amène derrière lui tous les maux à l'infini, pour ne laisser aucune chance à l'erreur et aucune excuse à l'injustice! Voilà ce que mistress Harriet a parfaitement démontré dans son dernier ouvrage.

La Clef de la Case de l'oncle Tom est en quelque sorte la contre-épreuve du roman. L'auteur a voulu mettre le fait à côté de l'invention, pour la commenter et la justifier s'il en était besoin. On ne peut donc lire le premier livre sans lire le second, pour peu qu'on tienne à connaître l'histoire complète de l'esclavage. Nous savons donc gré pour notre part à MM. Joanne et Old-Nick d'avoir traduit ce vigoureux post-scriptum de la femme, hier inconnue, dont le nom ébranle en ce moment deux mondes à la fois. M. Joanne, ce talent élégant et chercheur, voyageur de l'idée et du sentiment, aura rendu un service de plus à la littérature. Et quant à M. Forgues, qu'il nous permette de trahir le secret de son pseudonyme, il aura confessé une fois de plus la liberté, car la liberté est une partout et toujours. M. Forgues était, on s'en souvient, un des plus brillants rédacteurs du *National*. Un coup de vent a renversé sous ses pieds la tribune où il parlait. Il continue de parler ailleurs pour rendre encore, sous une autre forme, témoignage de sa conviction.

Et maintenant, par quel sarcasme de la destinée et par quel contre-sens de l'histoire se fait-il que le peuple privilégié de la liberté et de la démocratie, le premier qui ait revendiqué un soleil et conquis le droit de l'homme dans toute sa plénitude, soit précisément celui-là qui, mentant à lui-même, mentant à son passé, mentant à sa gloire, mentant à sa constitution, maintienne et soutienne l'esclavage en toute occasion avec le plus d'âpreté ? Qu'est-ce à dire ? une nation doit-elle toujours payer de quelque infirmité la rançon de sa grandeur. Quoi ! partout dans le monde, l'Amérique a une parole de sympathie pour toute tentative de liberté ! quoi ! elle est toujours généreuse aux faibles, secourable aux opprimés, hospitalière aux proscrits, enthousiaste aux martyrs ! quoi ! toujours elle verse les fleurs à pleines mains sur leurs pas sitôt qu'ils ont touché le sol sacré de sa république ! et tenez, hier encore, lorsque l'Autriche, au mépris du droit des gens, alla enlever sur la terre de Turquie un soldat de la Hongrie placé sous la foi américaine, une corvette au pavillon semé d'étoiles vint réclamer le réfugié hongrois, menaçant de couler bas le brick autrichien, si dans la minute, montre en main, il ne rendait pas sa capture ! Aucune nation n'aurait fait cela pour venger le droit violé sur la tête d'un seul individu, et cependant, c'est cette nation, libre et républicaine entre toutes, qui donne encore à l'Europe le scandale de l'esclavage !

Cela ne peut pas durer, nous en avons pour garant l'immense succès que le livre de mistress Harriet a obtenu même en Amérique. Jamais la bonne cause ne perdra définitivement son procès sur une terre de liberté. La liberté conquise suffit toujours à reprendre la liberté perdue. L'Amérique revomira donc un jour l'esclavage, nous en avons le ferme espoir. Déjà même on travaille de toute part à l'œuvre de l'émancipation. Et c'est là encore une supériorité de la forme de la démocratie sur toute autre forme de gouvernement. Ailleurs, en Russie par exemple, on met la servitude sous la protection d'une baïonnette, et tout est dit. Le silence est commandé, et nul désormais, sous peine de la Sibérie, n'a le droit de protester, de réclamer, de discuter et de soulever la grande insurrection morale de l'opinion.

L'Amérique du Sud a beau vouloir condamner au mutisme le parti abolitioniste : la liberté écrite dans la constitution l'emporte sur sa volonté, sur la loi même échappée à sa colère. Chaque jour elle subit, bon gré, mal gré, la discussion, et chaque jour elle perd du terrain.

Parce que l'esclavage existe sous un régime républicain, on a voulu faire une confusion entre la république et la servitude. Et d'abord on oublie que l'esclave sur cette terre de liberté est un legs de la monarchie, et ensuite que l'Union a proscrit la propriété de l'homme sur l'homme dans la moitié de ses États. Mais puisqu'on tient encore à rejeter sur la démocratie précisément la faute de la royauté, qu'on nous permette de rappeler que la révolution française a la première affranchi le nègre et l'a introduit la première au droit de cité, et comme un souvenir en appelle un autre, qu'on nous permette encore d'ajouter un fait dont nous avons été témoin.

C'était le lendemain de février ; partout la révolution était en travail ; à chaque instant on entendait en Europe une nouvelle explosion suivie de l'écroulement d'une royauté. Paris était debout, le pavé brûlait, un nuage de fumée flottait dans l'atmosphère. Le vent était chargé de paroles, comme si un invincible esprit parlait dans le nuage. La foule, inquiète et fière, allait et venait tambour et drapeau en tête, promenant de rue en rue au pas militaire sa chimère et son espérance, sa vérité et son illusion. Mais au-dessus de ce flot humain sans cesse bouillonnant et sans cesse agité en sens contraire, au-dessus de son tumulte, au-dessus de son murmure, dans le calme région des bonnes inspirations et des bonnes volontés, la nouvelle république, sereine et recueillie, regardait en ce moment au delà des mers du regard de la pensée, et, pleine de tendresse pour la dignité humaine et présente partout où il y avait une blessure à guérir, rédigeait de la main de Lamartine le décret d'abolition de l'esclavage.

Ah ! l'homme, quel qu'il soit, qui a signé ce décret,

peut maintenant passer : il n'aura pas dévoré en vain son heure de pouvoir. Un pareil décret aurait suffi pour illustrer un règne si un roi l'avait signé. Il n'a pas même été compté au gouvernement provisoire. Servez donc ensuite l'humanité, voilà les gages que vous toucherez ! N'importe, le bien est fait, il est resté. L'esprit de Dieu a donc aussi son jour dans notre patrie, et si ce jour meurt bientôt, il y a du moins quelqu'un là-bas, de l'autre côté, qui, du fait de la dernière révolution, a encore le droit de crier : Vive la liberté !

XXIX.

VICTOR CHAUFFOUR.

LES RÉFORMATEURS.

Oui, M. Chauffour a raison. Les pères de la réforme sont les pères de la liberté, nos pères, en définitive. Gloire à eux dans le passé, et nous allions ajouter, dans le présent !

Qu'est-ce que la liberté, en effet? C'est l'âme maîtresse de sa destinée. Or, comment sera-t-elle maîtresse de sa destinée, si elle n'est maîtresse d'elle-même d'abord? Voyez l'homme du moyen âge, il vit encore çà et là par oubli. Il n'a pas d'âme, à proprement parler.

Car avoir une âme, c'est penser; avoir une âme, c'est vouloir. Or, l'homme du moyen âge pense par une autre intelligence, veut par une autre volonté. On lui dit : Crois ceci, et il le croit; fais ceci, et il le fait sans réplique ni discussion. Il a toujours à côté de lui une conscience d'emprunt pour l'inspirer. Sa vie est une consigne.

Entre l'inquisiteur et le fidèle, il y a une âme de trop,

évidemment : l'âme du fidèle ; car une âme à l'état de doublure n'est pas plus une âme que l'image de la figure dans la glace n'est la figure. Aussi, diablerie, sorcellerie, magie noire, magie blanche, alchimie, astrologie, le moyen âge accepte tout cela sur parole.

Que voulez-vous ! on lui avait tant de fois répété : Le diable est le concurrent de Dieu sur la planète, et la science sa carte de visite dans notre cerveau, qu'il avait fini par admettre le diable et la carte de confiance. Et comment ne pas l'admettre? Pour peu qu'un esprit porté à la curiosité eût voulu vérifier la chose de plus près, il aurait à coup sûr risqué le fagot dans l'autre monde, et peut-être aussi ce monde-ci, par avancement d'hoirie.

La réforme a rendu l'âme à l'homme, et avec l'âme la faculté de penser par lui-même, d'agir par lui-même. Or, de la liberté intérieure à la liberté politique il n'y avait qu'un pas, et la réforme l'eut bientôt franchi. Jusqu'à la révolution française, aucun peuple n'a été libre qui n'ait préalablement passé par l'éducation de la réforme. Voyez plutôt la Hollande, la Suède, l'Angleterre, la Suisse et l'Amérique. En dehors de ces nations, où a vécu, je vous prie, la liberté?

M. Chauffour a donc bien fait d'aller chercher au XVIe siècle la première tradition de la démocratie. Elle est là, et pas ailleurs. Il le dit, et à son exemple nous le redisons volontiers; une tradition, ce n'était pas assez. Il est encore allé y chercher une leçon pour aujourd'hui, une espérance pour demain. Oui, l'histoire de la réforme nous l'apprend, toute idée nouvelle commence par le martyre. La vérité est à ce prix, et si tu le trouves trop élevé, retire-toi : tu n'es pas digne de la servir.

Au temps de la réforme, personne ne comptait avec sa

conviction. Il fallait mourir, on mourait; partir pour l'exil, on partait. Le sacrifice était fait d'avance ; le vent soufflait à l'héroïsme. Mais entre tous ces héros de la pensée, Ulric de Hutten et Zuingle portèrent peut-être le meilleur témoignage de leur doctrine. Tous deux finirent comme ils avaient vécu. Ils représentent, à des titres divers, l'un par l'action, l'autre dans la science, les deux types les plus élevés de la réforme. Luther était théologien. Ulric de Hutten était mieux que cela. Fils de baron, baron lui-même, ou quelque chose approchant, il pouvait figurer dignement, la lance au côté, dans cette partie de brigandage qu'on appelait la chevalerie, et si le poids de la cuirasse paraissait trop lourd à son épaule, il pouvait prendre la tonsure et courir la prébende. Qui sait, il aurait peut-être été évêque.

Mais que faisait à Ulric de Hutten la gloire, comme on l'entendait alors, sous la mitre ou sous le blason ? Étudiant, légiste, poëte, soldat, humaniste, pamphlétaire, possédé tout entier de l'esprit nouveau, jeté hors de toute voie battue, seizième siècle fait homme, chevalier errant de l'idée, il allait, avec la cape et l'épée pour toute richesse, partout où une voix l'appelait à la rencontre de sa destinée. Il avait foi à son étoile. *Alea jacta est*, c'était sa devise.

Et lorsqu'il eut fait le tour de l'Europe et de la pensée comme pour tremper son âme à toute la science et à toute l'expérience du temps, il vit Rome un jour, et ce jour-là il comprit, pour la première fois, sa mission. Il y était arrivé passablement orthodoxe, il en sortit réformé. Il rentra en Allemagne le cœur plein de ce qu'il avait vu, pour reprendre à son compte l'œuvre interrompue de Jean Hus et de Wicleff. Au même instant, Luther commençait à prêcher contre la vente des indulgences.

Depuis la Renaissance, Rome était, en Europe, la capitale du plaisir, par la raison qu'elle était la capitale de la richesse. L'or y affluait de toutes les parties de la chrétienté, sous prétexte d'annates, de réserves, d'indulgences, de provisions, d'expectatives, de dispenses, de droits de pallium, de deniers de saint Pierre, de mille impôts directs en un mot, et indirects prélevés sur la piété. Mais si la papauté recevait beaucoup d'argent, elle en dépensait encore plus, à ce qu'il paraît. Elle avait donc continuellement besoin d'emprunter; mais comme le prêt à intérêt était interdit par les canons, elle avait imaginé un système particulier d'emprunts.

Voici comment. Elle créait des offices imaginaires et les mettait ensuite en adjudication. En réalité, elle servait une rente viagère pour un capital à fonds perdu. Le placement était excellent, et par cette raison attira bientôt à Rome une population flottante de spéculateurs. De plus, l'office était transmissible, et par conséquent coté plus ou moins haut selon l'âge ou la santé du titulaire. De là, un effroyable agiotage, et à la suite de l'agiotage toute une cohue de courtiers, de croupiers, de changeurs, de banquiers.

La papauté multiplia à l'infini cette émission de sinécures pour battre monnaie. De jour en jour elle inventa des places d'experts, de notaires, de protonotaires, de coureurs, de portiers, et quand les noms vinrent à lui manquer, elle en créa, qui le croirait? de janissaires, de stradiotes, de mameluks, d'albanais. Qu'on se rassure cependant, ces janissaires, stradiotes, mameluks et albanais n'étaient, malgré leurs titres rébarbatifs, que les débonnaires rentiers de l'État.

Tout cela formait un monde à part, monde clerc, monde célibataire, titré, crossé, blasonné, oisif, corrompu par l'oisiveté, sans postérité et sans lendemain, pressé de vivre et de jouir, car après lui la fin du monde, et tout au plus le jugement dernier. Mais il avait en portefeuille son billet d'indulgence. Il partait acquitté d'avance pour l'éternité.

Rome, ainsi enrichie sans travail et habitée par une population sans famille, devait être et fut en effet au siècle de Borgia une ville de débauche. On y comptait, au dire d'Étienne, quarante-cinq mille courtisanes inscrites au rôle et soumises à une capitation de six *jules* par tête. La perception même de ce droit était accordée en bénéfice. On donnait tant de courtisanes à un abbé, comme on lui eût donné tant de serfs au temps du servage.

Ces courtisanes étaient aussi considérées que les courtisanes d'Athènes. César Borgia les invitait aux fêtes du Vatican; plus tard même le philosophe Montaigne leur rendit au débotté une visite de politesse. Plusieurs habitaient de riches palais. *Tirésie*, maîtresse du cardinal *Riario*, ne portait que des mules ornées de pierreries. La célèbre *Impéria*, maîtresse de Béroalde, secrétaire du pape, défrayait la littérature dans des salons si somptueusement meublés, que l'ambassadeur d'Espagne y donna une répétition de l'insolence de Diogène. Il cracha, faute de mieux, à la figure de son hôtesse. La reconnaisance littéraire du temps frappa une médaille en l'honneur d'Impéria, et lorsqu'elle mourut, la prélature romaine l'ensevelit dans l'église de Saint-Grégoire, avec une épitaphe par trop impériale en vérité. Sa fille, encore plus belle, eut la prétention de rester vertueuse. Le cardinal Petruccio la séduisit de vive force; elle tomba morte aux pieds du séducteur.

Le cardinal Bembo passait entre deux sonnets de Monrosine à Lucrèce Borgia, ménade échevelée de la Renaissance. Le cardinal Roderic alternait entre Rosa Vanozza et Julie Farnèse, *Julia la bella*. Un jour il fit peindre Julie en madone avec saint Joseph à ses genoux. Saint Joseph était le cardinal Roderic. Le cardinal *Bibienna* avait au Vatican une salle de bain discrète où Raphaël avait représenté le Triomphe de l'Amour. Ce fut là sans doute qu'il composa la comédie de la *Calendra*, la plus grivoise à coup sûr du répertoire de la Renaissance. Je ne crois pas qu'aucune langue humaine, pas même la langue latine, pût honnêtement traduire la scène par exemple de *Samia* et de *Fessenio*. La pièce néanmoins fut jouée au Vatican en l'honneur de la duchesse de Mantoue.

Rome, dans ce moment de recrudescence classique, semblait définitivement retournée au paganisme. Quand Léon X, au sortir du conclave, alla prendre possession de la tiare à Saint-Jean-de-Latran, il marcha, monté sur une haquenée blanche, d'arc de triomphe en arc de triomphe, à l'imitation d'un empereur romain. Les rues étaient jonchées de fleurs et les maisons tendues de tapisseries. Le financier Chigi avait dressé un arc devant son palais avec cet écriteau : « Vénus a régné, Mars a régné, Pallas règne » maintenant ! » Vénus était Alexandre Borgia, Mars Jules La Rovere, et Pallas le nouveau pontife. Mais un autre banquier, indigné du distique de Chigi, mit devant sa porte une statue de Vénus avec cette légende : « Mars a régné, » Pallas règne, et Vénus régnera toujours ! » Le pape en marchant derrière le crucifix pouvait lire toutes ces devises.

Voilà Rome au temps de Ulric de Hutten. Heureusement, un pape vint du fond de la Flandre qui réforma tout cela, ou à peu près. Léon avait cent palefreniers autour de ses mules à la cérémonie du possesso. Adrien en voulut avoir quatre seulement. Rome prit d'abord assez mal ce qu'elle appelait la lésinerie du moine flamand. Elle glosa amplement sur un pape qui ne mangeait que de la merluche et ne buvait que de la bière de Louvain. Elle passa bientôt de la raillerie au murmure et du murmure au libelle. Adrien en mourut, dit-on, de chagrin. Le jour de sa mort, la jeunesse de Rome alla suspendre une couronne à la porte de son médecin avec cette inscription : *Au libérateur de la patrie !*

La corruption du temps avait gagné de proche en proche jusqu'au dernier degré de la hiérarchie. On en peut juger par les faits que voici, empruntés à l'ouvrage de M. Chauffour. Certaines paroisses exigeaient de leurs pasteurs qu'ils eussent une maîtresse en titre pour éviter l'encombrement au presbytère. Plusieurs curés vivaient en ménage. C'étaient les plus rangés. Seulement, par mesure de précaution, le concile de Constance leur avait interdit de transmettre leurs cures à leurs enfants. Pour avoir droit à la famille, les prêtres, il est vrai, payaient une taxe, et cette taxe rapportait, bon an mal an, quatre mille écus à tel diocèse.

Ce fut contre cette débauche du siècle qu'Ulric de Hutten lutta toute sa vie, de la parole et de l'épée. Il mourut à la peine, loin de sa patrie, sur les bords du lac de Zurich. Maintenant, il dort au murmure du flot sous une dalle du couvent d'Eisiendeln. Mais il pouvait mourir en toute tranquillité de conscience, Zuingle allait achever à Zurich l'œuvre de la réforme.

Zuingle était plutôt un homme d'idée que d'action. Il eût dit volontiers comme Luther : Si la parole a perdu le monde, la parole le sauvera. Curé avant d'être pasteur, il possédait à fond la science de l'Écriture. Il implanta le premier le protestantisme en Suisse, mais lentement, mais successivement, avec la prudence et la mesure d'un homme d'État. Révolutionnaire dépassé par sa propre révolution, il eut à porter le choc de l'anabaptisme; il traversa cette épreuve sans colère. Il répondit par l'ironie à l'extase du mysticisme : Partout où passe un anabaptiste, disait-il plaisamment, le pauvre homme croit qu'il pousse une violette.

Et pourtant Zuingle mourut, lui aussi, à l'œuvre, mais noblement, l'épée à la main, à la bataille de Cappel. Le parti vainqueur outragea son cadavre et le brûla conjointement avec un porc pour empêcher la ville de Zurich de recueillir un jour la cendre du martyr. Ainsi Ulric de Hutten et Zuingle sortirent de cette vie, sans avoir soupçonné la victoire de leur idée. Et cependant cette victoire leur était acquise dans l'intention du destin. Que diraient-ils aujourd'hui, si, revenant au monde, ils voyaient leur parole, un moment refoulée sur leur lèvre, grandie maintenant à la taille de l'Angleterre et de l'Amérique?

Voilà, sauf erreur, la morale que M. Chauffour a voulu tirer de l'histoire de la réforme. La patience de la vérité est la preuve, à notre avis, d'un vigoureux esprit. M. Chauffour a cette patience. Il a écrit son livre avec une sorte de piété. Il y a mis son cœur tout entier. On sent à chaque page qu'il voit dans la réforme sa généalogie. Il est du sang et de la famille de Zuingle et de Hutten. Persuadé que les peuples sont toujours ce que sont les âmes, il a voulu frapper un coup sur les âmes, et pour cela il a réveillé le souvenir de ces grandes mémoires, aussi grandes par la foi que par la vertu.

Ce livre est fortement pensé, noblement écrit. Préparé à l'écart et médité en silence à la frontière et en quelque sorte dans l'atmosphère de l'Allemagne, il en trahit à chaque page toute la conscience et toute l'érudition. M. Chauffour a soigneusement interrogé, compulsé sur place les sources et les origines du protestantisme. Après avoir lu son histoire, on n'a plus qu'un désir, c'est de la voir continuer. Il reste maintenant à l'historien à raconter la vie de Luther, de Farel, de Calvin, de Théodore de Bèze, Carlostadt, Mélanchton, Æcolampade, et quand il aura terminé ce travail, il aura laissé, nous n'en doutons pas, un ouvrage classique de plus à la nouvelle génération.

Nous avons fini. Il est une circonstance dont nous ne voulions pas d'abord parler : l'auteur a daté son livre de l'exil; mais, en faisant un retour sur nous-même, nous avons pensé que taire le fait pourrait passer pour une lâcheté. M. Chauffour et moi nous avons rompu en d'autres temps le pain de la même idée. Je suis resté sur cette rive, tandis que la tempête l'a jeté de l'autre côté. Malheur à moi si je pouvais renier en ce moment ma propre sympathie parce que l'événement l'a frappée! Dieu me préserve de dire ici aucune parole qui puisse irriter ma génération! Je contemple le présent d'un cœur trop religieux pour cela. Je suis de ceux qui prennent l'adversité pour une leçon et qui tâchent d'en faire leur profit.

Et cependant l'exil est si amer qu'il peut bien être permis, ce me semble, de mettre un peu plus d'effusion à parler de l'exilé, afin que si le sol de la patrie manque sous son pied, tout ne lui manque pas à la fois. Une bonne parole lui est due en passant, aussi longtemps du moins que la première vertu chrétienne sera une vertu. Je n'apporte ici aucun esprit de parti. Je ne cherche à remuer aucune passion. Je crois simplement honorer la nature humaine en sympathisant à la souffrance. Aussi, que de fois tournant mon regard vers la frontière, j'ai pensé à vous, Hugo, Quinet, Eugène Sue, et qui dirais-je encore? ô mes maîtres! et permettez-moi d'ajouter ô mes amis! car il n'y a plus d'orgueil aujourd'hui à vous appeler ainsi. J'oublie que vous avez été des hommes politiques, je ne vois en vous pour le moment que les grands écrivains. La pierre de votre foyer est brisée. Vous errez aux lieux où ont successivement erré, depuis soixante ans, tous les partis. Eh bien! tenez, en retournant au fond de mon cœur votre propre tristesse, j'aime à songer pour ma consolation et pour la vôtre, si vous en aviez besoin, que vous n'avez pas à cette heure perdu toute patrie. Vous faites partie de la gloire de la France, et partout où vous êtes, la France est encore là. Voilà tout ce que j'avais à vous dire, et ce que je ne vous dis pas, le vent vous le dira.

XXX.

LAMARTINE.

HISTOIRE DES GIRONDINS.

Il y a ici un secret. La pensée était stagnante, l'opinion silencieuse, la France éteinte. On n'entendait plus bruire, dans le calme universel, qu'un léger clapotis d'intrigues. Les idées, les questions, les espérances prenaient rendez-vous à je ne sais quel mystérieux lendemain. Ce livre paraît et l'air commence à frémir.

Une œuvre est un événement. Pourquoi, par quel art, quel miracle, cette œuvre plutôt que toute autre vient-elle remuer si vivement l'attention? Est-ce par le style? Non. Car tout merveilleux qu'il est dans l'*Histoire des Girondins*, il n'éclipse pas les magnificences d'imagination que l'auteur a semées dans ses poésies. Est-ce par le sujet? Non, car des historiens éminents ont abordé avant lui cette révolution qui pouvait dire d'elle-même, comme je ne sais plus quelle femme : Je suis enceinte d'un apocalypse. Ce n'est pas le talent qui a manqué à ces historiens, ni même le succès, et cependant aucun n'a passionné à ce degré les esprits. Il y a donc un secret dans ce prodigieux retentissement de l'*Histoire des Girondins.*

Le secret, le voici : C'est que parmi tant de prodigalités de la Providence envers son génie, M. de Lamartine possède encore une qualité dernière qui dépasse toutes les autres qualités ; c'est la sympathie. La sympathie n'est pas seulement l'affection ; elle est une faculté plus générale qui enveloppe et embrasse tous les faits, tous les sentiments, qu'ils soient en harmonie ou en désaccord avec notre propre nature.

Lorsque la sympathie s'applique aux fautes elle se nomme charité ; aux faiblesses, miséricorde ; aux crimes, justice ; aux vertus, vénération ; aux supplices, pitié ; aux souffrances, commisération ; aux croyances, foi ; aux peuples, fraternité ; aux besoins, philanthropie ; aux dévouements, enthousiasme ; aux grandes choses, admiration.

Elle est la liaison médiate ou immédiate de tout homme avec tout homme, quel que soit d'ailleurs le gouffre de vices et de vertus, d'actes ou de pensées qui sépare celui-ci de celui-là, car jamais de l'un à l'autre l'humanité, notre chaîne commune, ne saurait être rompue. C'est par là que l'historien peut s'incliner, à travers les siècles, vers ses autres frères du passé.

Elevée à sa hauteur religieuse, la sympathie est la loi de communion que nous a léguée le christianisme, loi de rachat et non d'exclusion, qui ne proscrit, qui ne rejette, qui ne renie personne, mais qui absout, comprend et associe tous les éléments de l'histoire.

La sympathie est donc la qualité souveraine de M. de Lamartine. Nulle part, ni dans le passé, ni dans le présent, aucun historien n'apporta plus de candeur devant les hommes et devant les faits de la révolution, ne répudia plus résolûment toutes les haines, toutes les injustices, toutes les réminiscences, qui transpiraient, comme de sombres vapeurs, sur la fosse à peine fermée de l'immense cataclysme.

Du fond de son célibat volontaire pour toute opinion exclusive de parti, il ne pouvait se sentir poussé que par l'aiguillon de la vérité. Montagnards, Girondins, Royalistes, Robespierre, Danton, Vergniaud, Louis XVI, soldats de Lyon ou de Jemmapes, victimes ou bourreaux, n'importe la diversité du principe ou la couleur de la cocarde, l'homme est toujours pour lui l'homme; il le cherche, il le dégage de l'événement pour lui restituer son véritable caractère. Ce n'est pas le parti ni le système qui condamne ou absout les individus, c'est dans le parti et à travers le système qu'il va saisir directement les mérites ou les crimes des individus. Faiblesse, entraînement, violence de ceux-ci sur ceux-là, épidémie de sentiments, il sait tout reconnaître, tout mesurer. Sa balance n'a pas seulement un plateau : il fait la part du bien et du mal, des intentions et des impatiences. Ainsi, jusqu'à présent, le jacobinisme n'a jamais été qu'un fantôme qui fuyait sur un nuage de sang, dans un reflet livide du crépuscule de la république; c'est un apôtre, écrivait l'un; c'est un scélérat, écrivait l'autre.

Apôtre et scélérat, répond à son tour M. de Lamartine.

Contradiction, diront les critiques. Eh! sans doute, contradiction; n'est-ce pas elle, en effet, qui est l'essence de l'homme? On l'élève, je l'abaisse; on l'abaisse, je l'élève. Et où sont donc les caractères d'un bloc, parfaitement uns, parfaitement simples, qui rendent toujours, sous le choc des faits, le même son, comme le cuivre? Il n'y a que l'enfance de l'art qui puisse nous donner l'homme tout crime ou tout vertu, régler et numéroter le monde comme un papier de musique. Je ne connais encore que la calomnie qui, dans la distribution des fautes, soit toujours logique, toujours conséquente avec elle-même ; elle juge sur un *à priori*, et déduit un caractère avec la rigueur de l'algèbre.

Mais la nature humaine telle que le christianisme l'a faite, avec ses alluvions innombrables de sentiments, d'idées, d'attractions contraires, ses flux et ses reflux de forces en sens inverse, n'a pas ces complaisances que nos historiens lui prêtent pour les besoins de leurs classifications.

Est-ce que chacun de nous ne porte pas en soi cinq, six et sept personnages divers? est-ce que notre âme n'est pas une scène obscure où des acteurs, toujours en lutte, succombent et triomphent tour à tour? Nos aspirations ont-elles toujours été nos actions? Hélas! vous ne pouvez pas vous arrêter une seule minute sur vos chemins, et prêter l'oreille, que vous n'entendiez murmurer l'éternelle dispute de votre conscience.

L'identité des natures n'existe donc que dans la fiction ; mais, dans la vie, c'est la contradiction qui est la vérité.

Ce n'est qu'au jugement dernier que le bouc et la brebis, l'ivraie et le blé, le damné et l'élu seront complétement, entièrement séparés. Jusqu'alors il y aura en tout homme un mélange de bouc et de brebis, de blé et d'ivraie, d'élu et de réprouvé. Regardez dans la rue le premier venu. Voyez-vous passer cet homme? C'est un critique, c'est un philosophe, Chez lui, comme on l'a dit spirituellement, le phénomène a dévoré la substance. C'est la pensée obèse. C'est la métaphysique d'Hegel nageant dans le corps de Silène. Silène aigri, mécontent, un sourire amer sur la lèvre. Eh bien ! quelle tête a jamais mieux vacillé, ballotté sur une poitrine ? Quelle contradiction n'a passé par cette cervelle, où le lendemain jette continuellement l'injure à la veille, le saint-simonisme à l'éclectisme, le républicanisme au saint-simonisme et la conservation maintenant à toutes les formes de la pensée.

Il ne s'agit donc plus de nos jours et historiquement de pétrifier tel ou tel homme en tel ou tel type, ici de crime, là d'héroïsme. Ces fausses répartitions de grandeur ou de bassesse sur des noms propres ne sont que des fantaisies de notre esprit : elles mentent comme des épitaphes. C'est la conciliation des qualités et des infirmités humaines, c'est leur équitable graduation qui constitue la véritable théorie de l'histoire : voilà la poétique de Shakspeare aussi bien que de Lamartine. L'éloquent orateur de la jeune démocratie ne sacrifie pas impitoyablement la Gironde à la Montagne, ni la république à la royauté, ni la royauté à la république. Il ne recommence pas, maintenant qu'il est jour, l'erreur de cette nuit sanglante qui a fait que tous ces hommes se sont injuriés, méconnus, frappés dans les ténèbres. Oui, la Gironde eut les lumières et les bonnes inspirations, mais elle eut aussi ses intrigues et ses faiblesses. Voilà pourquoi elle tomba. Oui, la Montagne eut son patriotisme et son courage, mais elle eut aussi ses fureurs et ses taches de sang sur son écharpe tricolore. Voilà pourquoi elle tomba. Il n'est pas une de ces mémoires qui n'appelle la réprobation par un côté, l'absolution par un autre, bien que toutes ne puissent pas être également absoutes ou réprouvées.

Mais, dans l'histoire de M. de Lamartine, je retrouve tous les miens, et c'est par là que je m'identifie à ses nobles inspirations, car les miens, les nôtres, dans la révolution, ce sont tous ceux qui ont combattu, souffert pour l'idée, ce sont tous ceux qui, dans un camp ou dans un autre, ont élevé le niveau du caractère national par le martyre, l'héroïsme, la sainteté de leur vie ou de leur mort : Bailly, la reine, Louis XVI, madame Élisabeth, la princesse de Lamballe, madame Rolland, Charlotte Corday elle-même ; oh ! sois notre sœur dans le ciel, noble amnistiée de nos cœurs, ce n'est aucun de nous qui te reprochera aujourd'hui ce coup de poignard, bien que ce coup de poignard ait été un crime ; mais ce crime, ton sang l'a maintenant lavé.

Et qui donc voudrait se plaindre de ce que la veine généreuse du pays ait versé à flots, en si peu de jours, tant de lyrisme d'actions et de pensées, et que dans cette tragédie chaque personnage ait sa part d'intérêt ? L'âme de l'homme n'est pas seulement croyance, elle est aussi émotion. Le poëte a raison de s'attendrir et nous attendrir avec lui sur les vaincus, bien qu'il accepte l'idée des vainqueurs. Ce n'est pas cela une fatalité à rebours qui n'a de bonnes paroles que pour les victimes.

C'est la proclamation d'un nouveau principe : la révolte du sentiment contre la géométrie, la mansuétude dans la liberté. Et c'est en pressant ainsi sur toutes les touches de notre sensibilité, en prodiguant la pitié, en ramassant la démocratie, cette épée tombée à terre, couverte d'une rouille de sang, pour la remettre à la forge, que M. de Lamartine a pu entrer dans les esprits, rassurer les uns, attirer les autres, pacifier les colères et réconcilier les diverses écoles de la démocratie.

Et d'où serait venu, sans cela, le succès de ce livre ? N'est-ce pas que s'élevant au-dessus des opinions et des injustices du moment, il a été vrai de l'unique vérité qui correspondait réellement à l'état des intelligences ?

Nous autres, héritiers de la révolution, sans être les complices de ses misères, qui vivons de son esprit et par son esprit, nous ne pouvions affirmer ni renier entièrement notre origine. Nous avions deux parts à faire de l'héritage commun, l'une d'acceptation, l'autre de renoncement. Ne nous reprochons donc pas l'attendrissement que M. de Lamartine nous fait répandre sur l'échafaud de la royauté. Cette larme nous acquitte. C'est par le repentir que l'homme rentre en possession de tous ses droits et de toutes ses grandeurs.

Ce qui a fait l'infériorité du xviiie siècle et en fin de compte sa cruauté, c'est que de toutes les facultés humaines il prêcha la plus aride, la raison. Il oublia que tout le monde sent à peu près, mais que tout le monde ne pense pas, et il laissa en dehors de sa religion toutes les imaginations, toutes les piétés, toutes les tendresses, toutes les délicatesses, et par là il fut condamné à être débauché, sceptique, railleur dans sa maturité, et, dans sa vieillesse, fanatique, farouche jusqu'à la cruauté. Notre œuvre, à nous, est de prendre ce qui n'était chez lui que raison et de le faire amour, de réhabiliter le sentiment et de le répandre largement sur toutes les couches de la société. C'est là le travail de M. de Lamartine. C'est là son mérite, car personne n'a eu plus que lui cette sensibilité communicative, cette fleur du cœur, qui parfume autour d'elle tout souffle de l'atmosphère.

Ce n'est qu'en épousant le sentiment qu'une idée devient universelle. Platon, avec une dissertation, ne fonde qu'une école ; le Christ avec un mot d'amour fonde une religion. Et cependant, qu'est-ce que le christianisme? Le platonisme allumé, de la main de Dieu, au feu de la charité.

Longtemps la révolution, exaltée ici, était abhorrée ailleurs. La lutte était sortie des faits pour rentrer dans les esprits. La France demeura ainsi divisée, par une frontière d'airain, en deux nations dont l'une acceptait et l'autre repoussait la démocratie. Révolution et contre-révolution : ce furent deux principes longtemps en présence. Mais, peu à peu, la paix s'est faite, les rangs se sont rapprochés. Les uns ont apporté leur deuil, les autres leur principe. Chacun des deux partis a rompu le pain de l'autre. Celui-ci s'est élevé en intelligence, celui-là en moralité. Tous ont tiré leçon de leurs fautes, et de cette communion, de cette pénétration réciproque d'idées et de sentiments, il s'est fait un esprit nouveau — plus complexe et plus conciliateur — dans les fortes générations renouvelées, éclairées, équitables de notre pays. Car l'âme humaine est une résultante où les forces même les plus contraires ont leur action. Qui que nous soyons, ennemis reposés et refroidis de cette longue bataille, nous avons tous fini par nous repasser quelque chose de notre pensée ; nous portons tous en nous une révolution et une pitié dans la révolution.

La pitié a germé la première. La révolution se réveille à son tour. L'ouvrage de M. de Lamartine en est le plus irréfutable symptôme. Voyez plutôt. L'intelligence du pays semblait démissionnaire. La France avait même cessé de s'ennuyer ; elle dormait. Ce n'était pas même le sommeil ; c'était le marasme. Partout, d'une courbe de l'horizon à l'autre, aussi loin que plongeait le vol de l'hirondelle, un ciel terne et bas roulait et promenait la nuit sur nos têtes ; une lourde et sourde atmosphère pesait aux poitrines ; tout était triste, sombre et mort. Cette histoire paraît, et une illumination soudaine éclate dans le nuage. L'électricité, que l'on croyait éteinte dans la nation, — écoulée, évanouie, jaillit, circule au contact d'une seule étincelle. Le fluide ne meurt donc pas plus dans les esprits que dans les airs. Il peut dormir sur les vents, invisible à tous les regards; mais qu'un aimant l'appelle, il s'allume aussitôt, et la voix de Dieu passe dans les éclairs.

Si donc l'influence de cette histoire est irrésistible, instantanée, si elle a communiqué à tous et au même instant la secousse, c'est qu'en elle toutes les émotions saintes, toutes les hautes prophéties de notre époque ont pu se reconnaître. Elle est notre âme révélée à elle-même. Après ces derniers quarante ans de réflexion et d'expérience, M. de Lamartine a su trouver le compromis providentiel qui s'est opéré dans chaque intelligence par le fait de la révolution.

Sa conclusion est véritablement la conclusion du pays.

«... Pardonnons-nous, dit-il, fils des combattants ou des
» victimes. Réconcilions-nous sur leurs tombeaux, pour
» reprendre leur œuvre interrompue : le crime a tout perdu
» en se mêlant dans les rangs de la république. Combattre
» ce n'est pas immoler. Laissons son cœur à l'humanité.
» C'est le plus sûr et le plus infaillible de ses principes, et
» résignons-nous à la condition des choses humaines.
» L'histoire de la révolution est glorieuse et triste, comme
» le lendemain d'une victoire et comme la veille d'un autre
» combat. Mais si cette histoire est pleine de deuil, elle est
» surtout pleine de foi. Elle ressemble au drame antique
» où, pendant que le narrateur fait le récit, le chœur du
» peuple chante la gloire, plaint les victimes et élève un
» hymne de consolation et d'espérance à Dieu. »

Cet appel a été entendu. Il y a quatre ans qu'il a retenti en nous pour la première fois. Nous devions à des sympathies qui sont les gloires des humbles d'avoir été admis aux premières confidences de l'écrivain, à moitié route alors de son ouvrage. L'hôte obscur d'une même espérance n'a pas oublié ces journées voilées d'automne où il écoutait, au penchant d'une colline, les légendes de la révolution. C'était à l'époque des vendanges, les feuilles des marronniers tombaient une à une et rentraient au creuset de la grande alchimie. Les bœufs, lents et la tête basse, charriaient la grappe du vignoble au pressoir, et une forte haleine, échappée du bouillonnement des cuves, répandait autour de nous un parfum d'ivresse.

C'est à ce moment du crépuscule de l'année, où la terre reprend les éléments de vie qu'elle a prêtés, pour les soumettre à d'autres élaborations, aux derniers adieux d'un soleil mourant, sous les franges déjà flétries des pampres, que la voix du poëte nous ramenait à ces grandes vendanges de l'histoire, où les institutions, les croyances, les lois, les fortunes étaient jetées dans la cuve de la révolution, et du fond de ces récits nous sentions monter aussi l'ivresse de la pensée.

Et au sortir de cette hospitalité, dans une même idée, nous nous sentions devenir plus révolutionnaire ; et en allant le long des chemins nous nous surprenions à crier : Vive la révolution !

Oui, vive la révolution, car cette histoire est la preuve de son immortalité ; car elle a été écrite sur la pierre même du foyer où la révolution est allée saisir un jour le père et la mère du poëte pour les traîner à l'échafaud, et intercepter peut-être d'avance sa plus glorieuse histoire, à une génération au-dessus de la tête de l'historien.

M. de Lamartine devait entendre un jour deux voix dans sa conscience : l'une était la voix du berceau et lui criait : Haine à la révolution. Mais il ne pouvait marcher dans le siècle sans rencontrer sur son chemin la démocratie, âme de toutes les âmes appelées à penser. Alors la foi de nos

pères illumina son esprit, et une seconde voix lui cria :
Gloire à la révolution !

La révolution, à dater de cette heure, lui fut expliquée.
Il avait trouvé le mot de cette opposition première entre son
cœur et sa pensée. Il comprit que la démocratie française,
au moment de son explosion dans le monde, portait,
comme la théogonie manichéenne, une double révélation
de bien et de mal, de bien dans l'idée originelle, de mal
dans le crime superposé à l'idée.

Cette distinction, si logique qu'elle semblait devoir
accourir d'elle-même sous la plume de l'histoire, avait
cependant échappé à la plupart des historiens de l'autre
génération. Les uns avaient rejeté l'idée pêle-mêle avec le
crime; les autres avaient glorifié le crime par l'idée, de
sorte que la révolution, au lieu d'être une croyance, une
alliance dans un principe commun, était en réalité la discorde, continuée après coup, d'une lutte finie.

En voyant ce contre-sens d'une époque, M. de Lamartine
dit au fond de son cœur : Je veux faire dans mon temps la
conciliation que j'ai faite dans mon esprit. Je tirerai sur le
passé révolutionnaire une ligne de démarcation. D'un côté
je mettrai les actes, de l'autre les doctrines. Je laisserai
tomber dans le temps ce qui fut du temps, et je retirerai de
la boue sanglante de la terreur, l'âme immortelle de la
révolution pour la rendre à son immortalité. Lamartine l'a
dit; il l'a fait; et le lendemain du jour où son livre a paru,
un souffle a passé sur l'Europe, et dans ce vent de passage
une voix criait : Vive la révolution ! L'Italie l'entendit la
première.

XXXI.

PIERRE VARIN.

LA VÉRITÉ SUR LES ARNAUD.

L'histoire est devenue une véritable opération de labour; elle met dessus ce qui était dessous, dessous ce qui était dessus. Jusqu'à présent nous avions dit, sur la foi commune, que la famille des Arnaud : Arnaud d'Andilly, Arnaud le Grand, ou plus modestement le grand docteur, Arnaud l'évêque d'Angers, dont l'ombre donnait du fond de son tombeau de si bons dîners à Mme de Sévigné, — que tous ces Arnaud-là, soit en montant, soit en descendant — à l'un ou à l'autre bout de la généalogie, pouvaient bien avoir eu sur ceci ou sur cela, sur les quatre ou cinq espèces de grâces, des opinions qui tintaient plus ou moins l'hérésie, mais que malgré ce léger tintement qui flottait sur leur mémoire, ils vivaient tous pieusement, doctement, anéantis au monde dans l'œuvre de leur salut et du salut de leur prochain. Nous les avions toujours tenus, hommes et femmes, pour des âmes stoïques battues de vents contraires, fleurs de solitude aux âpres parfums, perdues sur la montagne à moitié route du ciel et dans le souffle du Seigneur. Génie, vertu, persécution, exil, Bastille, dispersion, démolition, violation des tombeaux, nous trouvions toutes les gloires, même celles du vrai et du faux martyre, accumulées sur cette dynastie des Arnaud, qui gouvernait la conscience du siècle, du fond de son couvent, la tête sous le sac de cendres.

Nous nous étions trompé ; il nous faut beaucoup rabattre de nos admirations. Voici un savant bibliothécaire qui, en secouant les paperasses de l'Arsenal, a trouvé deux volumes d'accusation contre la famille des Arnaud. Ce sont les accusés qui ont écrit ici, et contre eux-mêmes, leur propre réquisitoire. C'est vraiment à décourager l'homme le mieux intentionné de laisser tomber une ligne de sa plume, et de jeter quoi que ce soit à la petite ou à la grande poste. Le moindre billet sera peut-être un crime dans deux cents ans.

Le premier Arnaud, dont M. Varin envoie la médaille à la refonte, est Arnaud d'Andilly. Il souffle la cendre du pénitent, et il retrouve quoi ? le courtisan désabusé, qui n'a pu être ni conseiller d'État, ni précepteur du roi, et qui se jette dans la solitude, faute de mieux, moitié dévotion, moitié passion pour l'horticulture. S'il n'est pas le premier ministre du siècle, il en sera le premier jardinier. Mais il porte jusque sur ses espaliers les rigueurs du jansénisme. Il ne cultive pas de fleurs, parce que, selon la doctrine de saint Cyran, celles-ci passent trop tôt et ne donnent pas de fruits. Singulière raison. Comme si les fruits n'étaient pas plus inutiles que les fleurs, et comme si les fleurs passaient aussi vite que veut bien le croire le bon abbé. Il n'y a qu'un légiste, déguisé en poëte, qui ait pu dire que les roses ne vivaient que l'espace d'un matin. Les fleurs ne passent pas, elles se renouvellent. Voilà tout. Quand les lilas ont consumé leurs brillantes girandoles, ils s'éteignent ; c'est alors aux ébéniers, aux aubépines à se rallumer, à semer leurs gerbes dans l'air et à s'évanouir. Décoration mobile toujours changeante, pour que l'atmosphère soit sans cesse traversée d'un reflet et d'un parfum ; musique des yeux, dont la mélodie, éternellement variée, n'expire que dans une autre mélodie. Préférer les fruits aux fleurs ! c'est assez pour justifier toutes les accusations portées contre Arnaud d'Andilly. Nous n'avons plus besoin des preuves si longuement, si ingénieusement amassées par M. Varin. A notre avis, toutes les fautes sont contenues dans cette seule faute ; tous les vices découlent de ce premier péché.

Est-ce tout ? Non. Le courtisan est désabusé, mais il n'est pas mort sous le cilice. Il envoie à la reine les plus belles monstruosités, qu'il arrache, à force de patience, à la longanimité de ses poiriers et de ses abricotiers. Il accompagne ses corbeilles d'épîtres respectueusement et galamment tournées. Non-seulement le courtisan survit, mais encore le diplomate. C'est lui qui est chargé ou plutôt qui s'est chargé des relations extérieures de Port-Royal, des conversions éclatantes et des recrues illustres, comme l'abbé de Rancé ou le maréchal de Fabert. Comment, le diplomate ? L'homme lui-même n'est pas mort. Le feu mal éteint de la jeunesse couve encore dans les veines de l'ermite. C'était une dévotion, a dit ce malin Tallemant, qui aimait fort les belles personnes, et, parmi les belles personnes, la marquise de Sablé, cette pécheresse sur le retour, Madeleine dolente, douillette, faite comme quatre œufs, toujours friande et toujours délicatement servie au milieu de ses pénitences ; ne pouvant chasser le diable, elle l'avait enfermé dans son buffet.

Comment, diplomate ? Il est parbleu bien financier aussi. C'est lui qui s'occupe de dorer le chemin du Salut, de diriger, de grossir le budget de Port-Royal, et d'infléchir la sévérité du jansénisme sur le cumul des bénéfices, pour en arrondir le trésor de la pénitence. Si Port-Royal est charitable, il est aussi prévoyant. S'il ouvre des écluses, il sait auparavant remplir des réservoirs. A cet endroit, M. Varin jette plus d'un soupçon dans notre esprit. Il nous parle de testaments faits la tête sur l'oreiller, un pied dans la châsse ; de choses vagues, nuageuses, indéterminées, qui prennent au regard comme des formes de captation. Il insinue, il ne précise pas ; mais il appuie ses insinuations du fait de la boîte à Perrette. Qu'est-ce que sa boîte à Perrette ? Tout le monde doit le savoir sans doute, mais nous ne le savons pas. M. Varin ne ménage pas assez notre ignorance, il nous renvoie, pour tout éclaircissement, à M. Sainte-Beuve, c'est-à-dire à Pilate.

Mais Arnaud d'Andilly n'est pas seulement courtisan, amoureux, diplomate, financier ; il est père, et père dans toute l'extension de la paternité, selon toute l'aigreur du droit romain. Sa famille lui paraît une propriété sur laquelle il a et se réserve toujours plein pouvoir. Il use et abuse de ses enfants ; il fait et défait leur vocation. A l'aîné, il retire adroitement son droit d'aînesse en lui faisant signer des actes de renonciation, et, après l'avoir dépossédé, ruiné, après lui avoir jeté sur les épaules le manteau court du petit abbé, après l'avoir rebuté, déraciné de ses affections, il ne se souvient de lui à son lit de mort, dans son testament, au milieu de tous les legs qu'il prodigue à ses autres enfants, que pour lui léguer son crucifix de bronze.

Du haut de sa dévotion, Arnaud d'Andilly se sentait élevé au-dessus de la nature. Il avait brisé ce qu'il appelait le lien de la chair. Un fils lui paraissait moins qu'un ami devant sa piété; mais que voulez-vous? Ce bon abbé de Chaume, cet aîné démissionnaire pour moins qu'un plat de lentilles, semblait prendre plaisir à rebrousser les traditions de famille. Il était vif, joyeux, bon compagnon de table surtout, menant la vie bon train, à quatre chevaux, poussant le carnaval jusqu'à l'autre bout du carême, aimant de toute son âme et d'une tendresse toute platonique cette bonne Mme de Sévigné, se souciant fort peu des querelles de théologie et signant des deux mains et à première vue, ô crime des crimes! le formulaire, et cela sans restriction même mentale, sans distinction du point de droit et du point de fait : à savoir que les cinq propositions reprochées à Jansénius n'étaient pas dans le livre de Jansénius.

Ce pauvre abbé de Chaume si insouciant, si bon causeur, devait porter toutes les iniquités de la famille. Non content de l'avoir complétement exproprié, on lui voulait faire payer les dettes de tous les Arnaud. Le grand docteur avait prêté quelques milliers de livres à son frère, l'évêque d'Angers. Il en réclama le paiement à l'abbé de Chaume, sous prétexte que celui-ci dînait à la table de l'évêque.

Ce n'est pas uniquement le premier né de sa race que d'Andilly traite comme il traitait ses espaliers. Il a encore un autre fils à moitié aveugle, front mélancolique, marqué du sceau de la prédestination, qu'il envoie à l'armée, malgré le maréchal de Fabert, avec la certitude de l'y faire tuer; et, en effet, le malheureux meurt à la première campagne.

Le rude vieillard avait concentré toute sa tendresse sur la tête du second de ses fils, l'habile et complaisant Simon de Pomponne. C'est là l'os de ses os, la chair de sa chair : il le soigne de tous ses soins; il en surveille, il en dirige, il en active l'ambition. Il lui ouvre prudemment la porte qui conduit au cabinet de Versailles. Il le fait et il le voit ambassadeur, ministre, tombant et remontant de la disgrâce au ministère ; mais à quel prix? Dieu le sait ; au prix de renier le jansénisme et son père, de l'aveu de son père et du jansénisme.

Tel est Arnaud d'Andilly, tel du moins M. Varin l'a ressuscité du nombre des morts. Mais c'est celui-ci qui porte le poids le plus lourd de la justice rétrospective que le savant bibliothécaire répartit entre toute la famille. Que le docteur Arnaud, à son tour, vive et meure implacable dans sa haine contre les jésuites ; qu'il achète l'île de Nordstrand pour y transporter Port-Royal ; que le saint évêque d'Angers distribue le bien des autres en aumônes ; que Simon de Pomponne pousse la prudence du serpent jusqu'à la dissimulation, la révérence pour son père jusqu'à la dureté pour l'abbé de Chaume, tout cela ne mérite guère la peine d'être relevé. M. Varin a beau enfler le titre des monitoires, crier à son de trompe : ici, jansénisme spéculateur ; plus loin, jansénisme agioteur, jansénisme banqueroutier, jansénisme illuminé, jansénisme accusé d'assassinat ; on en est pour ses frais de curiosité, l'étiquette surfait toujours la marchandise. La loyauté, la conscience de M. Varin se hâtent de démentir, devant les faits et par les faits, la criminalité de l'annonce ; l'imputation n'est répandue qu'à la surface.

Cependant, il faut bien le dire, et le travail si longuement élaboré, si curieux, si instructif, si débordant de faits, de recherches et de révélations, nous en fait un devoir, nous ne pouvons accepter toutes les tendances, ni toutes les conclusions de ce livre. Certes, si nous avons un ennemi dans le monde, c'est le jansénisme, ou plutôt l'esprit qui a créé le jansénisme, qui lui a survécu, qui lui survivra longtemps. Cela est honnête, cela est vertueux, cela est en fin de compte un fagot d'épines. Il n'est pas une fibre de notre être, pas une aspiration, pas une poésie de notre temps que nous ne sentions frémir contre cette intelligence sépulcrale qui brûlait à Port-Royal, comme une lampe dans un caveau. Il n'y a là ni sourire, ni amour, ni sympathie. Et j'aime mieux, pour ma part, le moindre sommeil du vent sur un lit d'aubépine, et la moindre ritournelle de fauvette sous la charmille, que toute la bibliothèque écrite par les Arnaud.

Eh bien ! cependant, je me sens saisi involontairement de respect pour cette famille, pour cette tribu, comme on disait alors. Que les Arnaud aient voulu glisser dans le monde une religion mitoyenne, entre le calvinisme et le catholicisme, je n'ai rien à voir là-dedans ; mais je ne puis m'empêcher d'admirer tant de stoïcisme, de constance, de génie, d'héroïsme même, dépensés, non pas, comme le croit Voltaire, pour une querelle de sacristie. Il y a quelque chose de plus au fond du jansénisme, lorsqu'on le retire des mains de la théologie ; il y a le premier exemple de résistance donné à l'oppression de la royauté. Grâce à eux, il n'y eut pas de prescription centenaire pour les droits de conscience. Je sais bien qu'ils réclamaient ces droits pour eux et seulement pour eux, mais c'était déjà quelque chose ; ce fut beaucoup dans le XVIIIe siècle pour la contagion.

Et quand on se reporte à tout ce qu'ils ont souffert pour une idée, quand on regarde encore, dans ce lointain de l'histoire, les portes de ce cloître enfoncées, ces religieuses enlevées de leur lit de mort par les soldats ; ces pierres elles-mêmes des cellules démolies et semées sur le sol, ces tombes recouvertes, ces châsses brisées sous les pioches, ces reliques insultées, profanées aux regards, ces cadavres dépouillés de leur chemise et de leur linceul par des fossoyeurs ivres, ou jetés aux chiens, et ensuite empilés pêle-mêle sur des tombereaux, ces membres brisés et rompus, ces crânes sanctifiés par l'étude et par la prière, semés en marchant le long des routes par le cahot des voitures, ensevelis çà et là ou délaissés par des charretiers, dans les fossés du chemin ; alors, devant ces horreurs, en présence de ce lieutenant civil, de ce chevalier du guet, de ces exempts, de ces archers, je suis converti, je suis convaincu, je suis janséniste, et je dis aux Arnaud, aux pères, aux fils, aux frères, aux sœurs : Que pour tant d'abominations tous vos péchés vous soient remis. Allez, et soyez pardonnés.

Ensuite, il faut bien le dire, et M. Varin le reconnaît lui-même, s'il y eut dans tout ceci la part du diable, il y eut bien aussi la part du Seigneur.

Les femmes suffiraient seules, dans cette innombrable lignée, pour couvrir de leur excédant de vertu les hommes issus de la même souche. S'il fallait chercher quelque part la sublimité du sacrifice, l'onction et la charité, on les trouverait partagées entre la mère Agnès et la mère Angélique de Saint-Jean. Ici, les proportions humaines sont dépassées. La nature y est morte, elle est toute piété, piété enfantine et gracieuse, qui a conservé encore la naïveté et la crédulité des légendes du moyen âge. Dans les situations critiques, elles adressaient d'ardentes supplices à notre Seigneur, et mettaient leurs lettres à la poste sous la nappe de l'autel. Ce furent des saintes, moins la canonisation. Saintes par la vie sinon par la foi. N'est-ce pas une d'elles qui a dit du bienfaiteur : Qu'il était un Christ visible que nous devions parfumer d'affection. Eh bien ! retournonsleur cette belle pensée et disons qu'elles furent les madones visibles, et versons-leur les lis à pleines mains.

Quoi qu'il en soit, cette famille des Arnaud fut une grande et forte race jetée dans un moule à part pour une œuvre à part. Leur aïeul, Michel Arnaud, vécut cent cinq ans, d'Andilly vécut quatre-vingt-cinq ans, l'évêque d'Angers quatre-vingt-quinze, le docteur quatre-vingt-trois, Pomponne quatre-vingts ; mais, à la troisième génération, la race dégénère, le fils de Pomponne ne vécut que soixante-quatorze ans. Le père de d'Andilly eut vingt enfants, d'Andilly n'en eut plus que quinze, le marquis de Pomponne n'en eut que onze, et enfin, à une génération au-dessous de Pomponne, la race des Arnaud, réduite à une jeune fille, passe dans la couche oubliée du marquis de Gamache. Elle s'arrête et s'éteint là. Son œuvre finissait au XVIIIe siècle, à la porte de la révolution.

La même progression descendante que nous avions remarquée, dans la durée de la vie, reparaît dans le nombre des enfants, tant il est vrai que cette robuste famille, au cœur de chêne, semble avoir été multipliée, accumulée sur un seul point du temps, entre deux ou trois générations, et semée partout, dans les conseils, dans les parlements, dans les camps, dans les guerres, avec un inébranlable génie, avec une puissance générale d'élocution, pour combattre le grand combat de la parole. Elle est morte avec l'œuvre de son temps. Ne vidons pas les tombeaux une seconde fois. Était-il donc dans sa destinée de ne jamais connaître le repos, même après sa mort ?

Quand les tombes de Port-Royal furent brisées et balayées, les reliques de toute la famille furent transportées à Pomponne. Elles attendirent pendant cinquante ans leur sépulture de la piété d'un fils ou d'un petit-fils : elles ne l'eurent pas. Elles reposaient indignement, on ne sait où, sur des tréteaux; il fallut pour qu'elles fussent ensevelies qu'un étranger, un voisin, un inconnu, leur fît bâtir à ses frais un caveau, et les y déposât en secret. Cette main ignorée grava sur la dalle cette simple inscription : *Tandem quiescant*.

Qu'ils reposent enfin, et pour tout le monde, à commencer par M. Varin, ces grands lutteurs du jansénisme. Ils ont eu leur gloire dans le passé, et ils ont bien mérité de l'humanité en combattant les premiers le jésuitisme.

XXXII.

TOUSSENEL.

LE MONDE DES OISEAUX.

Depuis que j'ai lu ce livre, j'ai dans l'oreille le cri de la satanite ; j'ai beau vouloir conjurer ce cri, il me poursuit toujours. Voix de la nuit sombre, que me veux-tu ? Crie donc puisque tu te plais à crier, et puisse la main de Dieu écarter ton présage !

Le *Monde des oiseaux!* comprenez-vous tout ce que ce titre promet ? Le *Monde des oiseaux*, c'est-à-dire l'air, l'espace, la mer, l'infini, le royaume des esprits invisibles, des sylphes, des anges, des étoiles, des songes, des hymnes, des regards et des soupirs d'amour ! Le livre tient la promesse du titre, comme nous verrons. La pensée de l'auteur, portée sur l'aile de l'imagination, — et pourquoi ne dirions-nous pas aussi de la science ? — plane continuellement au-dessus de la terre, pour l'embrasser et la mesurer du regard, elle et l'innombrable famille des êtres qu'elle porte sur son sein et réchauffe, avec une âme de mère, à la chaleur du soleil.

Ce livre est écrit à la gloire de la femme, pour montrer la supériorité d'Ève sur Adam en toutes choses et dans toutes les espèces, végétales ou animales, essaimées à travers la mappemonde, dans la rose aussi bien que dans le lis, chez l'abeille aussi bien que chez le papillon, chez la génisse aussi bien que chez le léopard, chez la tourterelle aussi bien que chez le vautour. Par cette raison, le *Monde des oiseaux* est dédié à une femme, et si nous ne devions respecter le mystère, ce premier charme de la première créature, nous dirions à une femme inspirée et savante, sibylle rêveuse et modeste de la nouvelle humanité.

Cette dédicace est comme une première avance de la théorie de M. Toussenel. Cette théorie est la loi d'harmonie. Il pense que l'homme étant le dernier progrès de la série ascendante de la création, est par cela même le moi universel de la nature.

Il contient et il reproduit dans sa substance, comme dans une encyclopédie, les autres êtres de la terre, tous classés par ordre et tous élevés en lui à leur suprême puissance. Le monde pris en détail est donc à proprement parler l'homme décomposé à l'état d'analyse, et dans ce monde chaque espèce chargée d'un rôle dans le drame de la vie, depuis l'hysope jusqu'à l'hirondelle, est en quelque sorte une heure passée, une péripétie préparatoire de l'homme en voie de formation, extérieure désormais, et cependant rattachée à l'homme par le lien d'une secrète analogie. La nature, dans cet ordre d'idées, est la symbolique universelle de l'humanité, l'humanité visible et racontée en caractères vivants à la surface de la planète. Pas un fait, pas un caractère dans la société qui n'ait sa symétrie ou sa traduction dans la plante ou dans l'animal. Du moment que la création sur la terre n'est plus que la contre-preuve de l'homme brisée en mille fragments, la science doit de toute nécessité, pour connaître la nature, étudier d'abord l'humanité et conclure ensuite de l'humanité à la nature. Aussi à ce point de vue écrire l'histoire naturelle, c'est en réalité reconstituer l'homme au dehors, brin d'herbe par brin d'herbe, et molécule par molécule.

Voilà ce que M. Toussenel appelle la méthode d'analogie. D'après cette méthode, l'élu de la planète est en relation continuelle d'intimité avec le reste de la fourmilière. Tout homme né de la femme peut dire avec raison : J'ai partout, autour de moi, un mime de mon existence, un Sosie déguisé sous la fleur ou la feuille, sous la plume ou sous la fourrure. C'est toi, c'est moi, c'est ma chair, c'est mon sang. Le coq est un coq sans doute, à ne juger que l'apparence, mais creusez plus profondément, vous verrez que le coq est encore un homme sous une autre espèce. Quel homme? Vous êtes bien curieux. Lisez le livre de M. Toussenel si vous tenez à le savoir.

Franchement, je ne croyais pas le coq si mauvais diable que cela. J'avais, je l'avoue à ma honte, meilleure opinion de son caractère. Mais depuis que je sais par voie d'analogie quel genre d'hommes il cache sous sa crête, je trouve volontiers avec M. Toussenel que la république a eu tort de le mettre sur son drapeau. Le coq nous a porté malheur. Cependant je ne puis consentir à supposer par la même occasion, malgré ma déférence pour l'auteur de ce livre, que le chapon est le coq à l'état parfait. Singulière apothéose que voilà pour le héros du poulailler! *Si vis esse perfectus*, dit l'Écriture. Cette théorie pourrait bien ressembler à certain prône de l'abbé Lacordaire, que j'ai encore vaguement dans l'esprit. Or, ni M. Toussenel ni moi ne cherchons notre salut par le même chemin que le révérend abbé. Du coq à l'aigle il n'y a que la main. Mais l'aigle est le roi des airs, comme dit Buffon. Si, par hasard, il allait nous entendre ! Attendu que je tiens à n'avoir de querelle en ce monde avec aucune espèce de roi, tenez, approchez votre oreille, voici ce que Franklin dit de l'aigle ; il est vrai que c'est de l'aigle d'Amérique. Avez-vous entendu ? C'est bien ; faites passer. De l'aigle je retombe au dindon. Je demande pardon de la chute. Et maintenant ôtez votre chapeau et saluez respectueusement, vous avez devant vous Turcaret.

Comment ! cela est possible ! Ce petit juif qui arrivait hier tout crotté des bords de la Garonne ou de tout autre fleuve aussi retors, et qui à force de glouglouter en public et de gratter le fumier, a fini par y trouver un million, est tout simplement, dans le parallélisme savant de la nature, ce grossier personnage de basse-cour qui fait la roue et porte jabot d'un air important ? Et nous avons pu encore manger le dinde après cela, en toute sûreté de conscience ! Nous y mettrons dorénavant plus de modestie. Nous craindrons les suites du repas. Mais nous tenons, pour la gloire de l'homme, à en finir avec le coq et le dindon, ces acteurs chargés des mauvais rôles de l'humanité, et à trouver un oiseau qui fasse quelque peu honneur à notre espèce. Cet oiseau existe, Dieu merci ! Il porte le nom de *combattant*. Le *Combattant* est un véritable paladin. M. Toussenel nous raconte à son sujet tout un roman de chevalerie. Du combattant il passe à la biographie de la bécassine, et de la bécassine à la poésie funèbre de la satanite. Voix de la nuit sombre, que me veux-tu ? Crie donc puisque tu te plais à crier, et puisse la main de Dieu écarter ton présage !

Mais ce n'est pas tout de raconter les oiseaux. Il faut encore les classer. Ce fut autrefois, parmi le corps des savants, un étrange embarras lorsqu'il fallut hiérarchiser l'innombrable cohue qui porte tour à tour sur l'épaule, à la grâce de Dieu, l'aile ou l'aileron. Où loger, en effet, l'oiseau manchot, moitié chair, moitié poisson, qui pourrait aussi bien endosser pour livrée l'écaille que la plume et la plume que l'écaille? A quel groupe ramener l'oiseau coureur taillé sur le patron du chameau, chameau à deux pattes, en quelque sorte appelé à arpenter le désert, comme son homonyme de figure? Cuvier hésita devant l'immensité du problème, et vaille que vaille, il reprit l'ancienne classification. A l'exemple de Buffon ou à peu près, il partagea son monde en quatre bandes, mettez-en cinq si vous voulez. Il appela l'une gallinacé, l'autre rapace, l'autre passereau, l'autre échassier, l'autre.... je ne sais quoi encore. Mais pourquoi donner à toute une famille de l'ornithologie le nom de gallinacé? Gallinacé vient de *gallus*. Or, *gallus* est un coq en latin; et pour être en latin, le coq n'en est pas moins un sabreur de son métier, toujours prêt à dégaîner pour la première poule venue, et, qui pis est, pour la satisfaction de la galerie. Et puis, d'ailleurs, quel type réveille dans l'esprit ce nom de famille? quel signe caractéristique auquel on puisse reconnaître qu'un oiseau appartient au genre gallinacé? Pourquoi le moineau, parce qu'il a pris un jour dans la Bible le titre nobiliaire de passereau, imposerait-il son parchemin au pigeon, par exemple, plutôt que le pigeon n'imposerait sa qualification personnelle au passereau? De quel droit M. Flourens repasserait-il à toute l'espèce le sobriquet d'un individu, par autorité de l'Académie des sciences? Quelle parenté, d'ailleurs, le regard, ce juge en première instance, peut-il admettre entre le moineau qui n'est pas plus gros que cela, et le ramier qui a, sans le flatter, la taille requise du rôti?

Du moment que vous prenez le moineau pour type, tout

ce que vous appelez genre moineau doit plus ou moins ressembler au moineau, sinon le type est menteur. Ce que voyant, un naturaliste bien intentionné essaya de numéroter les oiseaux d'après leur mode de nourriture. La méthode était excellente, seulement elle était impraticable. Comment, en effet, demander à un oiseau empaillé, fraîchement arrivé de Sumatra, le plat qu'il a mangé à son dernier repas? Pour résoudre la difficulté, un nouveau nomenclateur choisit la forme de l'aile comme base d'opération. L'aile, sans doute, est un excellent morceau, mais pour tout autre usage que pour un classement. Il arriva pour l'aile ce qui était déjà arrivé pour la nourriture. Il fallut encore à l'épreuve abandonner cette méthode.

La science en était là lorsque M. Toussenel est venu la tirer d'embarras. Pour classer logiquement les oiseaux, a-t-il dit, il faut d'abord constater leur genre de vie, puis le milieu où ils vivent, ensuite la date de ce milieu, et enfin l'organe particulièrement affecté à ce milieu. A l'origine, la terre était encore inondée de l'eau du déluge. L'oiseau aquatique a donc comparu le premier. Or, pour vivre dans l'eau, l'oiseau a besoin de savoir nager. Pour nager, il doit avoir de toute nécessité un appareil de natation. Quel est cet appareil? Vous l'avez déjà nommé : la patte déployée en forme de nageoire.

Cependant, le déluge commence son mouvement de retraite. La terre sort de l'écume du flot comme Vénus. Ce n'est encore qu'une couche molle encore en détrempe. Une nuée innombrable de vers soulève en tout sens la vase du limon. Alors l'heure de l'oiseau barboteur est sonnée. Il fait son entrée sur ce sol flasque avec ses longues bottes; il fouille du bout de son pic les germes vivants à l'état de reptiles dont les miasmes pourraient un jour empoisonner l'atmosphère. Mais pour marcher sur la tourbe spongieuse de la fondrière, il faut un mode de chaussure proportionné d'avance à la difficulté de la promenade. Eh bien ! par où l'oiseau est-il chaussé ? Par la patte probablement.

Maintenant Vénus a séché au soleil son corps ruisselant d'écume ; plus prosaïquement, la terre a pris l'assiette solide que nous lui voyons. A la première nouvelle de ce plancher, mille oiseaux inconnus, encore dans l'attente, mettent la tête hors des limbes de la genèse et sentent frémir dans leurs fibres une ambition démesurée de prendre leur course, et les voilà tous à courir les uns dans les steppes, les autres dans les pampas. Depuis lors, ils courent toujours ; mais il faut du jarret pour cette partie de plaisir. Or, un oiseau ne peut avoir du jarret qu'à la patte. Demandez plutôt à M. de la Palisse.

Mais la terre une fois débarrassée de l'océan et abandonnée à son inspiration, émet de son sein fécond d'inépuisables forêts. Elle étend, sur le sommeil des êtres éclos de son amour, les gracieuses tentures des arbres et des lianes. La décoration à peine achevée, une foule d'épicuriens de l'air, tenus en réserve, ont rompu leur ban et voltigent en habit de cour à travers les plis flottants de verdure pour en cueillir les fruits et les parfums : c'était le perroquet, c'était le colibri, c'était le loriot, c'était le bouvreuil. Ces gens vivaient, perchaient, nuit et jour, dans l'arbre, sous la feuillée. Mais pour demeurer et dormir au roulis du vent sur la houle capricieuse de la futaie, il faut à l'oiseau percheur un écrou naturel pour le fixer au rameau. Et où peut-il porter cet écrou, si ce n'est au point d'appui, c'est-à-dire à la patte ?

Du moment qu'il y a eu des oiseaux bons à manger, il est venu immédiatement d'autres oiseaux pour les manger.

Ceux-là, on les appelle les rois de l'air. Cachés derrière le rideau, dans l'invisible atelier de la genèse, ils attendaient l'occasion de montrer leur talent de royauté. A peine ont-ils connu le trot de la perdrix dans l'herbe, qu'ils ont monté dans le ciel pour la voir de plus haut, et plongeant ensuite sur elle de toute l'ouverture de leur immense envergure et couvrant d'une ombre de mort un arpent de la prairie, ils ont enlevé leur proie avec un cri de triomphe. Mais pour enlever la proie, il faut une griffe faite au métier, aiguisée, aiguë comme une lame d'épée. Or, à quelle poignée peut tenir la griffe d'un oiseau de proie, si ce n'est encore à la patte ?

Mais si c'est par la patte que l'oiseau vit, agit, fonctionne le plus généralement, et distingue son être de l'être voisin, si c'est avec la patte qu'il nage, avec la patte qu'il barbote, avec la patte qu'il court, avec la patte qu'il perche, avec la patte qu'il empoigne ; si la patte, en un mot, est la forme caractéristique de l'oiseau, sa marque, sa signature, son armoirie, alors la solution du problème est trouvée : vous classerez chaque individu prédestiné à porter plume, d'après la forme de sa patte, ou bien dans le clan du nageur, ou bien dans le clan du barboteur, ou bien dans le clan du percheur, ou bien dans le clan du planeur. A la seule inspection de la patte, vous pourrez affirmer s'il est ceci ou cela, s'il vit sur la grève sans cesse attristée par le flot pleureur, ou sur la crête de la montagne, dans la flamme de l'éclair. Montre-moi ta patte, demanderai-je à l'oiseau, et je te dirai qui tu es, fusses-tu venu du fond de l'Océanie me proposer l'énigme de ta destinée.

Voilà l'importante découverte scientifique de M. Toussenel. J'ai dit découverte, et je ne retire pas l'expression. Ce n'est qu'une méthode de classification, répondra-t-on peut-être. Mais de Jussieu n'a pas fait plus que cela au siècle dernier. — Elle était facile à trouver avec un peu de réflexion. — Facile, je le veux, mais pourquoi donc Cuvier, ce grand génie, et Geoffroy-Saint-Hilaire, ce plus grand génie, ne l'ont-ils pas trouvée les premiers ? M. Toussenel a un tort à notre avis. Il est à la fois un homme d'esprit et un homme de pensée. Or, quand il a une idée à émettre, comme il tient à occuper tout le monde dans son âme, il émet son idée, souvent profonde, sous une forme spirituelle. Le public en conclut que la forme emporte le fond, et que l'idée est une plaisanterie. Le mérite chez un écrivain n'a pas d'ennemi plus intraitable qu'un second mérite.

Mais j'entends encore le cri de la satanite. Voix de la tempête, que viens-tu m'annoncer ? M'apportes-tu un bon ou un mauvais présage ? Crie donc, puisque tu veux crier, et soulève de ton aile l'écume de la vague, pour répandre au loin la rosée amère, comme la libation funèbre de l'abîme. Mais si un soleil de malédiction doit encore se lever, que Dieu du moins ait pitié des siens dans la tourmente.

Après avoir classé les oiseaux, M. Toussenel fait cette demande : Le mâle dans la nature est-il supérieur à la femelle ? Vaut-il mieux, par exemple, avoir une reine qu'un roi pour gouverner un État ? Il vaut mieux avoir une reine, disait autrefois un Machiavel de salon, parce que sous un roi c'est la maîtresse qui gouverne, et que sous une reine c'est l'amant. On revient ainsi, par un chemin de circuit, au point de départ ; on a l'air d'abord d'argumenter contre l'homme pour conclure ensuite en sa faveur. M. Toussenel conçoit autrement la question.

Il soutient nettement que la femme est supérieure à

l'homme. Au physique cela n'est pas douteux, car la femme attire l'homme et a par cela même sur lui l'avantage de la beauté. Car c'est une loi de dynamique amoureuse qu'il faut être plus beau que son voisin d'existence pour exercer sur son regard la puissance d'attraction. Mais au moral, la supériorité de la femme est-elle aussi rigoureusement constatée? Je dirais oui et non, si je ne craignais d'encourir la disgrâce de M. Toussenel. Et encore, non. Toute réflexion faite, je dirai oui. Je répéterai hardiment avec le philosophe du *Monde des oiseaux* : La femme est supérieure à l'homme aussi bien par l'âme que par la beauté.

Je suis las de l'intelligence. Quand je pense que pour le sexe barbu, le génie de la guerre est le génie le plus honoré, et que le plus grand homme est le plus grand guerrier, je céderais volontiers mon droit d'aînesse pour un plat de lentilles. Voilà un homme, on appelle cela un héros, et en effet il est souvent un héros quand il est Hoche ou Dugommier. Il part pour la frontière à la tête de cent mille autres héros, le fusil sous le bras, la gamelle sur l'épaule. Il cherche de côté et d'autre un endroit convenable pour un magnifique massacre dans les règles, un massacre à frapper tous les gens de l'art d'admiration. Quand il l'a trouvé, il place une batterie ici, un corps de cavalerie là, une redoute plus loin, un carré d'infanterie ailleurs ; l'ennemi paraît, on met le feu aux poudres ; un voile de mort couvre l'horizon, on n'entend plus dans cette nuit funèbre que la cadence éperdue de l'artillerie. Les hommes tombent, puis encore d'autres hommes, quand ce ne sont pas des chevaux, et il en tombe ainsi pendant des heures et des heures. Puis la voix irrégulière de la fusillade s'éloigne et s'éteint peu à peu à l'horizon, emportant avec elle le nuage flottant du champ de bataille. Et le soleil dégagé de la fumée montre enfin dans tous ses détails l'œuvre du génie. Ici c'est une mare de sang, là c'est une cervelle fracassée, à côté c'est un ventre ouvert par un obus, derrière c'est un monceau de bras et de jambes coupés et amoncelés à la façon d'un bûcher devant la porte de l'ambulance ; tout près enfin c'est un infirmier, le tablier de toile couvert de taches rouges, qui balaie devant lui des lambeaux de chair et de doigts amputés, d'os sciés ou trépanés. Tout cela pourrit sur le sol pendant deux mois, et remplit à deux lieues à la ronde l'atmosphère d'infection. Oui, mais le lendemain on dresse une statue au génie qui a réalisé ce chef-d'œuvre, et la population entière, à commencer par cette jeune fille qui a eu son frère tué là, et par cet invalide qui danse de joie sur sa béquille d'avoir perdu sa jambe là, tresse à l'envi la palme et le laurier pour en couronner le front du vainqueur.

Je respecte l'armée pour sa rude besogne, mais la guerre pour la guerre est une abomination. Et puisque, loin d'abolir la guerre, l'homme, exclusivement investi du pouvoir, l'a toujours recherchée au contraire et a toujours regardé la gloire de la bataille gagnée comme la première gloire de l'humanité, je dis qu'il est inférieur à la femme en intelligence, car la sagesse consiste à vivre et à faire vivre, et non pas à tuer ou à être tué.

Il y a plus de gloire véritable dans la moindre vertu que dans la plus haute conception de stratégie. La femme a donc plus de grandeur que l'homme, parce qu'elle a plus de sympathie. Voyez cette jeune mère passer humble et inaperçue à travers la foule en tenant par la main son enfant. Elle est petite entre les petits, et sur sa figure calme et grave, doucement éclairée du sourire intérieur de la bonté, le regard du passant ne saurait mettre le nom d'aucune illustration, et pourtant cette femme est autant comptée devant mon Dieu, qui n'est pas, je le dis bien haut, le Dieu des *Te Deum,* que n'importe quelle renommée, car chaque heure de son temps est une perpétuelle occasion d'aimer et d'offrir sa vie en immolation, une perpétuelle poésie vivante, une sublime diplomatie tantôt pour apaiser, tantôt pour réjouir les enfants confiés à sa garde par la Providence. A la voir nuit et jour penchée sur les siens, comme la plante sous le poids de ses fleurs, pour écarter de leur front jusqu'à l'ombre de la douleur, et pour verser son cœur tout entier dans leur âme comme le second lait de son amour, on prend involontairement je ne sais quelle idée plus grande de l'humanité, et rien qu'à ce spectacle, on devient meilleur. Ah! si, comme on le dit, le ciel est présent sur cette terre par je ne sais quelle électricité animée, quelle phalange invisible qui erre autour de notre sommeil et répand sur notre rêve comme le frémissement d'ailes de la colombe, il est là surtout, ce message du ciel, ce souffle de Dieu, là autour du chevet de cette femme endormie dans la majesté paisible et la gloire modeste de sa vertu. Et lorsque son heure sera venue, lorsqu'une brise en passant aura cueilli cette grâce vivante de la terre, alors Dieu lui-même se lèvera de son trône pour la recevoir dans sa propre immortalité, et l'innombrable hiérarchie des esprits supérieurs redira son nom d'étoile en étoile.

Ce livre est bon. Je sais gré à l'auteur de l'avoir écrit. Sous une forme et sur une matière en apparence étrangère à la politique, il consolera plus d'un cœur meurtri par plus d'une idée. Je ne connaîtrais pas l'auteur, que je lui dirais ce que je viens de lui dire avec la même effusion. Mais il est mon ami, et à ce titre je revendique hautement une part de complicité dans sa croyance. Lui et moi nous avons porté ensemble le poids du jour; nous avons rompu ensemble le pain de vérité; nous avons alternativement éprouvé dans notre foi la bonne et la mauvaise fortune. Enfin nous avons connu le démenti du fait à l'idée; mais ni lui ni moi, sous le coup de ce démenti, n'avons douté un instant de la promesse de l'avenir; nous avons le secret de notre génération.

Mais j'entends encore la voix de la satanite. Voix de la tempête, pourquoi me poursuis-tu ainsi? Crie donc, puisque tu veux crier! Que m'importe après tout ton bon ou ton mauvais présage? J'ai au fond du cœur une prophétie plus sûre que ta prédiction. Le vent peut souffler comme il lui plaira; la vague peut rouler le débris qu'elle voudra sur l'algue de l'écueil. Je sais qu'après la tourmente, un doux soleil brillera sur l'humanité.

XXXIII.

ANATOLE DE LAFORGE.

LA RÉPUBLIQUE DE VENISE.

Voilà un beau livre, pensé noblement et fait comme il a été pensé. L'auteur ne serait pas des nôtres, que nous lui parlerions avec la même franchise ; mais aussi, sans vouloir diminuer son mérite, quel magnifique sujet il avait à traiter !

Il y a sur cet impasse de la mer qu'on appelle l'Adriatique, une ville à part dans le monde, et mieux qu'une ville, toute une gloire du passé. Trafiquée et vendue au commencement du siècle, tour à tour autrichienne ou française, au caprice de la diplomatie, elle avait cessé de compter. Mais à la révolution de février, soulevée tout à coup du tombeau par la secousse électrique de l'Europe, elle veut reprendre sa place dans l'histoire. Sans autre force que son patriotisme, elle chasse la garnison autrichienne et proclame son indépendance. Cette ville est Venise.

Et d'abord admirons ici l'ironie profonde de la Providence :

Il a plu un jour à la coalition armée contre Napoléon de dénaturer l'Italie et de lui dire : Tu seras l'Autriche. Que la géographie, la race, la langue, la tradition, protestent ou non contre cette métamorphose, peu nous importe. Nous l'avons dit, cela sera.

Et l'Autriche a occupé ce jour-là une partie de l'Italie, et, pour la déshabituer de tout sentiment de nationalité, elle lui a mesuré la pensée et retiré la parole. L'Italie a baissé la tête et gardé le silence. Un cimetière n'est pas plus tranquille que cela : on entendrait l'herbe frémir.

Tout est fini maintenant. Le problème d'un peuple gouverné en langue étrangère, derrière le rideau, est enfin résolu au soleil de l'histoire. Tout est fini ! Attendez cependant une minute, j'ai à parler à ce gouvernement. J'ai à lui dire : As-tu bien rédigé ton traité avec l'avenir? As-tu bien marqué l'étroit sentier où ce peuple doit marcher?

Tu as garni d'artillerie la place de ce palais. Tu as sagement fait. J'approuve ta prudence, et bien que le comte de Pallfy ait lâché un jour ce propos : A quoi bon le canon avec le peuple italien? le bâton suffit, — le canon vaut mieux que le bâton, sois-en certain.

Tu as décrété la censure. Tu as eu raison. Je t'approuve encore. La parole est communicative comme l'électricité. Lorsqu'elle passe dans l'air, l'âme humaine vibre partout à l'unisson. Dans un pays démonétisé par la conquête, on ne doit entendre que le son des cloches et que le pas des patrouilles.

Tu as livré au jésuitisme l'éducation de la jeunesse. Tu as merveilleusement choisi l'instituteur. J'admire ta prévoyance. L'obscurantisme a la main exercée à pratiquer les eunuques de l'esprit. Il parviendra peut-être, par de savants calculs, à décapiter l'homme — de sa pensée seulement, — et à faire du monde entier quelque chose comme le Paraguay.

Tu as supprimé toute occasion de gloire en supprimant toute publicité. Tu as prouvé une fois de plus ta sagesse. Tu as mis ainsi l'imprévu dans ta dépendance. La gloire est une popularité, la popularité est une puissance, une puissance est une menace, et de la menace à l'événement, il n'y a souvent que la distance du hasard.

Tu as tout prévu pour la sécurité de ta domination au delà du Tyrol. Tu peux dormir en paix sur ta conquête. Tu es maître de l'éternité. L'œuvre de ton génie est consommée. L'Italie, inscrite sur la carte de l'Autriche, est dispensée désormais de croire à son existence.

Mais as-tu prévu l'élection de Pie IX au prochain conclave? As-tu songé à ce mot de *Pio nono* qui pourrait courir d'un bout à l'autre de l'Italie comme le mot d'ordre d'une révolution? Non, n'est-ce pas? tu ne t'attendais pas à trouver un jour ton danger sous la tiare. Tu as tout prévu, excepté ce que tu devais prévoir : tu as élevé forteresse sur forteresse contre la parole et contre l'idée. Tu n'as rien fait encore. Tu as oublié de fermer l'atmosphère pour empêcher ce mot de *Pio nono* de pénétrer dans tes États.

As-tu prévu le chemin de fer de Venise à Milan? Un chemin de fer en pays conquis! avec l'argent de ce pays! mais cela suppose une compagnie d'actionnaires, mais une compagnie suppose un droit de réunion, mais cette réunion, partout ailleurs la chose la plus simple et la plus indifférente, sera immédiatement sur cette terre de soupirs une révolution préparatoire, une Convention à mots couverts. On viendra se reconnaître ici et se toucher le coude, de tous les horizons et de tous les vents de l'Italie. Cette assemblée de capitalistes sera, n'en doute pas, une allégorie ingénieuse destinée à cacher une autre intention. Ésope ressuscitera autant de fois sous une forme différente qu'il aura à combattre l'oppression. Tu veux marcher aussi au souffle de la vapeur. Tu veux avoir ta part des progrès de la civilisation. Prends garde, la civilisation te réserve peut-être quelque perfidie.

As-tu prévu dans ta loi de censure la parole du barreau ? Tu supprimes le journal, et tu permets à un journal vivant en quelque sorte, à l'avocat, d'aller partout où il y a un intérêt convoqué et une discussion ouverte porter dans chaque question le mot incident, tu me comprends, qui est tout le discours. Le mécontentement a l'oreille fine pour saisir au passage la moindre allusion. L'éloquence à mi-mot est l'éloquence la plus dangereuse à certains moments. Tu as laissé à quelqu'un la parole, et voici venir Manin. Un homme est désigné. Il est le juste en Israël. Son nom est un cri de ralliement. Tu souris d'abord au sourd bourdonnement de ce nom dans la multitude. Je tourne la page du Destin. Je souris à mon tour de ta confiance.

Je puis me tromper, et alors que ma parole passe ; mais il me semble que par elle-même la conquête est impuissante à régner. Elle soupire d'un amour adultère pour l'impossible. Elle croit tenir le peuple enlacé dans son embrassement. Elle ne tient qu'un manteau. La réalité lui échappe toujours. On occupe un pays et on appelle cela le gouverner. On a dans la main, en effet, l'épée et la clef du Spielberg ; on veille, on surveille partout. Un souffle passe dans l'air, un mot, un nom, un refrain, le bruit d'une chute là-bas dans le lointain, de l'autre côté de la montagne ; le pied d'une dynastie vient de glisser sur le pavé de Paris ; on défiait le sort et on tombe le défi sur la lèvre, sans qu'on puisse savoir ni pourquoi ni comment.

Quand un pouvoir a contre lui la volonté nationale, il est condamné à mourir, il est mort déjà. L'opinion va toujours se fortifiant de plus en plus contre lui, tandis qu'il va sans cesse s'affaiblissant de plus en plus par une invincible logique. L'opinion l'attend au premier moment de faiblesse ; alors elle le frappe, — par la main d'un ennemi sans doute ? elle est plus habile dramaturge que cela, — par la main de Royer-Collard quand il est Charles X, par la main de M. Thiers quand il est Louis-Philippe. Et puis, les gens courts d'idées viennent dire : La révolution a tué cette dynastie ; et non, mes amis, la dynastie était tuée depuis longtemps. La révolution a été tout au plus une dernière formalité destinée à constater sans réplique le décès.

Enfin Venise avait proclamé son indépendance. Le drapeau tricolore flottait sur le Lido. Le comte Pallfy fuyait vers Trieste sur un bateau à vapeur. Il avait cependant une nombreuse artillerie à son service. Trouvait-il maintenant que le bâton suffisait avec l'Italie ? La république était proclamée. Vive Saint-Marc ! L'Europe entendit ce cri, et le vent le porta de l'autre côté de l'Océan. Mais ce n'est pas tout de proclamer son indépendance, il faut encore savoir la défendre au besoin.

Venise met courageusement la main à l'œuvre, elle improvise une armée, une garde nationale, une flottille, une artillerie, un armement des côtes, et, ce qui est plus difficile encore, un système d'impôts. Elle prévoit tout, elle pourvoit à tout avec un infatigable enthousiasme et un infatigable dévouement. Dans un temps d'admiration, elle trouve le moyen d'être admirée la première. Le pape la bénit ; son patriarche, car dans ce pays un évêque est un patriarche, la bénit après le pape, et à la suite du patriarche, l'archevêque de Paris la bénit encore. Jamais, de mémoire d'hommes, république naissante n'eut à son baptême tant d'évêques à la fois. Je me trompe, j'oubliais le baptême de la dernière république française. Il y avait là pour le moins dix évêques. J'y étais, je les ai comptés.

Maintenant l'Autriche peut venir, elle trouvera Venise bénie à outrance, et, ce qui vaut bien autant, prête à combattre jusqu'à la dernière cartouche. L'Autriche viendra bientôt, hélas ! car après avoir battu l'armée piémontaise, repris Milan, tout fusillé et tout incendié sur son passage, elle a hâte de rebrousser chemin sur le sol encore chaud et fumant de la Lombardie, pour aller frapper dans Venise la révolution italienne toujours debout. C'était tout au plus une affaire d'avant-garde. Une heure devait suffire à Radetzky pour remettre en place la ville échappée de la veille à la servitude. Radetzky le croyait, et pour en être plus sûr, il le disait. Pardon, monsieur le maréchal, vous faites erreur : vous avez compté sans l'esprit de liberté et sans un homme du nom de Manin.

L'Italie est vaincue. Venise est seule désormais. Elle tient la dernière, sur la patrie encore une fois dénationalisée, le drapeau de l'indépendance. Elle a compris qu'elle fermait la marche de la révolution ; elle a voulu que la révolution commencée par l'héroïsme finît dans l'héroïsme, afin que dans le drame sublime qu'elle était appelée à jouer, le dénoûment fût à la hauteur du prologue. Et ainsi enveloppée du flot de l'Adriatique comme de son linceul, elle attendait l'heure de mourir, d'un cœur plus grand que sa destinée, comme une cause qui sait qu'elle est éternelle, et qui passe par-dessus le temps pour aller demander refuge à son éternité.

Nul secours, nul espoir de secours. La flotte napolitaine a paru un instant et disparu. La flotte sarde est venue la remplacer et a levé l'ancre aussitôt, car il fallait que dans son martyre Venise connût jusqu'au plus cruel supplice, le supplice du naufragé, le spectacle de la voile évanouie à l'horizon. Bien plus, la France entr'ouvre sur le front de la cité mourante un pli du drapeau tricolore, et sous le pli même de ce drapeau l'Autriche vient pointer son canon, comme pour mettre la France dans sa complicité. Une ville contre un empire! la défaite est certaine. N'importe, Venise en a pris son parti; elle a promis de résister quand même; elle tiendra parole. Qui donc a dit que le monde moderne avait perdu l'esprit du sacrifice? Il a menti, celui-là! Je le jure par l'exemple de Venise.

Il est vrai que Manin est là. Qu'est-ce donc que Manin? Un homme de la foule, un avocat tout au plus. Il est humble, il est pauvre, il est inconnu, condamné par sa naissance à la vie sévère du travail. La terre du bruit l'ignore, et il s'ignore lui-même le premier. Il rêve bien parfois à quelque chose de vague comme le lointain, mais son rêve meurt en silence avec la lampe allumée à son chevet. Un jour cependant il entend un appel mystérieux : Lève-toi, j'ai mis sur toi une intention. Il reconnaît la voix du siècle vivant, il obéit à cette parole, et la force de l'infini descend dans son esprit.

Il marche où l'appelle le destin. Le sol tremble à chaque pas sous son pied pour l'engloutir; n'importe, il marche sur l'abîme. Il va criant le long des rues la douleur de Venise; partout où il y a une chance pour une protestation, Manin est debout, la tête au vent, la main levée. On finit par surprendre le tribun ; on le jette en prison. A quelque temps de là une sourde rumeur passe sur la lagune : Venise demandait par cinquante mille voix à la fois la liberté du prisonnier. La révolution était consommée. A partir de ce moment, apôtre, soldat, orateur, dictateur, chargé de gouverner, d'approvisionner, d'exalter et contenir une population assiégée, Manin a pleinement suffi, pleinement satisfait à cette œuvre, à force de se multiplier et de se métamorphoser en autant de génies différents qu'il avait de tâches à remplir, et cela sans attenter à un droit, sans violenter une conscience, sans flatter une passion, sans trahir une liberté. Homme de liberté sous le costume de la dictature, il a voulu au jour de sa chute retomber tout entier sur son principe. Mon principe est immortel, a-t-il dit, et il me relèvera. Voilà un homme, enfin.

Qu'avons-nous dit, un homme? nous aurions dû dire un héros, mais un héros comme nous les aimons, sans emphase et sans tapage, simple et modeste, austère et bon, quelque chose comme Franklin et comme Washington, mais Washington et Franklin poétisés et réchauffés par la sympathie et par la flamme de l'Italie. Quand j'ai vu Manin, je n'envie le grand homme d'aucun parti, et pour faire ici toute ma confession, j'avoue franchement qu'après avoir lu le livre de M. de Laforge et y avoir étudié de près la figure de Manin dans sa majestueuse bonhomie, j'ai conçu meilleure opinion de l'humanité et repris confiance dans l'avenir. Non, l'idée qui a trempé un grand caractère pour en décorer l'histoire, n'est pas destinée à mourir. Aussi je relirai ce livre toutes les fois que, dans une heure de défaillance, je viendrai encore à douter.

Et à cette heure même, j'ai encore le frisson de l'avoir lu ; oui, le frisson, et vous allez me comprendre. Venise est bloquée de toute part et enveloppée d'un cercle de mitraille et de fumée. Autriche et Italie ne pouvant se rejoindre sur la terre, se rejoignent dans le ciel, sur une arche de flamme, pour se dire un dernier adieu. La mort va et vient de chaque côté, mais avec quelle différence! Ici, on meurt pour vaincre et avec la certitude de vaincre; ici, au contraire, on meurt avec la conviction de la défaite et uniquement pour immortaliser la défaite, et cependant pas un murmure, pas un découragement dans ce peuple héroïque, décidé à sombrer jusqu'au dernier homme sous le flot de l'Adriatique, son pavillon sur la poitrine.

Aucune poésie ne devait manquer à la ville martyre. La faim, la peste, l'incendie de la bombe, tous les fléaux de l'homme viennent la visiter à la fois. Ce que le boulet épargne, le choléra le tue, car le choléra est en ce moment l'allié de l'Autriche. Le pain va manquer. On a encore du blé, il est vrai : on n'a plus de moulin. Le besoin rend industrieux. On transforme chaque locomotive du chemin de fer en machine à vapeur. Alors Venise est sauvée, pour un jour du moins, et ainsi de jour en jour jusqu'au moment fatal marqué sur le cadran. Tant que le peuple aura un morceau de pain, il pourra tenir le fusil; tant qu'il pourra tenir le fusil, il pourra vendre chèrement sa dernière heure de liberté. Ah! si nous vivions au temps d'Homère, l'histoire de Venise serait déjà une épopée.

Mais un homme a parlé de capitulation. Sa part forcée d'héroïsme commence à lui peser; peut-être a-t-il, lui aussi, le remords de la liberté. Peut-être trouve-t-il que de temps à autre un obus indiscret visite de trop près son palais. Quoi qu'il en soit, il demande seul à rentrer en grâce avec l'Autriche. Quel est cet homme? Celui-là même qui avait béni la révolution, le patriarche, ou si vous aimez mieux, l'archevêque. Cela nous remet en mémoire certain épisode de naufrage. Un navire espagnol échoua un jour sur nous ne savons plus quel banc d'Amérique. Il y avait à bord un évêque, et comme l'équipage allait périr, ce saint homme plia le genou et fit à haute voix la prière que voici : De crainte de fatiguer votre miséricorde, Seigneur, je vous prie de me sauver tout seul du danger. Ne rions pas de la naïveté, car au fond la prière de cet évêque est la prière de chaque parti.

Mais loin d'écouter ce vieillard effrayé d'être trop courageux et trop illustré en commun, Manin continua de résister tant qu'il y eut, humainement parlant, possibilité de résistance. Mais le jour où il n'eut plus un écu, et ce jour-là seulement, plus un sac de blé, plus une charge de canon, alors il rendit Venise à l'Autriche et il prit le chemin de l'exil. On a pu le blâmer depuis d'avoir prolongé sans nécessité une lutte sans espérance. Nous le féliciterons au contraire d'avoir résisté pour résister. Il a prouvé ainsi au monde jusqu'où peut aller la force d'une idée. Il a donné le bon exemple. Il a enseigné à l'Italie à mourir. Un peuple qui sait mourir est déjà libre. La liberté de fait n'est plus pour lui qu'une question de temps, et qu'est-ce qu'une question de temps aujourd'hui ?

Voilà le fait. M. Anatole de Laforge l'a dignement raconté. La prise de l'arsenal, l'expulsion de l'armée autrichienne, la levée en masse de l'Italie, l'anarchie des gouvernements, l'hésitation de Charles-Albert, la déroute de la révolution, l'attaque de Vicence, le sac de Brescia, l'investissement de Venise, le bombardement du fort Malghera, la fermeté et l'intrépidité du général Pepe, du général Ulloa, de l'armée vénitienne, enfin toute cette série d'épisodes précipités les uns sur les autres comme les coups de canon d'une bataille, toute cette longue péripétie de la lutte épique d'une poignée d'hommes libres contre les forces réunies d'un empire est là, dans ce livre, vivante et pathétique comme dans la réalité. M. de Laforge a vécu, par l'enthousiasme, de la vie de ses héros. Il a le feu sacré, et, par le feu sacré, je n'entends pas seulement le bonheur du style, mais bien l'amour de la démocratie. Son livre est d'un bout à l'autre un acte de foi à la liberté. On dirait le dernier cri de Venise mourante recueilli pour la prochaine génération. Ainsi autrefois en Grèce, et à pareille occasion, le dernier survivant du combat, dressé sur la pointe des pieds, écrivit pour le regard immortel de l'histoire : *Passant, va dire à Sparte,* etc. Vous savez le reste.

Cependant, je dois faire ici, en mon âme et conscience, une réserve. L'auteur dit quelque part qu'un poëte ne saurait être un homme d'État. Et vous aussi, mon ami, vous jetez la pierre au poëte, vous poëte le premier, car à chaque instant je vous prendrais, si je le voulais, en flagrant délit de poésie : rappelez-vous seulement ce que vous avez dit de ce funèbre clair de lune au moment du bombardement. Ce n'est pas bien, car le poëte n'a pas le droit de crier au poëte pour détourner le soupçon et apaiser un préjugé. Rendez votre âme à elle-même, et elle vous dira que celui-là seul a en lui l'étoffe d'un homme d'État, qui a en même temps l'étoffe d'un poëte. Et par poëte, je ne comprends pas le versificateur : la définition serait trop misérable ; je comprends l'esprit vibrant de la passion humaine tout entière, l'esprit lyrique, l'esprit sympathique, l'esprit prophétique, l'esprit complet enfin, et porté par l'enthousiasme à sa suprême puissance.

Attendez un instant, et vous allez voir si je dis un paradoxe. Pour agir grandement, il faut sentir grandement d'abord. Tout grand acte ici-bas a commencé par être un grand sentiment. Or, qu'est-ce que le sentiment sinon la poésie en action? Aussi, la supériorité de l'homme sur les autres hommes est juste en raison de la somme de poésie qu'il porte en lui, ou, si vous aimez mieux, de sympathie, ou, si vous aimez mieux, d'imagination, ou, si vous aimez mieux, d'aspiration, ou, si vous aimez mieux, d'exaltation, ou, si vous aimez mieux, d'inspiration, car tout cela, au fond, est la même chose sous un côté différent. Alexandre était un poëte, le Christ était un poëte, Jeanne d'Arc était un poëte, Napoléon lui-même, à ses bons moments, était un poete, et si je ne craignais de vous offenser à bout portant, je vous dirais que vous-même, vous avez un grain de cette folie.

Voyons, entre nous, Dante valait bien le *gran cane*; Milton valait bien Jacques; Canning valait bien George; et ainsi de suite pour peu que vous teniez à continuer la série. Quant à moi, mon ami, je vous l'avoue franchement, et si je me trompe, que cette parole retombe sur moi seul de tout le poids de son erreur, je n'estime en politique qu'un poëte, c'est-à-dire un homme d'idée et de sentiment à la fois, de réflexion et d'imagination. Quoi! le poëte connaît mieux que personne l'âme humaine, la manie mieux que personne, la captive et la magnétise mieux que personne, et par je ne sais quelle indignité native, quelle excommunication tacite, il n'aurait, politiquement parlant, aucun droit d'intervenir dans les destinées de l'humanité! Dites donc plutôt qu'on juge un homme en politique au timbre poétique qu'il rend à chaque coup de la vie sur son esprit. Si tu n'es pas poëte ou homme de sentiment, tout cela est synonyme, que me veux-tu? Tu n'es pas une intelligence de calibre, passe ton chemin.

Moi je suis un esprit positif, moi je suis l'homme du fait avant tout, et nullement l'homme du système ou l'homme de l'idée. Quand vous entendrez cela, mon ami, sauvez-vous : vous avez devant vous un ennemi. J'ai fait vingt fois cette expérience dans ma vie, et pour mon malheur elle m'a toujours réussi. Aussi, lorsque quelqu'un me dit : Je suis l'homme du fait, — pour moi il est jugé. Qu'est-ce qu'un fait, deux faits, trois faits, quatre faits, mille faits, des faits à l'infini, tant que vous voudrez, sans le fait des faits qui les relie tous entre eux, c'est-à-dire sans l'idée? Le fait, en définitive, n'a de valeur que par l'idée qui le classe, qui le juge, qui le caractérise, qui le fait ce qu'il est pour notre esprit, qui le fait un fait, en un mot, comme nous le comprenons. Prenez garde du fait pris isolément comme d'une mauvaise rencontre. Le fait est le sarcasme brutal de la médiocrité contre le talent.

XXXIV.

ÉMILIA MANIN.

Il y a bientôt cinq ans, un exilé débarquait à Marseille, avec sa femme et ses deux enfants. Il venait de loin chercher, au soleil couchant d'une autre république, un dernier rayon de liberté. Mais à peine avait-il touché le rivage que le sol dévorait tout à coup la meilleure part de son existence. Sa femme mourait. Il l'ensevelit au bord du flot qui l'avait apportée. Il jeta un dernier regard sur la mer du côté de la patrie disparue dans la tempête, et il reprit le cours de son exil. Ah! la vie est perfide! A chaque pas que nous faisons elle nous force à semer un lambeau de notre âme le long du chemin.

Manin arriva ainsi à Paris. Et lui, hier encore le dernier Romain, le héros de toute âme bien placée, le cri d'enthousiasme universel de la démocratie, l'homme aussi grand que l'homme peut être grand à la lumière du siècle, car il faut mesurer la grandeur à l'idée et non à la patrie, pauvre désormais, isolé, battu de la tempête, réduit à donner des leçons pour vivre, il serrait sur son cœur, avec une sorte d'effroi, les derniers débris vivants de son foyer. Il n'avait plus confiance dans la destinée. La destinée, hélas! ne devait que trop tôt l'éprouver encore. De ces deux gages chéris qu'il avait gardés du bonheur passé, pour tromper l'amertume de la proscription, un seul lui reste maintenant. Sa fille est morte ; un cortége de pieux amis la conduisait hier au champ du repos.

Émilia Manin a passé sur la terre pour souffrir. Sa vie n'a été qu'un acte de douleur et qu'un long sanglot. Dieu lui avait donné une âme trop forte pour un corps trop faible, et en voulant la marquer au front du signe d'élection, il l'avait foudroyée dans sa chair dès sa naissance. Elle avait, ainsi que Pascal, ce don fatal du génie précoce que la nature jalouse reprend toujours d'un autre côté par une affliction. Elle jouait avec le problème le plus difficile de mathématiques, et lorsqu'elle parlait, sa parole montait d'elle-même sans effort à la poésie du lyrisme. Elle prophétisait comme la sibylle prise du tremblement sacré, figure douloureuse de sa patrie, agitée, elle aussi, d'un perpétuel frémissement de liberté.

Elle vivait uniquement pour aimer, prier, pleurer et gémir, comme si, en dehors de cela, elle n'avait aucune part sur la terre des vivants. Évanouie dans sa fleur, elle n'a connu ni la joie ni la jeunesse. Au delà d'une étroite intimité, personne ne la voyait, elle ne voyait personne. Elle n'a rien su, rien voulu savoir de ce grand tumulte qu'on nomme Paris. Absente du sol où elle a posé le pied pour la dernière fois, ensevelie en elle-même, sombre et rêveuse, elle poursuivait nuit et jour le monologue intérieur que sur une autre rive, en ce moment, elle poursuit peut-être encore. On eût dit qu'impatiente d'un monde meilleur, elle avait commencé ici-bas sa vie d'immortalité.

L'air épais de ce climat pesait à sa paupière baignée dès le berceau de la lumière de Venise. Elle souffrait de la neige, du froid, du vent et du brouillard. Elle redemandait sans cesse le soleil, et, lorsque le printemps était revenu, elle ouvrait sa fenêtre au premier rayon comme à l'hôte mystique de son espérance ; et là, perdue, des heures entières, dans la délicieuse contemplation du sourire de Dieu sur la nature, elle envoyait du regard de muettes confidences à l'hirondelle, sœur aimée de l'exil. Puis elle allait répandre sa pauvre âme trop pleine devant l'image de sa patrie crucifiée suspendue à son chevet, et, prosternée une partie de la soirée, elle fondait en larmes et en gémissements. Jeanne d'Arc impuissante, patrie en une femme comme la glorieuse bergère, elle porta la désolation d'un peuple entier. Jamais sous le saule du fleuve, au temps de la Bible, plainte plus pathétique n'a frémi sur la lèvre de la Juive captive.

Un jour, ce fut assez. Elle avait épuisé, jusqu'à la lie du poison, l'ingratitude du destin. Tout ce que la femme peut porter d'agonies et se relever ensuite, de morts et se relever encore, elle l'avait porté, ô Dieu bon qui l'as vue et qui ne l'as pas plus tôt délivrée ! Il n'y avait pas en elle une fibre, une seule, qui n'eût été mille fois brisée et broyée dans son perpétuel supplice par l'invisible bourreau. Enfin, la vie eut honte de son œuvre ; et une nuit, la silencieuse martyre tourna la tête sur l'oreiller et prit sa première heure de sommeil. Oh ! dors, pauvre enfant ! Tu as payé assez cher le droit au repos. Son âme, toute vibrante encore de la longue secousse de l'insatiable torture, est remontée à Dieu pour lui poser face à face la douloureuse question de toute son existence : Que m'as-tu envoyé faire sur la terre ?

Ah! c'est ici ou jamais que l'immortalité est prouvée. Si Dieu ne relevait pas à notre mort l'autre plateau de la balance, où serait sa justice? Pourquoi serait-il, et qu'aurions-nous besoin de le nommer? En vérité, ce serait à lui rejeter là haut la vie inutile qu'il nous aurait donnée, comme le convive las d'orgie rejette la coupe vidée au plafond. Eh quoi! les bons ne passeraient sur cette vallée que pour avoir, dans leur bonté même, le bénéfice de souffrir davantage? Eh quoi! les riches d'affection, les pères, les mères, qui dépensent le plus leur âme en dévouement sur des têtes bénies, n'aimeraient ainsi jusqu'à l'immolation d'eux-mêmes que pour donner au destin plus de prise pour les frapper! Et il n'y aurait pas quelque part une rectification de ce contre-sens moral, qui met la récompense où est le crime et la peine où est le mérite! Qui a dit cela?

Oui, nous le croyons profondément, Emilia Manin est entrée en pleine possession d'elle-même, et après s'être si longtemps cherchée, elle se connaît enfin. Dans les derniers temps de cette agonie prolongée qui fut toute sa vie, elle invoquait le soleil plus éperdument que jamais. Le soleil était pour elle le phare du port lointain. La douce lumière de son rêve a brillé sur son convoi, comme la parole tenue de la Providence. Nous en avons pris acte, nous ses derniers témoins, non par un caprice de superstition, mais dans un profond sentiment de piété. Et maintenant la sainte fille, rentrée en grâce avec la vie, a touché son salaire. Elle a beaucoup reçu, elle a dû beaucoup recevoir; car aucun de nous ne sait le compte de ses vertus. Elle en a tant dépensé en silence! Vous seule le savez, après son père et avec son frère, ô pieuse femme! — Il y a donc encore des parfums dans Galaad, — qui êtes descendue des hauteurs de la richesse et de la vie facile pour être la mère adoptive de cette douce victime, pour la veiller et pour la consoler, qui l'avez endormie en Dieu, qui l'avez couchée dans son suaire !

Elle aimait le bien de toute façon ; elle aimait à le faire, à le voir faire, à le dire, à le penser. Le bien était pour elle une sorte de refuge, de Paraclet mystérieux où, après la nuit d'orage, elle reposait doucement sa tête brisée. Par la pensée du bien toujours présente à son esprit, elle croyait payer la rançon de sa patrie. O Italie ! je t'ai parfois calomniée, et maintenant je t'envie ; voilà comment tes enfants savent t'aimer. La malheureuse exilée allait mourir ; elle ne pouvait plus déjà parler ; elle fit signe qu'elle voulait écrire. On lui apporta une feuille de papier, et, d'une main glacée et d'un regard voilé, elle traça au hasard ce dernier adieu à son berceau : O Venise ! je ne te verrai plus !

Tu te trompes, pauvre enfant, tu la reverras au contraire, ressuscitée comme tu es ressuscitée. Le désaccord du monde moral et du monde physique ne peut pas en conscience éternellement durer. Il ne sera pas dit qu'il n'y aura de démenti ici-bas que pour les héros qui auront écrit sur leur vie les deux plus beaux mots de toute langue humaine, la liberté et la patrie. Ah ! nous aimons à croire que toi, la plus souffrante, tu es partie la première pour plaider là-haut la cause de tous les souffrants ; que toi, la plus éprouvée par l'exil, tu es allée demander à Dieu le retour de tous les exilés. Un jour, écoute : la tempête mugissait, le vaisseau allait sombrer ; le capitaine prit un enfant sur le pont et l'élevant dans ses bras entre la vague et le tonnerre, il dit : O Dieu bon, sauve le navire par la vertu de cet enfant ! Et nous aussi à notre tour, élevant au ciel sur notre pensée cette ombre bénie, nous disons : O Seigneur, par la vertu de cette sainte à qui tu dois tant de réparation dans ta justice, mets sa main sur le cœur des puissants de la terre pour y verser quelque chose de toi, et rends à la mère tous ses enfants !

Le service funèbre d'Émilia Manin a été simple comme cette humble vie écoulée dans l'ombre de la solitude ; elle a eu dans la mort la part du pauvre qu'elle eût choisie elle-même de préférence : la nef étroite, la chapelle écartée, la messe basse, la prière courte, sans pompe et sans draperie. Involontairement toutefois on regardait autour de soi dans cette église, et faisant un retour sur le passé, on y cherchait de la pensée celui qui avait béni autrefois la défense de Venise. Il semblait que sa place était là, à lui aussi. Avait-il donc oublié le nom de Manin ?

Ils étaient tous au funèbre rendez-vous, ceux qui comptent par le cœur et par le patriotisme. Béranger était malade, Lamennais était mourant ; mais les autres y étaient, rangés derrière le corbillard dans un profond recueillement ; oui, tous, les Italiens les premiers, Montanelli, cet homme de la trempe du Dante ; Ulloa, ce général plus grand que la victoire elle-même, par la défense de la Malghera ; tous les nôtres aussi ; nous les connaissons. Manin avait voulu conduire le deuil, et il marchait appuyé sur son fils, tête fragile chargée seule désormais et déjà digne de porter le poids d'un si grand nom. Nous l'avons vu, cet homme héroïque entre tous, qui n'a jamais baissé le front de sa vie, ni pâli un instant lorsqu'un ciel de feu croulait sur Venise, courbé sous la pensée de sa patrie morte, de sa femme morte, de sa fille morte, et pâle de ces trois morts répandues en funèbres reflets sur sa figure, l'œil éteint dans son affliction, chercher à travers ses larmes son chemin. Quels coups, grand Dieu! la mort doit frapper pour faire remonter les larmes d'un cœur si profond !

C'est qu'il aimait sa fille d'une tendresse éperdue, comme il en était aimé ; qu'il l'aimait pour tout ce que la vie lui avait donné, pour tout ce que la vie lui avait refusé, pour tout ce qu'elle avait souffert, pour tout ce qu'il avait souffert lui-même en la voyant toujours en lutte avec l'ange de la douleur. L'affection contractée dans la souffrance commune a je ne sais quelle puissance pénétrante et terrible que ni la joie ni le bonheur ne peuvent connaître. Elle est comme cette larme sanglante du Christ qui tomba un jour du haut de la croix sur l'hysope du Calvaire et qui contenait tout un monde d'amour.

Un homme qui est à la fois un grand cœur et un grand talent, Ary Scheffer, et par conséquent au niveau de toute grandeur de sentiment ou d'idée, a offert provisoirement pour la pauvre délivrée l'hospitalité d'un tombeau de famille. Ah ! ce sera une bénédiction de plus pour ce tombeau. Elle reposera, ombre de passage, dans cette demeure de passage jusqu'à ce qu'elle puisse rentrer dans sa patrie ; car elle y rentrera, nous l'espérons. Quand un peuple a été grand et n'est pas libre, il n'est pas payé ; le destin lui doit toujours une dette sacrée. Aussi, un jour elle aura sa tombe au bord du flot rêveur de l'Adriatique. Un seul mot y sera écrit : *A la fille du libérateur* ; et les jeunes compagnes de son enfance, devenues mères, iront, leurs enfants dans les bras, y semer des fleurs et y faire leurs prières.

Maintenant, tout est dit. Les forts ont donné à la pitié humaine ce qu'ils devaient donner. La vie est ainsi faite. Il faut bien en prendre son parti. D'autres tombes seront ouvertes demain. Nous les refermerons encore. Ne perdons pas courage pour cela. Notre consigne est de lutter. Reprenons d'un cœur ferme notre consigne. Rappelons-nous que nous vivons les pieds sur des générations finies, pour travailler, ouvriers d'un jour, à une œuvre qui ne doit plus passer. Pour l'homme vraiment religieux, le bruit de ce qui tombe dans la fosse ne doit être qu'un rappel à l'immortalité. Or, il n'y a d'immortalité ici-bas que l'idée éternelle que nous servons et qui nous emporte à notre heure dans son éternité.

S'il n'y avait pas, en effet, cette idée éternelle et commune partout à tout cœur haut placé, chaîne électrique de l'âme avec l'âme à travers l'espace, ou plutôt âme des âmes, qui fait de Manin le compatriote de toute grande aspiration, notre compatriote, pourquoi donc viendrions-nous aujourd'hui prendre la parole sur le cercueil de sa fille? Nous ne la connaissions pas, et, en dehors de la foi commune, nous n'avions aucun droit sur son cercueil. Mais un rayon de la démocratie l'a frappée au front en passant. Cela suffit. Elle nous appartenait désormais par la sympathie. La douleur de son père est notre douleur. Les cours portent le deuil des leurs, portons aussi le deuil des nôtres. Les reines ont, à leur mort, des oraisons funèbres; faisons aussi des oraisons funèbres pour les filles de nos idées. Nous verrons bien ensuite, au son de nos cœurs, à qui Dieu envoie les meilleures inspirations.

FIN DU TOME PREMIER.

TABLE DES MATIÈRES.

	Pages.
INTRODUCTION.	1
CHAPITRE Ier. — TOCQUEVILLE. La Démocratie en Amérique.	11
— II. — JULES JANIN. Gaîtés champêtres.	23
— III. — Le Missionnaire en Russie.	36
— IV. — LOUANDRE. La Sorcellerie.	48
— V. — MONTALEMBERT. Sainte Élisabeth.	59
— VI. — CROS. Théorie de l'homme.	72
— VII. — LOUIS VEUILLOT. Les libres penseurs.	83
— VIII. — BALZAC. La Comédie humaine.	98
— IX. — FEUILLET DE CONCHES. Léopold Robert.	108
— X. — ROMIEU. L'Ère des Césars.	120
— XI. — DELÉCLUZE. La Poésie amoureuse.	131
— XII. — PROUDHON. Les Confessions d'un révolutionnaire.	145
— XIII. — JULES SIMON. Le Devoir.	157
— XIV. — MALLEFILLE. Don Juan.	168
— XV. — AUSONE DE CHANCEL. Une Caravane dans le désert.	181
— XVI. — PAGANEL. Histoire de Frédéric le Grand.	194
— XVII. — TESTE. Le Magnétisme.	210
— XVIII. — LOUIS BLANC. Histoire de la Révolution.	222

CHAPITRE	XIX. — Romieu. Le Spectre rouge.	236
—	XX. — Dargaud. La Famille.	247
—	XXI. — George Sand. Lucrezia Floriani.	257
—	XXII. — H. B.	268
—	XXIII. — Thiers. La Propriété.	280
—	XXIV. — Guizot. La Démocratie en France.	292
—	XXV. — Le Père Ventura. Conférences.	304
—	XXVI. — Le Poëme de la Femme.	317
—	XXVII. — Ratisbonne. Traduction du Dante.	326
—	XXVIII. — Harriett Stowe. La Clef de la cabane.	336
—	XXIX. — Chauffour. Les Réformateurs.	346
—	XXX. — Lamartine. Histoire des Girondins.	356
—	XXXI. — Pierre Varin. La Vérité sur les Arnauld.	367
—	XXXII. — Toussenel. Le Monde des Oiseaux.	377
—	XXXIII. — Anatole de Laforge. Histoire de la République de Venise.	390
—	XXXIV. — Émilia Manin.	403

FIN DE LA TABLE DU TOME PREMIER.

Saint-Denis. — Typ. de DROUARD.

www.ingramcontent.com/pod-product-compliance
Lightning Source LLC
Chambersburg PA
CBHW052124230426
43671CB00009B/1112